'LUSOFONIA' EM ÁFRICA

História, Democracia e Integração Africana

Teresa Cruz e Silva,
Manuel G. Mendes de Araújo,
Carlos Cardoso (orgs.)

CONSELHO PARA O DESENVOLVIMENTO DA
PESQUISA EM CIÊNCIAS SOCIAIS EM ÁFRICA

CODESRIA

Conselho para o Desenvolvimento da Pesquisa
em Ciências Socias em África, 2005
Avenue Cheikh Anta Diop Angle Canal IV, B.P. 33044 Dakar, Senegal
www.codesria.org

ISBN: 2-86978-174-1   ISBN-13: 978-2-86978-174-0

Composição : Hadijatou Sy

Distribuição em qualquer parte por CODESRIA

O Conselho para o Desenvolvimento da Pesquisa em Ciências Sociais em África (CODESRIA), é uma organização independente, cujos objectivos principais são: a facilitação da pesquisa, a promoção de publicações baseadas em pesquisas e a criação de fóruns múltiplos em torno de troca de ideias e informação entre investigadores africanos. Ele luta contra a fragmentação da pesquisa através da criação de uma rede de pesquisa temática que transcenda as fronteiras regionais e linguísticas.

O CODESRIA tem uma publicação trimestral, a *África Desenvolvimento,* a mais antiga revista africana especializada em ciências sociais; a *Afrika Zamani,* uma revista especializada em História; a *Revista Africana de Sociologia*; a *Revista Africana de Assuntos Internacionais (AJIA)*; a *Identidade, Cultura e Política: Um Diálogo Afro-Asiático*; a *Revista do Ensino Superior em África*; e a *Revista Africana de Livros.* Os resultados de pesquisas e outras actividades da instituição são disseminados através de 'Documento de Trabalho', 'Série de Monografias', 'Série de Livros do CODESRIA' e através do *Boletim do CODESRIA.*

O CODESRIA gostaria de agradecer a Agência Sueca para o Desenvolvimento e Cooperação Internacional (SIDA/SAREC), ao Centro Internacional para o Desenvolvimento da Pesquisa (IDRC), a Fundação Ford, a Fundação Mac Arthur, a Corporação Carnegie, ao Ministério Norueguês dos Negócios Estrangeiros, ao Programa das Nações Unidas para o Desenvolvimento (PNUD), ao Ministério Holandês dos Negócios Estrangeiros, a Fundação Rockefeller, FINIDA, NORAD, CIDA, IIEP, OCDE, IFS, OXFAM America, ao UNICEF e ao Governo Senegalês, pelo apoio concedido na realização do seu programa de pesquisa, formação e publicação.

Índice

Nota sobre os Autores v

Prefácio vii

Introdução ix
**Teresa Cruz e Silva, Manuel G. Mendes de Araújo
e Carlos Cardoso**

Parte I

1. Os Países Africanos de Língua Oficial Portuguesa face aos
   Desafios do Século XXI 3
   Ilídio do Amaral

Parte II

2. Instituições de Ensino Superior e Investigação em Ciências Sociais 33
   Teresa Cruz e Silva

3. A Questão da 'Universidade Pública' em Moçambique
   e o Desafio da Pluralidade de Saberes ... .45
   Paula Meneses

4. Incerteza e Identidade na Descrição da Realidade Social 67
   Elísio Macamo

Parte III

5. Famílias na Periferia de Luanda e Maputo:
   História e Percursos nas Estratégias Actuais 79
   Ana Bénard da Costa

6. A Construção da Nação e o Fim dos Projetos Crioulos 95
   Wilson Trajano Filho

7. Diversidade Linguística e Identidade Nacional 121
   Luena Pereira

8. Integração Regional em África: Que Papel para a CPLP 143
   Carlos Serrano

Parte IV

9. Poder Local e Autoridade Tradicional: Das Assembleias do
Povo ao Estado Democrático 157
Clara Carvalho

10. Poder Local na África Lusofona 175
Isabel Carvalhais

11. O Poder e a Diferenciação Social em Angola 191
Nelson Pestana

Parte V

12. Reflexão Critica do Modelo de Crescimento Economico
Eurocêntrico e Propostas para um Desenvolvimento
Ecologicamente Sustentado 209
Jacinto Rodrigues

13. A Historicidade das Sociedades Rendeiras: Contributo
Para a crítica da 'Rentier Theory' 225
Maciel Santos

14. Integração Regional em África: Que Papel para a CPLP 239
Fernando Jorge Cardoso

Os autores

Ilídio Amaral: Professor Catedrático Jubilado da Universidade de Lisboa. Membro de numerosas comissões em áreas de I&D. Professor visitante e conferencista em várias universidades estrangeiras. Fundador, co-director, membro do corpo editorial de várias revistas científicas, e autor de numerosas publicações.

Fernando Jorge Cardoso: Economista, docente na Universidade Moderna, investigador e vice-Presidente do Instituto de Estudos Estratégicos Internacionais, Lisboa, Portugal.

Isabel Estrada Carvalhais: Socióloga, docente no Departamento de Relações Internacionais e Administração Pública, e Investigadora no Núcleo de Investigação em Ciência Política e Relações Internacionais (NICPRI), Universidade do Minho, Portugal.

Clara Carvalho: Antropóloga, docente no Departamento de Antropologia / ISCTE, Lisboa. Vice-Presidente do Centro de Estudos Africanos/ISCTE, Lisboa. Investigadora Convidada, INEP, Bissau, Guiné-Bissau.

Ana Bénard da Costa: Antropóloga, investigadora do Instituto de Investigação Científica e Tropical - Centro de Etnologia Ultramarina, Lisboa, Portugal.

Elísio Macamo: Sociólogo, docente da Universidade de Bayreuth, Alemanha, e da Faculdade de Letras e Ciências Sociais da Universidade Eduardo Mondlane, Maputo, Moçambique.

Jacinto Rodrigues: Arquitecto, docente da Faculdade de Arquitectura da Universidade do Porto, Porto, Portugal.

Maciel Santos: Historiador, docente do Departamento de História da Faculdade de Letras, Universidade de Porto, Porto, Portugal.

Carlos Serrano: Antropólogo, docente no Departamento de Antropologia da Faculdade de Filosofia, Letras e Ciências Humanas da Universidade de São Paulo, e Diretor do Centro de Estudos Africanos da Universidade de São Paulo, São Paulo, Portugal.

Wilson Trajano Filho: Antropólogo, docente na Universidade de Brasília, Brasília, Brasil.

Maria Paula Meneses: Antropóloga/Arqueóloga, investigadora do Centro de Estudos Sociais da Universidade de Coimbra, e investigadora associada do Centro de Formação Jurídica e Judiciária, Maputo, Moçambique.

Luena Nascimento Nunes Pereira: Antropóloga, investigadora associada do Centro de Estudos Afro-Asiáticos, Universidade Cândido Mendes, Rio de Janeiro, Brasil.

Nelson Pestana: Cientista Político, investigador do CEA/ISCTE, Lisboa, Portugal.

Teresa Cruz e Silva: Historiadora social, docente e investigadora do Centro de Estudos Africanos e Faculdade de Letras e Ciências Sociais, Universidade Eduardo Mondlane, Maputo, Moçambique.

Os editores

Teresa Cruz e Silva: Historiadora social, docente e investigadora do Centro de Estudos Africanos e Faculdade de Letras e Ciências Sociais, Universidade Eduardo Mondlane, Maputo, Moçambique.

Manuel G. Mendes de Araújo: Geógrafo, docente da Faculdade de Letras e Ciências Sociais e Director do Centro de Estudos de População da Universidade Eduardo Mondlane, Maputo, Moçambique.

Carlos Cardoso: Filósofo e antropólogo, administrador de programas do Departamento de Pesquisa do CODESRIA, Dakar, e investigador permanente do Instituto Nacional de Estudos e Pesquisa, Bissau, Guiné-Bissau.

Prefácio

A publicação desta obra representa um importante marco no trabalho do Conselho para o Desenvolvimento da Pesquisa em Ciências Sociais em África (CODESRIA). Este destaque não se deve, no entanto, ao facto de se tratar da primeira publicação sob os auspícios do Conselho versando temáticas sobre políticas, economia e sociedade em países africanos falantes da língua portuguesa—longe disso; tão pouco se pode justificar esta relevância pelo facto de esta ser a primeira vez que o Conselho publica em língua portuguesa—já que também não é o caso. A singularidade desta obra prende-se, pelo contrário, com o facto de se tratar do primeiro produto resultante de um esforço compreensivo e concertado, realizado sob liderança do CODESRIA, visando a integração da pesquisa realizada nos países africanos falantes da língua portuguesa, numa estratégia mais lata do Conselho para o alargamento das fronteiras da produção de conhecimento no e sobre o continente, por forma a poder atingir, pelo menos, três objectivos. O primeiro consiste em dar destaque às vozes dos cientistas sociais dos países africanos que utilizam a língua portuguesa nos debates intelectuais sobre os seus próprios países. Com isto pretende-se, também, que estes debates se centrem nos referidos países e nas prioridades identificadas pelas comunidades locais de pesquisadores. O segundo objectivo prende-se com a necessidade de estabelecer uma integração do corpo de investigadores baseados nos países africanos falantes da língua portuguesa, com uma maior centralidade nas redes do CODESRIA, de tal forma que a tradição intelectual de que eles são os representantes, possa ser melhor captada para todas as reflexões científicas facilitadas pelo Conselho. Independentemente do crescimento da robustez das análises que têm sido levadas a cabo pelos cientistas africanos das áreas sociais, tal tipo de exercício pode também receber o benefício acrescentado da exposição de pesquisadores de outras tradições académicas, tais como as que existem nos países africanos falantes de língua inglesa ou de língua francesa, ao pensamento existente nos países falantes de língua portuguesa. O terceiro objectivo consiste no reforço das capacidades de pesquisa comparativa em África, de tal forma que seja possível integrar uma imperiosa compreensão da experiência dos países africanos onde se fala a língua portuguesa pelos membros da comunidade de pesquisadores em ciências sociais servidos pelo CODESRIA. Foi com estes objectivos em mente que, em 2003, foi lançada pelo Conselho a Iniciativa Lusófona.

A primeira de todas as actividades realizadas no quadro da Iniciativa Lusófona do CODESRIA, foi justamente a conferência internacional que teve lugar em Maputo, Moçambique, em Maio de 2005, agregando 60 académicos provenientes de várias partes de África, Europa e Américas, para uma reflexão colectiva sobre a história, integração e democracia nos países africanos falantes da língua portuguesa. Os artigos compilados para esta obra são, assim, o produto de uma selecção que recaiu sobre um conjunto maior de comunicações apresentadas durante a conferência. Estou encantado pelo facto dos colaboradores desta obra, sob orientação do Departamento de Publicações e Disseminação do CODESRIA, terem generosamente contribuído, com o seu tempo de trabalho, para a revisão dos seus artigos que precedeu ao processo de revisão científica que levou à sua publicação. Os nossos agradecimentos são extensivos a Ana Loforte, de Moçambique e a Fafali Koudawo, da Guiné Bissau, pela avaliação do conjunto dos artigos.

Pretende-se que a publicação deste livro seja um momento simbólico nos países africanos falantes de língua portuguesa. Outros livros serão publicados na mesma colecção, não só em língua portuguesa, como nas línguas inglesa e francesa, por forma a permitir que uma larga comunidade de pesquisadores que trabalham sobre temáticas referentes aos países africanos que falam a língua portuguesa, e que cobre todo o continente, possam ser alimentados para benefício desta rede.

Gostaria de prestar homenagem aos editores deste volume pelo intenso trabalho realizado, por forma a tornar célere a sua publicação. Estou confiante que o seu empenho, bem como o de todos os colaboradores, será recompensado pelo entusiasmo com que esta publicação virá a ser recebida, quer por estudantes quer por docentes.

Adebayo Olukoshi
Secretário Executivo
CODESRIA

Introdução

**Teresa Cruz e Silva, Manuel G. Mendes de Araújo
e Carlos Cardoso**

Nascido em 1973, o CODESRIA (Conselho para o Desenvolvimento da Pesquisa em Ciências Sociais em África) tem pugnado, desde a sua fundação, pelo desenvolvimento da promoção e facilitação da produção de pesquisa e do conhecimento científicos em África e sobre África, numa linha de trabalho multidisciplinar.

Como parte integrante das estratégias que visam transcender as barreiras linguísticas, a integração de todas as comunidades de académicos no continente, e o reforço dos seus programas de pesquisa nos Países Africanos de Língua Oficial Portuguesa (PALOP), o CODESRIA lançou para o período 2002-2006 a Iniciativa Lusófona, que visa contribuir para uma melhor integração destes países no seio da comunidade de académicos africanos, ao mesmo tempo que pretende desenvolver e reforçar redes de pesquisa entre eles e com o continente, através das diversas regiões de que cada um é parte integrante.

No âmbito da Iniciativa Lusófona, o CODESRIA organizou na cidade de Maputo, em Moçambique, de 12 a 14 de Maio de 2005, um colóquio internacional sob o lema 'Lusofonia' em África: história, democracia e integração africana, evento que, simbolicamente, acabou por marcar o início deste importante programa.

A história, a democracia e a integração africanas são temas recorrentes de diversas pesquisas realizadas nas disciplinas de ciências sociais e humanas no continente e na sua relação com o universo. No contexto dos países africanos que falam a língua portuguesa, estes temas têm-se mostrado pertinentes, particularmente no decorrer dos últimos 30 anos. Angola, Cabo-Verde, Guiné-Bissau, Moçambique ou S. Tomé e Príncipe, membros da comunidade dos PALOP, embora marcados por um colonizador comum e por uma história de dominação que os aproxima, não deixam, no entanto, de ser igualmente caracterizados por peculiaridades e particularismos, permeados por cruzamentos de culturas, processos de crioulização e assimilação, ou ainda trajectórias políticas diferenciadas. Tudo isto desenhou e redesenhou identidades próprias a cada um deles. O colonialismo, as lutas pela libertação nacional, e o consequente desabrochar de novos regimes políticos no período pós-independência, as transições económicas e políticas que marcaram estes países, desde as economias centralizadas e as tentativas de construção de sistemas políticos de tipo socialista, à introdução de economias neo-liberais, sistemas multipartidários e à construção de sistemas democráticos, na maioria dos casos permeados por situações de conflito, constituem afinal aquilo que, para além de uma língua oficial comum, marca também as identidades e as diferenças entre os países desta comunidade.

A 'Lusofonia' em África deixa, assim, de ser um conceito abstracto e a sua essência passa a ser o resultado de uma variedade de especificidades e, simultaneamente, de identidades comuns que são permanentemente questionadas e questionáveis, num processo em constante movimento. Esta entidade 'lusófona' é também o resultado da expressão contemporânea dos seus povos.

O colóquio internacional constituiu uma ocasião privilegiada para revisitar os temas referidos, expondo-os às perspectivas dos novos desafios que as mutações económicas, sociais e políticas dos últimos 30 anos trouxeram. A liberalização política joga um papel importante nesta mudança profunda. Para lá de uma certa particularidade histórica, questionou-se sobre a implicação dos PALOP nas dinâmicas políticas e ideológicas que marcam a África contemporânea, sobre as redes e comunidades regionais e pan-africanas, e dinâmicas transfronteiriças que se verificaram entre os Países Africanos Lusófonos e os países vizinhos, a fim de nelas 'surpreender' as lógicas subjacentes à actuação dos actores individuais e colectivos.

O debate que decorreu em Maputo, realizado em torno de vários painéis temáticos, contou com a presença de participantes dos países que constituem a comunidade, mas também com a de estudiosos destas problemáticas, provenientes de outros territórios da África Oriental, Austral, Central, Ocidental e do Norte; de alguns países Europeus, e do Brasil, numa ilustração plena do interesse que estas discussões despertam, muito para além das fronteiras políticas e barreiras linguísticas.

A obra que a seguir apresentamos, publicada com a chancela CODESRIA, reúne uma parte dos trabalhos apresentados em língua portuguesa durante o colóquio, depois de revistos pelos seus autores. Os textos apresentados em inglês e em francês e seleccionados para publicação, farão objecto de uma outra publicação do CODESRIA, e virão a lume brevemente.

O livro divide-se em cinco diferentes partes, abrindo com o texto da communicação inaugural proferida pelo Professor Catedrádito Jubilado, Ilídio do Amaral, versando *Os Desafios das Ciências Sociais nos Palop.*

A segunda parte reúne duas análises sobre o Ensino Superior e as Ciências Sociais, tomando como ponto de partida Moçambique, e trazendo questionamentos e desafios para os PALOP. São autoras destes textos: Teresa Cruz e Silva, que nos fala de Instituições de ensino superior e investigação em ciências sociais: a herança colonial, a construção de um sistema socialista e os desafios do século XXI, o caso de Moçambique; e Maria Paula Meneses, que aborda A questão da 'Universidade Pública' em Moçambique e o desafio da pluralidade de saberes. Elísio Macamo, por sua vez, ao tratar da Incerteza e identidade na descrição da realidade social, discute a problemática da identidade 'lusófona', questionando-se até que ponto essa unidade se terá prestado a uma abordagem que tenha como base conceitos analíticos e empíricos comuns. Jogando com os conceitos de risco e segurança, Macamo refere que a 'trajectória histórica dos Países Africanos de Língua Oficial Portuguesa, proporciona não só um campo fértil para sua melhor formulação (da teoria social) como também uma unidade de análise que se funda não só numa suposta identidade política e cultural, mas sim na coerência dos seus processos sociais'.

Na terceira parte desta obra, os seus autores atravessam a maior parte dos PALOP, ao tratarem de Moçambique, Angola, Guiné-Bissau e Cabo-Verde. Abrindo com o tema Famílias na periferia de Luanda e Maputo: história e percursos nas estratégias actuais, Ana Bénard da Costa, com os estudos de caso das cidades de Luanda e Maputo, traz-nos as suas reflexões sobre os processos diferenciados de mudança social, cultural e económica que, em ambos os países, influenciaram as transformações nas estruturas e relações familiares. Wilson Trajano Filho, com A construção da nação e o fim dos projetos crioulos: os casos de Cabo Verde e da Guiné- Bissau, brinda-nos também com dois estudos comparativos. Argumentando que nos dois países a construção da nação esteve associada à crioulização, um processo de mudança sócio-cultural mais antigo e mais amplo que a questão da nacionalidade, Trajano Filho demonstra também que o processo de construção nacional tem avançado após as independências políticas a despeito da sociedade crioula, competindo com outros projetos identitários. Angola, por sua vez, faz parte das reflexões de Luena Pereira e Carlos Serrano. A primeira, ao tratar da Diversidade linguística e identidade nacional: investigando afirmações alternativas de nacionalidade em Angola em cultos religiosos, procura discutir e relativizar a ideia da hegemonia da língua portuguesa no falar e na expressão dos diversos povos que compõem a Angola actual a partir da observação de cultos religiosos num bairro da periferia de Luanda. O segundo retoma a discussão da temática dos intelectuais da 'geração de 50' em Angola, e analisa a partir da produção de certos discursos ou formulação de programas políticos e de acções concretas, capitais político e simbólico, os seus significados para a formação e reprodução das elites e de seus projectos, no que se refere ao Estado-Nação.

Clara Carvalho abre a quarta parte desta obra tratando das autoridades tradicionais nos PALOP. Ao tomar como ponto de partida o caso da Guiné-Bissau, a autora questiona-se sobre a persistência do poder tradicional, trinta anos após as independências, e se estes fenómenos serão equivalentes nos três países continentais da comunidade. Isabel Carvalhais avança uma reflexão sobre a pertinência da descentralização no contexto social, político e cultural da sociedade angolana. E como a autora nos diz neste estudo, 'a descentralização tendo chegado aos discursos políticos dos actores angolanos, debate-se ainda quanto ao que possa significar, tanto no universo da exploração teórica como, e muito mais dramaticamente, no universo da futura concretização prática', um ponto que pode ser válido para discutir a mesma temática na comunidade dos PALOP. Na sua análise sobre as classes sociais em Angola, Nelson Pestana dá-nos a conhecer uma sociedade estratificada, não em termos do clássico modo de produção capitalista, mas uma formação social em que o processo de constituição dos diferentes estratos sociais passa pela manutenção de um quadro de dominação e de desigualdade fundados na predação das riquezas de Angola, e em que a afirmação dos que se encontram no topo da hierarquia passa pela reinvenção do passado.

A quinta e última parte desta obra engloba um conjunto bastante heterogéneo das reflexões que se realizaram ao longo do colóquio. Jacinto Rodrigues, com uma 'Reflexão Crítica do Modelo de Crescimento Económico eurocêntrico e propostas para um desenvolvimento ecologicamente sustentado' abre esta parte da obra, procurando entender o processo da humanidade numa inserção dinâmica e eco-sistémica de paradigmas. Entre o paradigma 'tradicional' e o paradigma 'moderno' procura, assim, explicitar um paradigma emergente possível. que poderia superar os impasses do 'progresso tecno-científico' e do modelo retrógrado, estático e tradicionalista. Adoptando uma perspectiva que podemos apelidar de histórico-económica e partindo dos pressupostos da teoria do valor-trabalho, Maciel Santos faz uma crítica do conceito de 'sociedade rendeira', ao mesmo tempo que mostra a ligação estrutural entre as rendas externas e a integração no mercado capitalista. Ao discutir a historicidade das sociedades rendeiras, bem como as suas tendências a longo prazo, esta comunicação traz uma contribuição significativa para uma reflexão crítica da teoria rendeira, nomeadamente na sua aplicação à estrutura e génese das sociedades rendeiras africanas. Fernando Jorge Cardoso encerra esta obra com uma reflexão sobre integração regional em África. Apontando o aumento da importância do regionalismo neste continente, provocado por razões políticas e de segurança e não por razões de índole económica, e considerando ainda o contexto económico e político em que a Comunidade dos Países de Língua Portuguesa, CPLP, se insere em África, o autor indica a dificuldade em alimentar expectativas sobre o seu papel como catalizador de cooperação ou integração económica no continente.

Parte I

1

Os Países Africanos de Língua Oficial Portuguesa face aos Desafios do Século XXI

Ilídio do Amaral

'O Ocidente, hoje, concorda connosco quando afirmamos que a via para a verdade passa por inúmeros caminhos que não os da lógica aristotélica e tomista ou da dialéctica hegeliana. Há que descolonizar as próprias ciências sociais e humanas' (Engelbert Mveng 1983).

I

Em 1996, isto é, treze anos depois das palavras de Engelbert Mveng, os autores de um volume da Associação de Universidades Africanas sobre a experiência de ensino superior em África, dois Chanceleres e um Reitor de instituições de países diferentes, afirmavam que 'as ciências sociais nas universidades africanas' ainda não estavam 'suficientemente desprendidas do jargão e da influência do Ocidente, em especial da Americana', ainda não tinham lançado 'raízes nas universidades africanas', nem sido 'significativamente inspiradas pelas circunstâncias fundamentais das sociedades africanas'. Deste modo, permaneciam desligadas da 'realidade dos seus problemas sociais e económicos', e que havia 'a necessidade de estudar as questões não apenas como um exercício académico, mas também para fins práticos' (Ajayi; Goma; Johson e Mwotia 1996).

No mesmo ano, num tom mais optimista, um grupo de dez especialistas de ciências sociais, da qual faziam parte dois africanos, a 'Comissão Gulbenkian', presidida por Immanuel Wallerstein, reconhecia que já houvera orientações novas em África, representadas pelo 'início de um processo de experimentação'. E acrescentava que, 'embora desoladora sob muitos aspectos, a situação actual vivida no continente africano', tinham sido lançadas 'as bases para formas alternativas do estudo e pesquisa' que não eram, 'necessariamente, o espelho das abordagens disciplinares adoptadas noutras grandes regiões do mundo. Muita da investigação relativa à evolução socioeconómica' obrigara 'a que se utilizassem métodos não rígidos mas sim abertos, de modo a abarcar o conhecimento novo, ao mesmo tempo' que incentivara 'a eliminação do fosso entre as ciências sociais e as ciências naturais' (Wallerstein et al. 2002).

Neste sentido, têm desempenhado papel importante as instituições de formação e investigação multidisciplinares, como é o caso do 'Conselho para o Desenvolvimento da Pesquisa em Ciências Sociais em África', CODESRIA, fundada em Dakar, em 1973. Funcionando como quase universitária, não amarrada às categorias tradicionais do saber, transcende as barreiras regionais e linguísticas, junta especialistas das ciências naturais, das sociais e das humanidades, e mostra-se pouco preocupada em respeitar as fronteiras disciplinares. Promove o avanço do conhecimento e a sua difusão na arena internacional, procura ainda tornar-se relevante enquanto fonte aonde os agentes governamentais poderão ir buscar ideias para as suas políticas. Dando relevo aos laços que ligam a aparelhagem teórica, conceptual e metodológica para a análise de um certo objecto de estudo, isso permite, em particular, ultrapassar certas falsas querelas entre escolas ou correntes teóricas que, muitas vezes, se resumem à oposição de escalas de observação diferentes.

No padrão trimodal de ciências naturais, ciências sociais e humanidades ou ciências humanas tem-se assistido à queda de fronteiras entre elas e até no interior das próprias ciências sociais, mesmo entre as que mais se defendem de nomotéticas (Economia, Sociologia, Ciência Política), distinguindo-se das ideográficas (História, Antropologia, Geografia Humana). As convergências entre as ciências naturais e as sociais tornam-se maiores quando se considera que ambas se ocupam de sistemas complexos, ou seja, de sistemas em que os desenvolvimentos futuros resultam de processos temporalmente irreversíveis. De modo idêntico sucede entre as ciências nomotéticas e as ideográficas. Sirva de exemplo a História, uma vez que a tarefa do historiador, mais do que procurar abstracções que lhe permitam formular leis gerais, é a de chegar à compreensão e explicação de cada processo concreto em toda a sua complexidade e riqueza, na sua 'originalidade irredutível'. Assim, as diferenças entre as nomotéticas e a História são diferenças de ênfase, de preocupações, de orientações que não se excluem, mas que se complementam (Piaget 1997).

Muitos investigadores sociais têm manifestado a tendência de tomar como objectos de reflexão privilegiada as sociedades nacionais, isto é, de sobrepor os conceitos de sociedade, de Estado e de nação. O significado vulgar da palavra 'sociedade' aparece muitas vezes ligado à construção de Estados-nação que, segundo diversos autores, constitui uma escala de observação que está subteorizada. Contudo, num contexto marcado pelo crescimento das interdependências entre Estados à escala planetária, ou à sua integração em blocos regionais, pela intensificação dos fluxos de todos os tipos que os atravessam, pelas dificuldades maiores que alguns Estados têm de construir uma Nação correspondente, torna-se cada vez mais difícil manter o conceito tradicional de sociedade, perante a oposição entre comunidade e sociedade, estatuto e contrato, princípio hierárquico e princípio democrático, solidariedade mecânica e solidariedade orgânica, dominação tradicional e dominação racional-legal, holismo e individualismo.

Aquele conceito tem sido alvo de discussões. A sua inocência aparente, resultado de uma utilização rotineira, tem sido questionada de dois pontos de vista essenciais. Por um lado, a tendência de confundi-la com o quadro territorial e identitário do Estado-nação, o que orientou fortemente certos modelos teóricos, de sociedades pensadas *à priori* como sistemas claramente delimitados, possuindo uma unidade interior (Giddens 1994). Por outro lado, as transformações em curso interditam hoje a manutenção dessa ideia, que correspondeu, de forma concreta, a uma realidade histórica maior, mas que não esgota a análise das relações históricas e sociais. Não que seja necessário aderir, sem receio, às ideias em voga sobre o fim do Estado, sobre a 'globalização', o 'multiculturalismo', quando não fazem mais do que substituir as velhas evidências por novas ideias insuficientemente reflectidas.

Houve mudanças de conceitos e metodologias perante novas formas de ver as realidades e para isso a África tem dado muitas contribuições. Uma das mais importantes foi a da modificação da pretensão que *a Civilização*, com artigo definido e letra maiúscula, e a modernidade, vinculando uma superioridade normativa, se identificavam apenas com o Ocidente, isto é, a Europa Ocidental; todas as outras eram repelidas para a 'não civilização', para o 'tradicional', e até para a 'negrura da noite'. Eis o erro cometido por uma figura notável como Friedrich Hegel quando escreveu, na primeira metade do século XIX (1822-1830), que a África (negra) não tinha 'interesse histórico específico, a não ser o de vermos ali o homem na barbárie, na selvajaria, sem subministrar qualquer ingrediente integrador à cultura'. E repetiu isto, por palavras pouco diferentes, noutra parte dos seus apontamentos. Para ele a África era 'o país infantil' que se encontrava 'envolto na negrura da noite' (Hegel 1995).

Tendo lido de Giovanni Cavazzi, a *Descrição histórica dos três reinos: Congo, Matamba e Angola* (1687), porque a citou, e tudo leva a crer que também tenha lido de Filippo Pigafetta, escrevente das aventuras vividas por Duarte Lopes em *Relação do reino do Congo e das terras circunvizinhas* (1591), às quais juntou coisas fantasiosas de sua lavra acerca da África Oriental, onde o judeu português nunca esteve, Friedrich Hegel fez tábua rasa das características culturais, políticas, económicas e sociais dos povos africanos, preferindo destacar o acessório, o exótico, como o comportamento horrífico dos 'Tchacas' (Jagas) 'que, no século XVI, causaram temor ao reino guineense do Congo e também se viraram contra Moçambique', e a informação de que 'muitos negros' eram 'desmembrados por animais selvagens, embora trouxessem amuletos' (os deles), mas se tivessem usado aqueles distribuídos pelos portugueses 'teriam escapado são e salvos'. E arrematou as suas notas da seguinte maneira: temos 'assim informações suficientes acerca de África'. Admiro o seu sistema filosófico, o seu 'método dialéctico', o princípio de que o mundo, na sua essência, é uma unidade entre opostos. Não lhe perdoo a leviandade das ideias sobre a África, sobretudo tratando-se de quem era, escrevendo em meados da primeira metade do século XIX.

Mas Hegel não constituiu caso único. E, mesmo hoje, continuam carecidas de correcção imagens erróneas construídas por europeus sobre a África. Também sucedeu relativamente ao Oriente. Muitos europeus que estiveram no Oriente, que leram os célebres relatos das viagens de Marco Polo feitas no século XIII, que tiveram acesso aos textos de jesuítas que por lá estiveram nos séculos XVI a XVIII e reconheceram a existência de outras civilizações, na China, na Índia, no Japão e noutros lados, preferiram construir imagens deturpadas delas. O palestiniano Edward Said, nascido em Jerusalém em 1935, escritor e professor em universidades dos EUA, membro do Conselho Nacional Palestiniano, falecido em 2003, escreveu uma obra notável, volumosa, de grande densidade e profundidade, *Orientalismo. Representações ocidentais do Oriente*, na qual desmontou, servindo-se de textos e ideias de brilhantes autores europeus, os erros cometidos por viajantes, comerciantes e aventureiros, políticos e académicos, religiosos e escritores, e muitos outros, ao darem ao Oriente uma falsa homogeneidade sob uma óptica euro centrada (Said 2004). O autor levantou muitas questões, de que refiro apenas alguns exemplos: como *representamos* outra cultura? O que é *outra* cultura? Será que a noção de uma cultura distinta (ou raça, ou religião, ou civilização) é útil, ou será que sempre se envolve em auto-satisfação (quando analisamos a *nossa*) ou em hostilidade e agressão (quando analisamos a outra)? O que é a *modernidade?*

Se pelo conceito de modernidade for designado, em primeiro lugar, um tipo de sociedade e de civilização, e não uma época histórica, teremos outra maneira de estruturar e de orientar, significativa e normativamente, o conjunto de relações sociais que se desenvolvem, progressivamente, a partir de um certo momento, antigo ou actual. Naturalmente que se pode analisar isso separando, o mais claramente possível, os conceitos histórico, sociológico e antropológico, ao nível dos quadros simbólicos da experiência humana em geral, da relação mais fundamental *a si*, ao *outro* e ao mundo. A análise da modernidade pode integrar a tese de uma pluralidade de fases históricas. A noção de tipo de sociedade não significa homogeneidade, e a sua caracterização pode muito bem implicar pôr em evidência tensões ou contradições maiores, como entre 'capitalismo' e 'democracia'. De modo nenhum se pode postular que o conjunto de transformações associadas à trajectória europeia e ocidental pode ser tratado como um bloco—o 'equívoco do pacote global' (Taylor 1999)—homogéneo e transformado num princípio explicativo único. De modo algum! Deve-se considerar a pluralidade de vias de modernização.

Um último ponto nesta minha desordenada digressão sobre as Ciências Sociais: as hodiernas orientações pós-modernistas (ainda uma amálgama de estruturalismo, pós-estruturalismo e reivindicações identitárias dos chamados 'novos movimentos sociais'), sobretudo com filósofos e sociólogos—por exemplo, o francês Jean-François Lyotard, sobre a condição pós-moderna (1979), e o alemão Jurgen Habermas, ao considerar a modernidade como um projecto inacabado (1980-81),—e o nascimento da revista *Theory, Culture & Society* (1988). Justamente do ano passado é uma obra de síntese original, densa e perturbadora, sobre a sociologia do tempo presente, que colherá, certamente, a atenção de docentes, investigadores e estudantes de Ciências Sociais, mas não só, pois interessará todos aqueles que procuram decifrar as mutações sociais e culturais contemporâneas. O autor, Yves Bonny, coloca a questão de saber se se trata de modernidade avançada ou de pós-modernidade (Bonny 2004).

O pós-modernismo, mais desenvolvido, sobretudo, nos meios universitários dos EUA, desemboca numa forma de pôr em causa as separações ou cortes disciplinares ainda em vigor. A estruturação do sistema universitário estadunidense facilitou e esse desenvolvimento sob a forma de programas de estudos mais ou menos autónomos, centrados em questões ou universos de práticas específicas, e adopção de uma orientação pluridisciplinar ou interdisciplinar, muitas vezes no cruzamento das ciências sociais com as humanidades, e também com as ciências naturais e as exactas, nomeadamente através de métodos de questionamentos pós-estruturalistas. E aqui cabe recordar dois eminentes historiadores africanos, Theophile Obenga e Joseph Ki-Zerbo, em contribuições publicadas no primeiro volume da *História Geral de África* (UNESCO). Para o primeiro, 'a utilização cruzada de fontes aparece como uma inovação qualitativa. A integração global dos métodos e o cruzamento das fontes constituem desde já uma eficaz contribuição de África à ciência e mesmo à consciência historiográfica contemporânea'. Para o segundo, a importância da 'interdisciplinaridade é tal que chega quase a constituir, só por si, uma fonte específica' que suplanta 'a disparidade de metodologias próprias de cada disciplina e a influência dos hábitos particularistas em que se acham enquistados os próprios pesquisadores, zelosos de manter uma espécie de soberania territorial epistemológica' (Obenga e Ki-Zerbo 1982). Também eu tentei seguir esses ensinamentos num pequeno livro sobre a história de Angola (Amaral 2002).

O impacto do pós-modernismo no sistema universitário tornou-se central na elaboração de doutrinas novas, como a do 'multiculturalismo', bem como de políticas públicas e normas integrando as reivindicações identitárias. São programas ilustrativos os de 'estudos culturais' ou 'estudos da cultura' e os da 'teoria da desconstrução', que têm tido grande adesão. Um dos terrenos mais férteis é constituído pelas diferentes áreas regionais que formaram historicamente o 'Outro', relativamente ao Ocidente, quer se trate dos países que foram colónias, quer dos que estiveram no bloco comunista. O conceito de pós-modernismo é aplicado na medida em que os seus actores denunciam o universalismo abstracto, substituindo-o por um pensamento da diferença, da diversidade, da singularidade dos indivíduos, de onde a centralidade da questão da identidade, quando antes as questões centrais eram as da participação, da inclusão e da igualdade. Neste contexto, as doutrinas de legitimação passaram do modelo de *melting pot* ao de 'multiculturalismo' e de *salad bowl* (Lacorne 2003).

II

A Lusofonia em África integra cinco países formados ao longo de cinco séculos de colonização portuguesa que lhes deu aspectos comuns, tendo hoje a língua lusa como elemento interno de ligação entre as respectivas populações e de projecção no exterior. Mas a primeira constatação é a de que eles são realmente diferentes em muitas coisas, até nos seus processos históricos.

Por um lado, estão dois países arquipélagos, de ilhas atlânticas encontradas no século XV: Cabo Verde na faixa semi-árida do Sahel, e São Tomé e Príncipe na faixa equatorial, de chuvas abundantes. Nos pedaços vulcânicos não havia gente. No dizer do poeta caboverdiano Jorge Barbosa, 'nas ilhas perdidas no meio do mar;/ esquecidas/ num canto do mundo' (...), 'nem homens nus/ nem mulheres nuas/ espreitando/ inocentes e medrosos detrás da vegetação' (Barbosa 1953 e 1956).

Também não havia riquezas minerais (prata, ouro, ou pedrarias preciosas). Nelas foi preciso introduzir tudo: europeus (uns livres, mas muitos sentenciados por tribunais portugueses) e africanos (escravizados), animais domésticos, culturas alimentares e uma cultura de produção para o mercado europeu (a cana sacarina). Do cruzamento de europeus com africanos nasceram os mestiços, numa síntese mais aprofundada em Cabo Verde. Portanto, os processos históricos dos dois países tiveram início no século XV, depois de descobertas por navegadores portugueses. Deste modo não tem sido difícil escrever a *História Geral de Cabo Verde*, obra que vai no terceiro volume de estudos e ensaios, num total de mais de 1.500 páginas, levada a cabo por uma equipa mista luso-caboverdiana, além de outros volumes com transcrições de documentos antigos, em edição do Instituto de Investigação Científica Tropical, de Portugal, e da Direcção-Geral do Património, de Cabo Verde.

Por outro lado, três países litorâneos, dois do lado Atlântico (Guiné-Bissau e Angola) e outro do lado Índico (Moçambique). Neles os portugueses encontraram povos organizados em sociedades multisseculares, em fases de alterações históricas. Paradoxalmente, em muitos casos os chegados de fora pretenderam negar-lhes histórias próprias, mas difundiram expressões e conceitos como reino, rei, hierarquia, soberania territorial ou regional, fronteira, nação, etc. e até reconheceram a existência de semelhanças com instituições europeias. As suas etnicidades não eram, como mais tarde se pretendeu definir, de combinações estáveis de invariantes históricas, políticas, económicas e sociais.

Se nos territórios insulares a colonização foi pacífica, o mesmo não sucedeu nos outros três: a ordem foi a de conquista militar pelas armas, tecnologicamente mais avançadas e destrutivas que as dos africanos, imposição da civilização europeia, sobretudo pelo ardor missionário dos agentes evangelizadores ('Não tem Vossa Majestade minas de prata e ouro, mas tem ricas minas de almas', escrevia um padre jesuíta nos finais do século XVI) e pela actividade mercantil transatlântica, sendo os escravos para as Américas os produtos mais valiosos. A canocracia brasileira desenvolver-se-ia à custa de mão-de-obra representada por escravos capturados nos três territórios africanos.

Outros países europeus seguiram os portugueses, como a França, a Inglaterra e a Espanha, fixando também feitorias litorâneas, a partir das quais comerciantes, militares, missionários, viajantes e aventureiros foram abrindo caminhos pelos 'sertões'. Interesses mercantilistas e de missionação conjugaram-se nos grandes móbiles da penetração no continente. O estado de coisas foi perturbado em meados do século XIX quando a Alemanha, unificada por Otto von Bismarck em 1871, e o segundo rei da Bélgica, país independente desde 1830, também decidiram ganhar posições em África. Iniciava-se então a corrida desenfreada pelo apossamento de territórios africanos a coberto da capa enganosa de um altruísmo civilizacional eurocentrado, evidente nas convocatórias para as reuniões de Bruxelas (1876) e de Berlim (1884-1885): 'abrir à civilização a única parte do globo que ainda não fora penetrada, rasgar as trevas que pendiam sobre povos inteiros' (Hochschild 2002).

Em Berlim estiveram representantes de países europeus e não europeus, mas não foi convidado ninguém que pudesse representar a África. São bem conhecidas as conclusões vertidas em Acto final, definindo o conceito de ocupação efectiva e, daí, o esquartejar da África por seis países europeus e uma Associação criada por Leopoldo II da Bélgica, aceite em todo o processo como parceiro com os mesmos direitos. No veloz esquartejamento do continente, os países concorrentes traçaram e negociaram fronteiras com base em elementos físicos (linhas de cumeadas, troços fluviais, segmentos de paralelos e meridianos), muitos deles ainda mal conhecidos e fantasiosamente registados em cartas geográficas rudimentares, e só muito raramente se preocuparam com os elementos humanos (as populações africanas e as suas organizações territoriais) ou o estabelecimento de acordos com potentados locais. Em muitos casos, as fronteiras passaram pelo meio de comunidades populacionais que, assim, ficaram partilhadas por colónias de países diferentes. Nos arquipélagos não houve motivos para disputas fronteiriças.

Essa carta política foi ligeiramente modificada, primeiro em 1908, quando Leopoldo II legou o 'seu' Estado Livre do Congo ao governo do seu país, que, em princípio, teve dúvidas em aceitar o legado; e depois da 1ª. Guerra Mundial, decorrida na Europa entre 1914 e 1918, com algumas escaramuças localizadas em zonas fronteiriças de territórios africanos sob administração colonial alemã. À Alemanha, perdedora da guerra, foram-lhe retiradas as colónias que obtivera nas margens atlântica e índica, entregues sob mandato ou protectorado à Inglaterra, à França e à Bélgica que mais reforçaram os respectivos Impérios. Portugal, país de fracos recursos, pouco desenvolvido, com acumulação de défices financeiros e económicos, quer nos anos finais da monarquia, quer nos primeiros do regime republicano implantado a 5 de Outubro de 1910, ia mantendo as suas colónias com muitas dificuldades, não faltando quem defendesse a sua venda a potências estrangeiras para socorro da situação catastrófica das finanças do Estado. Com a implementação do Estado Novo, a partir de 1932 as coisas melhoraram, aprofundou-se o regime ditatorial que elegeu como objectivos nada alienar e considerar um Portugal uno desde o Minho até Timor, trocando-se a palavra colónia pela designação eufemista de província ultramarina.

A Segunda Guerra Mundial, de 1939-1945, territorialmente muito mais ampla e destrutiva, teria como consequência modificações importantes a nível mundial: a divisão do mundo por duas super-potências de ideologias contraditórias, dos EUA, guardiã do capitalismo, e da URSS, central irradiadora do comunismo, elas próprias colonizadoras continentais, mas com atitudes comuns de anti-imperialismo relativamente aos outros; o reordenamento das cartas políticas da própria Europa, mas sobretudo da África, da Ásia e do Pacífico correspondendo nestes três ao apelo a independências de territórios sob jurisdição colonial, num movimento anti-colonialista amplificado pelo enfraquecimento da Europa. Na África subsariana as independências foram iniciadas pela Costa do Ouro em 1957, cujo nome passou a Ghana, recuperado de um antigo império oeste-africano, e pela Guiné-Conacri em 1958. Nos decénios seguintes prosseguiram as independências: 34 no de 60, 8 no de 70, 1 em 1980 (Zimbabwe) e outra em 1990 (Namíbia).

É de relevar o facto que, desde o início, a par das independências, surgiram projectos de integração regional e de unidade continental, esta expressa claramente no pan-africanismo de Kwame Nkrumah, em *Africa Must Unit!*, de 1963, em vésperas da criação da Organização da Unidade Africana (OUA) em cuja Carta, entre outros princípios, se fixou o da imutabilidade, ou sacralização, das fronteiras herdadas dos regimes coloniais. Acautelava-se, assim, a concretização de sonhos de irredentismo ou de secessionismo com a invocação do direito à autodeterminação de povos em Estados que ascendiam à independência (Amaral 1995). Esclareça-se, todavia, que os ideais de regionalismo e pan-africanismo não foram tão originais como podem parecer, pois que eles já tinham sido defendidos por pessoas notáveis da segunda metade do século XIX, umas nascidas em África, outras fora dela, descendentes de africanos, mas que acabaram por viver tão longamente no continente que se tinham como nascidos nele. Basta recordar alguns nomes, por vezes injustamente esquecidos, com os períodos dos seus maiores protagonismos: James Africanus Horton (1861-1873), James Jolly Johnson (1872-1873), Edward Blyden (1862-1881), todos eles batendo-se também pelo ensino superior em universidades que deviam ser criadas em África, com currículos dando relevo às questões africanas. É curioso notar a existência de tais personalidades, essas e muitas outras, antes da célebre Conferência de Berlim de 1884-1885. E no século XX não se podem esquecer Nnamdi Azikiwe e o seu *Renascent Africa*, de 1937, nem Cheikh Anta Diop, nem Engelbert Mveng e tantos outros.

Portugal, porém, contra ventos e marés, decidiu manter as suas colónias, envolvendo-se em guerras com movimentos de libertação na Guiné, em Angola e em Moçambique. Foi o último a perder o império colonial de cinco séculos, cerca de um ano depois da Revolução metropolitana de 25 de Abril de 1974 que pôs termo ao regime ditatorial de 40 anos. As cinco colónias africanas ascenderam a países independentes, soberanos, definindo-se como Países Africanos de Língua Oficial Portuguesa. Vinte anos depois, a 17 de Julho de 1996, os Chefes de Estado dos cinco, juntamente com os de Portugal e do Brasil assinavam a Declaração constitutiva da 'Comunidade de Países de Língua Portuguesa', a CPLP, à qual se juntaria, muito mais recentemente, Timor Lorosae.

Tal como as diferenças geográficas, também as de desenvolvimento económico e social dos países da CPLP são muito grandes. Os valores de áreas territoriais e de volumes demográficos vão desde pouco mais de 946 km^2 e 0,2 milhões de habitantes em São Tomé e Príncipe aos 8,5 milhões de km^2 e 176,3 milhões de habitantes do Brasil subcontinental; tanto a área como a população deste país ultrapassam em muito a soma das áreas e dos volumes populacionais dos outros sete. Se as ilhas vulcânicas são destituídas de riquezas minerais, com excepção das de S. Tomé e de Timor com reservas petrolíferas nas suas plataformas submarinas, mas ainda por explorar, em contrapartida os territórios do Brasil e de Angola são riquíssimos em diversidade ecológica, em reservas petrolíferas, diamantíferas e de muitos outros produtos de grandes valores económicos, ficando a Guiné-Bissau e Moçambique em posições intermédias.

Infelizmente, nos países africanos continentais, da Guiné-Bissau, de Angola e de Moçambique, as guerras contra a dominação portuguesa e pelas respectivas independências, as goradas experiências marxistas-leninistas como reacções contra o capitalismo colonial, e as guerras civis, ainda mais terríveis, arrastando-se por mais de dúzia e meia de anos, produziram situações graves de ruína económica, destruíram estruturas físicas, comprometeram equilíbrios ecológicos, desestruturaram os tecidos sociais, fizeram aumentar a fome e as epidemias, levaram esses territórios a níveis elevados de pobreza e pauperização, manifestando-se esta no Estado e nas suas instituições, no forte endividamento com o estrangeiro, na degradação das condições humanas e socioeconómicas, das características culturais e ambientais, e noutros domínios, contribuindo para a marginalização. Mas as coisas foram mudando, foram-se calando as armas e deixado falar as almas (palavras de uma *Mensagem Pastoral dos Bispos Católicos de Angola*, Luanda, 29 de Março de 2000), trocados os regimes marxistas-leninistas pelos democráticos liberais, as gerações coevas dos períodos colonial e de guerras civis vão sendo substituídas por outras mais jovens para quem aqueles períodos constituem histórias do passado, e que vêm o mundo de maneira diferente, dando maior importância ao emprego e formação profissional, aos direitos humanos, à família e à liberdade, aos problemas ecológicos, ao relacionamento fácil com o exterior etc., coisas que ultrapassam o nível do Estado-nação. Basta recordar que na *Declaração do Milénio*, aprovada na Cimeira das Nações Unidas, em Setembro de 2000, reflectindo as preocupações de 147 Chefes de Estado e de Governo e de 191 países que participaram nessa reunião magna, foram considerados como valores fundamentais para as relações internacionais no século XXI a liberdade, a igualdade, a solidariedade, a tolerância, o respeito pela natureza e a responsabilidade comum (ONU 2000).

A leitura dos valores do Índice de Desenvolvimento Humano (IDH) publicados nos Relatórios anuais do Programa das Nações Unidas para o Desenvolvimento (PNUD) não é nada animadora. Tendo em conta que o cálculo desse indicador se baseia nos índices de esperança de vida, de educação e do PIB, segundo o *Relatório de Desenvolvimento Humano 2004. Liberdade Cultural num Mundo Diversificado*, no conjunto de 177 países do mundo, dos lusófonos africanos apenas os arquipelágicos têm posições no escalão de desenvolvimento humano médio—Cabo Verde, no 105° lugar e São Tomé e Príncipe, no 123°; os outros três aparecem no escalão dos que têm desenvolvimento humano baixo, colocados nos últimos lugares—Angola 166°., Moçambique 171°. e Guiné-Bissau 172°. Na classificação dos países segundo o rendimento em dólares per capita, todos os cinco são dados como menos desenvolvidos, e na distribuição por três escalões, salvo Cabo Verde que aparece no médio, com 1.330 dólares, os outros quatro estão no baixo—Angola, 270 dólares, Guiné-Bissau, 160, São Tomé e Príncipe, 270 e Moçambique, 220. No Quadro I estão alguns valores que permitem fazer uma ideia das dificuldades que assolam os cinco Países Africanos de Língua Oficial Portuguesa, em comparação com os outros três da Lusofonia.

Os países africanos são muito pobres quanto ao uso de novas tecnologias da informação e comunicação, instrumentos fundamentais nesta era do conhecimento e da informação, sem os quais aumentam continuamente os riscos da marginalização. A propósito dela Manuel Castells, com muito pessimismo, chega a pôr a questão do seguinte modo: o 'adeus a África ou o retomo ao continente negro?' (Castells 2004). No seu conjunto, os países africanos não contam com mais linhas telefónicas que Tóquio ou Manhattan, nem mais computadores ligados à Internet que a Lituânia. Ainda que o cálculo do Índice de Realização Tecnológica (IRT), criado e apresentado pelo PNUD no seu *Relatório de Desenvolvimento Humano 2001. Novas Tecnologias e Desenvolvimento Humano*, não cubra senão um pouco menos da metade dos países do mundo—18 classificados como líderes, outros 18 como líderes potenciais, 25 como seguidores dinâmicos e 9 como marginalizados—isso significa que ficam de fora todos os mais, isto é, a maioria, uns por falta de informações credíveis ao PNUD e outros por inexistência de dados nacionais, onde se incluem os Países Africanos de Língua Oficial Portuguesa, com excepção de Moçambique que aparece como um dos marginalizados. O enunciado das balizas para o cálculo do IRT, dispensando comentários, mostra bem os enormes desafios postos a esses países: criação de tecnologia medida pelo número de patentes concedidas a residentes per capita, em milhões de pessoas, e pelas receitas de royalties e direitos de licenças recebidos do exterior, por mil pessoas; difusão de inovações recentes, medida pelo número de anfitriões de Internet per capita, por mil pessoas, e pela parcela das exportações de alta e média tecnologia, em percentagem das exportações totais de bens; difusão de inovações antigas, medida por telefones (cabo e móveis) e pelo consumo de electricidade, os dois per capita; qualificações humanas, medidas pelos anos médios de escolaridade da população com idade igual ou superior a 15 anos e pela taxa de escolarização bruta no ensino superior em ciências e tecnologia.

III

Ainda que desde os anos de 70 do século passado várias correntes das Ciências Sociais tivessem posto em causa a ideia de que o Estado constituiria o limite natural da vida da sociedade, justifica-se, nos casos dos Países Africanos de Língua Oficial Portuguesa, a análise estadocêntrica. A dúvida surgira, por um lado, pelo facto de tanto aos olhos dos estudiosos como das populações em geral os Estados terem ficado aquém das promessas de modernização e bem-estar económico e social—depois dos discursos empolados de bem-aventuranças apareceram nuas as grandes diferenças entre o mito e as realidades. Por outro lado, as mudanças verificadas no mundo do conhecimento, que levaram os estudiosos a repensar certos pressupostos nunca antes questionados—'pensar geralmente, agir localmente' foi um lema que deixou, de forma deliberada, o Estado de fora, passando a ter maior relevo a cena internacional, os fenómenos trans-estatais, as regiões, quer as de grande dimensão, pela integração de Estados, quer as de pequena, no interior de um Estado.

Nos actos de independências, os novos governantes receberam a herança do Estado colonial, um corpo estranho e imperfeito, uma pálida cópia das instituições políticas e sociais europeias, e, para além disso, monolítico, todo-poderoso, arbitrário, e assim tinha de ser 'porque era uma força de ocupação' (Ake 2000), com os germes dos ponderosos desafios da reformulação de instituições e da construção do Estado-nação, em contexto de institucionalização e desenvolvimento democrático, ou, por outras palavras, de aprofundamento da democracia.

Eis mais uma construção jurídico-política europeia fixada no século XVIII, a do Estado-nação, que também está a ser posta em causa a propósito da edificação da União Europeia. Começada por uma *Comunidade Económica* constituída por seis países, de tratado em tratado, tem sido transformada numa *União* que compreende hoje vinte e cinco Estados-membros plenamente integrados, e ainda, a adesão da Turquia desde há largos meses e da Roménia e da Bulgária desde 25 de Abril passado, cujas integrações poderão ter lugar em 2007, desde que tais países tenham implementado reformas em domínios como a justiça, a administração interna (incluindo a protecção de minorias étnicas), o combate à corrupção e concorrência desregulada. A União Europeia dilata-se para oriente, e o sistema, em crescimento acelerado, já denota alguma 'fadiga'. Isso coloca, de imediato, a questão de um novo espaço de sociedade, ou melhor, espaço público como espaço de participação e de representação políticas e como espaço de cidadania, concebida esta como motor de uma identidade europeia, tudo isso acompanhado por um projecto 'civilizacional' (Fabre 1996; Ferry 2004).

Dito assim até pode parecer fácil, mas continua subjacente a questão posta de forma clara por diversos estudiosos e, mais recentemente, pelo Cardeal Joseph Ratzinger (actual Papa Bento XVI) logo no início de uma conferência proferida em Novembro de 2000 e depois em 2004: 'A Europa, mas o que é exactamente a Europa? Onde começa e onde acaba a Europa?', relevando a arbitrariedade da colocação da fronteira leste nos montes Urais. Ainda segundo o mesmo autor, 'a Europa só é um conceito geográfico de maneira totalmente secundária: a Europa não é um continente claramente compreensível em termos geográficos; é, pelo contrário, um conceito cultural e histórico' (Ratzinger 2005). Poderá a construção da União Europa reproduzir o modelo de formação do Estado-nação, estrutura emanada da modernidade, no século XVIII, assentando na coincidência necessária entre território, língua e cultura, sob controlo de uma administração central (Eisenstadt e Rokkan 1973)? Face à globalização imparável estará acabada a era do Estado-nação? Terá razão Kenichi Ohmae, quando diz que as nações se tornaram meras 'ficções'? (Ohmae 1995). Ora, a Europa nunca foi uma *nação única*, à maneira dos EUA, e nunca será uma super Estado-nação, assim como é duvidoso que a sua integração política possa concretizar-se na forma convencional de Estado, mesmo que seja o de Estado Federal, pelo menos no modelo que se conhece. A União Europeia será, quando muito, um espaço transnacional, será um espaço que assentará, antes de mais, em redes de informação. Por isso, nesta tendência cibernética, Manuel Castells já avançou a ideia de 'Estado em rede (...) com vários nós interdependentes, de forma que nenhum nó, nem o mais poderoso, possa ignorar os outros, nem mesmo os menores, nos processos decisórios. Se alguns nós o fizerem, todo o sistema será questionado' (Castells 2003). Será este o estádio avançado de uma Nova Ordem

Mundial? Este ano começou a tentativa de ratificação do Tratado da Constituição Europeia, por referendo ou por parlamento, de acordo com os respectivos procedimentos constitucionais de cada país, que exige o Sim de todos os Estados-membros, a fim de entrar em vigor em 2007. Basta que um decida pelo Não para que se crie um impasse ou uma grave crise política.

Mutatis mutandis, muito desta reflexão poderá ser útil na análise dos processos de formação do Estado-nação nos Países Africanos de Língua Oficial Portuguesa, tal como em todos os outros da África subsariana, de projectos de integração ampla e desejos de uma União Africana. Neste caso, da União, tem a seu favor o facto do continente ser 'claramente compreensível em termos geográficos', como que uma ilha enormíssima e maciça rodeada por três oceanos (o Atlântico, o Antárctico e o Índico) e dois mares (o Mediterrâneo e o Vermelho); e a única faixa estreita de terra que o ligava ao Oriente próximo foi decepada pela abertura do Canal de Suez. Mas que dizer de Estados que ainda não foram capazes, depois de algumas décadas de independência, de ganhar autonomia institucional, como suporte de uma nação à procura de identidade e afirmação?

O caboverdiano Onésimo Silveira, homem de letras e político, doutor em Ciências Políticas pela Universidade de Uppsala (Suécia), actual Embaixador do seu país fixado em Portugal e itinerante em Espanha, Marrocos e Israel, no seu livro sobre a democracia em Cabo Verde registou a singularidade do 'Partido Único' caboverdiano, 'em situação histórica diametralmente oposta aos casos de 'Partido Único' no continente (que submetia a si o Estado, tornando-o partidário), pois a sua 'missão histórica' foi 'a de erguer um Estado a partir de uma nação multissecular, onde os valores de civilização ocidental' foram 'substancialmente compartilhados por uma população crioula dispersa em várias ilhas'. Ainda segundo o mesmo autor, em contrapartida, nos casos do continente, a missão histórica do 'Partido Único' consistiu, prioritariamente, 'num projecto em que o Estado, dotado de instituições modernizantes, é o actor principal na formação da nação a partir de grupos étnicos, cultural, social e linguisticamente diferenciados', [...] 'onde as rivalidades regionais subsistem, em muitas instâncias, com feridas abertas na memória colectiva' (Silveira 2005). Noutro passo, sublinha que a nação caboverdiana é 'um modelo particular, tanto na forma como no conteúdo, [...] desenvencilhada das realidades étnicas africanas e dos traumas da utopia romântica em que muitos 'estudiosos' se esforçam por envolvê-las', e resultara de um processo histórico, linear e transparente' de 'criação do empreendimento 'colonial' em circunstâncias que brigam com o conceito clássico de colonização', estimulador da análise e desencorajador da especulação', pois 'é a moldura de uma civilização nova nos trópicos: o crioulo'.

Não há dúvida que Cabo Verde constitui um exemplo singular na África: um desenvolvimento espectacular, com uma democracia amadurecida, não obstante os desafios da sua natureza arquipelágica e, sobretudo, a adversidade de um clima saheliano, com a ocorrência quase cíclica de anos sem chuvas (Amaral

2001). Neste momento o governo caboverdiano manifestou, claramente, o desejo de estabelecer uma parceria espacial com a União Europeia e a disponibilidade para adesão à OTAN. Já o mesmo não se pode dizer de São Tomé e Príncipe e da Guiné-Bissau, onde têm subsistido problemas políticos, económicos e sociais graves que os colocam entre os dez ou doze países mais pobres do mundo.

Num outro registo, Joaquim Chissano, antigo Presidente de Moçambique, em entrevista dada ao jornal português *Diário de Notícias*, publicada a 19 de Fevereiro deste ano, portanto antes da saída do livro de Onésimo Silveira, em resposta à questão sobre se a consolidação da unidade nacional era um desafio em permanência, tendo em conta as marcadas assimetrias étnicas e regionais do seu país, respondeu que considerava o seu 'Partido' responsável 'pela criação' da 'nação moçambicana', [...] 'uma nação que se sente como tal' [...] 'uma nação que é mesmo diferente na sua definição, na comparação das nações de outros continentes'. Mais acrescentou que 'os moçambicanos hoje prezam-se de ser moçambicanos e sabem que o são porque têm uma identidade cultural que foram criando ao longo desses anos de luta pela sua emancipação', concluindo com a frase 'queremos que isto se consolide cada vez mais'.

Falhadas as experiências de regimes totalitários marxistas-leninistas, aliados a uma filosofia da história rigidamente materialista e ateísta, prometedores de um homem novo e sociedades novas, perante a implosão do paradigmático império soviético, esse baluarte do comunismo internacional, os Países Africanos de Língua Oficial Portuguesa enveredaram pelos caminhos da democracia pluralista e multipartidária do tipo ocidental. Significa isto, em poucas palavras, a prevalência de um regime do povo representado pela existência de uma sociedade civil esclarecida, participativa e responsável e o estudo das suas relações com o Estado (Bayart 1983). Nas suas Constituições é realçado o firme comprometimento com os valores e princípios fundamentais da independência, soberania e unidade do Estado, e do Estado democrático de Direito, do pluralismo de expressão e de organização política, de sistema económico de mercado e do respeito e garantia dos direitos e liberdades fundamentais da pessoa humana como valor absoluto', sendo, assim, essas leis fundamentais 'um importante factor de unidade nacional e uma forte alavanca para o desenvolvimento do Estado e da sociedade', esta em sentido genérico. Eis posta a questão das relações entre o Estado e a sociedade.

Começando por esta, levanta-se outra questão primordial: a da análise da formação da sociedade civil e suas organizações. Terá realmente existido uma sociedade civil em tempos coloniais? Recorde-se que, com excepção de Cabo Verde, vigorou a lei do indigenato: a população era dividida em 'civilizados' e 'não civilizados', também ditos 'indígenas' ou 'nativos'. Os primeiros constituíam um número relativamente pequeno de brancos e alguns mestiços e negros 'assimilados', desde que tivessem atingido níveis culturais equiparáveis aos dos primeiros. Vivendo, sobretudo, em centros urbanos, tinham direitos de cidadania atestada por bilhete de identidade, eram governados pelas leis e instituições metropolitanas adaptadas à situação colonial. Os segundos, que compunham afinal a maioria da população, eram africanos que viviam no mundo rural e alguns poucos nos centros urbanos, sem direitos de cidadania, portadores de caderneta de imposto por cabeça ou palhota, muitas vezes deixados sob as suas autoridades tradicionais e normas costumeiras.

Passava-se o mesmo em colónias de outros países e Mahmood Mamdani em *Citzen and Subject*, numa brilhante análise sobre a formação do Estado e as suas relações com a sociedade, mostrou bem o que acabei de referir e como, neste sentido, o Estado colonial era dualista e bifurcado. Pôs ainda em relevo as tensões centrais mantidas nas políticas pós-coloniais—as clivagens entre rural e urbano, tradicional e moderno, e entre etnias,—como resultado daquelas divisões historicamente construídas (cidadão e sujeito; unidade do Estado legal e fragmentação tradicional das estruturas de poder nativas) e os problemas de cidadania, identidade cultural e democratização (Mamdani 1996). As suas referências a Moçambique mereceram comentários críticos de Bridget O'Laughlin, colaboradora da Universidade Eduardo Mondlane nos anos de 1979 a 1992, num artigo da revista *African Affairs,* de 2000, aos quais Mamdani deu uma resposta curta inserida no mesmo número da revista. No fundo a questão girava em torno das relações entre questões do trabalho e do nativo, da identidade política e da transformação de nativos em cidadãos.

A lei do indigenato, adoptada em 1928 pelo regime ditatorial, já tinha precedentes desde a lei de trabalho indígena de 1899, onde aparecem formalmente definidos os dois grupos, o indígena ou nativo e o não indígena ou civilizado, mantidos noutra legislação posterior sobre o trabalho, sobre a posse de terras, sobre as condições de deslocação dos nativos para fora das suas áreas de residência, etc. Nos inícios dos anos 60, reformadas e revogadas muitas das bases do indigenato, em resposta às pressões internacionais contra o trabalho forçado, encabeçadas pela Organização Internacional do Trabalho, às pressões dos movimentos anticoloniais e também a uma preocupação de pós-guerra com a modernização e insuficiência do trabalho como factor de acumulação capitalista, foi lançado o último documento de identidade do período do indigenato, um bilhete semelhante ao dos não nativos, concedido àqueles que, pelo seu comportamento, estavam em transição para os direitos de cidadania.

Legalmente com cidadania e efectivamente sem direitos civis, os ex-nativos estavam condicionados a trabalhos menores com salários mínimos, relegados para escolas rudimentares, de qualidade inferior, trabalhos em plantações e estradas, caminhos de ferro e docas, barrados de áreas residenciais modernas, empurrados para lugares separados nos campos desportivos e cinemas. Em Setembro de 1961 foi revogado, finalmente, o estatuto dos indígenas das províncias da Guiné, de Angola e de Moçambique, tornando portugueses todos os nascidos nesses territórios. Mas a abolição do indigenato não trouxe mudanças fundamentais na organização da governação local nas áreas rurais. O 'regulado', quer o hereditário, quer o de imposição administrativa, não foi abolido; pelo contrário, os régulos e os cabos passaram a ter uniforme e salário, a distinção entre normas costumeiras e lei civil não foi revogada, embora, em princípio, todos pudessem adoptar a segunda, o sistema de reserva indígena, salvo ligeiras alterações, quase se manteve intacto. De qualquer forma, a revogação do indigenato teve o seu impacto nas estruturas de classe, quer no mundo rural, quer no urbano. Em 1973 qualificações de voto foram baixadas para admitir que qualquer pessoa que pudesse ler ou escrever português, ainda que rudimentarmente, participasse em actos eleitorais.

IV

Depois destas notas sumariamente apresentadas ficam duas questões importantes: Havia uma sociedade civil real abrangendo o mundo urbano e o mundo rural? A minha opinião é pela negativa. E nos anos pós-independência, como se foi formando a sociedade civil? Recorde-se aqui o esforço feito pelo governo de Moçambique nos anos de 90 no estudo da complexidade das 'autoridades tradicionais' ou 'gentílicas' como base de descentralização e de construção de sociedade civil, matéria que foi alvo de acalorado debate, sobretudo desde o momento em que o próprio Presidente da República afirmou que 'nós queremos que a autoridade tradicional exista' (jornal *Notícias*, Maputo, Junho de 1995), contrariando o que então fora norma nos anos pós-independência, e a consequente discussão sobre cidadania em contexto democrático. Testemunham isso o projecto 'Descentralização e autoridade tradicional' (DAT) e as suas cinco brochuras informativas e formativas (West e Kloeck-Jenson 1999).

É um desafio demasiado pesado, o de ter de queimar etapas, se for tido em conta que a História mostra como a sociedade civil requer formação cívica e esta leva anos a frutificar, como a democracia e a cidadania cresceram ao longo da modernidade e assumiram, através desse crescimento, um significado axiológico diferenciado e evolutivo. Até ao século XIX a sociedade civil ou dos cidadãos era, justamente, a sociedade burguesa. No século XIX assiste-se ao alargamento da cidadania, isto é, à sua democratização e a sociedade, de meramente cívica. torna-se política; passagem gradual para a cidadania de massas, graças ao contributo de grandes organizações sindicais e partidárias que acabam por enquadrá-la e integrá-la. Na transição do século XIX para o século XX, junta-se ao valor de participação o de liberdade mas, no primeiro quartel do século XX, de crise do liberalismo e, sobretudo, crise económica e financeira do capitalismo, à liberdade e participação alia-se o valor da solidariedade. Como a cidadania se desenvolveu no quadro do Estado-nação, acabou por se traduzir, juridicamente, na noção de nacionalidade (cidadãos como nacionais de um Estado).

Hoje, com os novos direitos de vida e do ambiente, a cidadania traduz também as exigências de qualidade de vida. E, neste sentido, se definiu o conceito de bens públicos assentes nos valores ambientais (questões de poluição, de rarefacção da água, de desflorestação) e humanos (segurança alimentar e cuidados de saúde, pluralismo cultural e linguístico), nos políticos e financeiros (estabilidade nacional e internacional), cuja verdadeira problemática está na garantia da harmonia entre o homem e a natureza. Como estes novos direitos não se satisfazem mais no quadro do Estado-nação, a cidadania deixou de se identificar com a nacionalidade para ser uma realidade pluri-identitária. No dizer do sociólogo Manuel Braga da Cruz, a multiculturalidade das sociedades ocidentais desliga definitivamente a cidadania de nacionalidade para se formarem cidadanias plurinacionais e pluriculturais e, por outro lado, 'cidadanias múltiplas'—o caso da acumulação da cidadania europeia com as nacionais da Europa. Ainda segundo o mesmo autor, a cidadania é, actualmente, 'um conceito polissémico e uma realidade polifacetada' (Cruz 1998).

Tal como a cidadania, também os valores da democracia conheceram uma evolução, com a passagem da cultura materialista das sociedades industriais para a cultura pós-materialista das sociedades pós-industriais, a ponto de as clivagens das democracias serem hoje cada vez menos sociais e cada vez mais culturais. Compreendo Anthony Giddens quando afirma, de maneira radical, que 'a democracia é um sistema de tudo ou nada' e que 'não podem existir diferentes formas, nem diversos níveis, de democratização', mas apenas contrastes de qualidade (Giddens 2000). Ora bem, quanto a mim, a existência de diferentes formas é um facto irrecusável ou, dito de outro modo, a aplicação da democracia pode ser de geometria variável: a par das democracias liberais do mundo Ocidental, a antiga URSS, as suas dependências do Leste europeu e outros seguidores noutros lados proclamavam-se como 'democracias populares', tal como se diz na China comunista; as democracias do tipo ocidental assumem-se mais ou menos liberais, mais ou menos presidencialistas, menos ou mais parlamentaristas, com ou sem limitações quanto aos poderes da sociedade civil e à qualidade de votantes, dependendo da carga histórica de cada país. Nenhuma sociedade consegue ser completamente democrática ou plenamente desenvolvida. Democracia e desenvolvimento têm de comum serem ambos mais uma viagem do que um destino; a democracia nunca poderá ser tida como garantida, terá de ser defendida dos desafios diários (Ake 2003). No entanto, tem havido a preocupação de normas básicas, universais, como mostra a Declaração Universal sobre Democracia, elaborada pela União Inter-Parlamentar em 1995.

Do que não há dúvida é que o ideal de democracia, retomando na sua definição mais clássica—a *República* de Platão (c.380 AC.) ou a *Utopia* de Thomas More (1516) -, ou, por outras palavras, a democratização da democracia depende do fomento de uma profunda cultura cívica, do equilíbrio sustentável de regulação entre o Estado e os cidadãos. Robert Fatton Jr. em artigo de 1995 acerca das relações frágeis entre o Estado e a sociedade civil, sugeriu que essa discussão tinha chegado a tal ponto de saturação e esterilidade que não era possível avançar mais, no sentido da teorização (Fatton Jr. 1995). Na altura em que escrevia reagia contra o ponto de vista dominante, que ele considerava quase ingénuo, de que os processos de democratização em curso na África se deviam à emergência e consolidação de uma sociedade civil dinâmica, que representaria uma arena de instituições e agentes privados votados em estabelecer o bem colectivo contra um Estado incompetente e predatório. Mas também lembrava que nem sempre a sociedade civil era civil ou virtuosa, pois estava repleta de antinomias, cheia de conflitos. Relendo Friedrich Hegel, num dos seus primeiros escritos, de 1801, já ele considerava que o 'Estado' era 'chamado a criar instituições que permitem ultrapassar as contradições que nascem, necessariamente, no seio da sociedade civil', criando 'uma regulamentação intencional superior às duas partes'. E ainda acrescentou que era 'necessário que o Estado, vontade suprema', aceitasse 'ser limitado pelos interesses particulares' (Hegel 1952).

Não há dúvida que os problemas graves enfrentados pela África neste dealbar do século XXI se devem, em grande parte, à decomposição do Estado, que tem raízes nacionais e internacionais. Contribuíram para isso guerras civis entre facções apostadas em capturar o Estado, a má administração dos bens do Estado, a dependência relativamente a poderes financeiros e militares do exterior. Não raras vezes, a situação também se deveu a resultados negativos de programas de ajustamento estrutural baseados no triunfalismo e hegemonia das doutrinas neo-liberais do Banco Mundial e do Fundo Monetário Internacional com apoio de tecnocratas locais formados no dogmatismo dessas e outras instituições, marcadas pelo seu carácter secretivo, anti-democrático e ditatorial na imposição das suas políticas, isentas de preocupações sobre a pessoa humana. A sobrevivência e consolidação da democracia requerem que as políticas nacionais económicas e sociais sejam credíveis aos olhos dos que experimentam as suas aplicações e resultados e isso só se consegue por via do consenso entre o Estado e as organizações representativas dos governados.

A experiência mostra que o potencial democrático da África se define mais pelo lado de 'pequenos colectivos políticos', de que as massas rurais e urbanas tomam a iniciativa e conservam o controlo (o caso das associações), do que à sombra de parlamentos e de partidos portadores da lógica do Estado, da acumulação, mesmo da alienação. Nelson Mandela, nas primeiras páginas da sua longa autobiografia, recordou como as suas 'concepções posteriores de liderança' tinham sido 'profundamente influenciadas pela observação do chefe xhosa Jongintaba Dalindyebo e da sua corte' [...], ambiente em que fora criado, 'do que se passava nas reuniões tribais, que se realizavam regularmente' [...] 'para discutir assuntos de interesse nacional', estando o chefe rodeado dos seus *amaphakati*, um grupo de conselheiros de alta patente, que desempenhava as funções de parlamento e de órgão judicial. Eram homens sábios que detinham o conhecimento da História tribal e da tradição, e cujas opiniões tinham grande peso'. Mais adiante, 'todos os que quisessem falar podiam-no fazer. Era a democracia na sua forma mais pura. Talvez houvesse uma hierarquia estabelecida entre os oradores, mas todos se faziam ouvir: chefe e súbdito, guerreiro e curandeiro, lojista e lavrador, proprietário agrícola e assalariado rural', [...] 'todos os homens eram livres de exprimir as suas opiniões e iguais no seu valor como cidadãos'. Apontou uma única reserva, entre parênteses: 'As mulheres, receio-o bem, eram cidadãs de segunda classe' (Mandela 1995).

Teresa Cruz e Silva, numa comunicação apresentada num painel sobre África e os desafios da globalização no continente, 10ª. Assembleia Geral de 'Africa in the New Millenium', realizada em Kampala, realçou como a exclusão gera processos de reagrupamento e reconhecimento recíproco, e a emergência de identidades alternativas novas à volta das quais se construíram largas partes de solidariedades sociais que, quando alargadas, desempenham um papel vital na sobrevivência dos cidadãos (Silva 2002). Formam-se, assim, redes que acabam por permanecer como laços fundamentais das relações Estado-sociedade em circunstâncias de crise social e incerteza, que vão até ao próprio centro do Estado, que permeiam as instituições da sociedade civil, e que, por isso mesmo, devem ser tomadas em consideração nas medidas de reformas socioeconómicas e políticas. Outras ideias me ocorreram, já tratadas em trabalhos anteriores, como, por exemplo, as dos conceitos de incorporação voluntária e de desincorporação ou não incorporação, abrangendo, o primeiro, processos de associação voluntária de segmentos da sociedade com o Estado, por iniciativa de qualquer deles, com forte resultante centrípeta (cooperação activa, migrações da periferia para o centro, vagas de imigração de países vizinhos, aumento da produção de bens e serviços, mas também fortalecimento do sector informal e corrupção), e, o segundo, tendências de afastamento relativamente ao Estado, de forte resultante centrífuga (emigração, decrescimento da produção ou desvio do controlo do Estado, evasão de capitais dos circuitos oficiais, desenvolvimento e predomínio do sector informal, perda de credibilidade do sistema legal e judicial, êxodo de quadros (*brain drain*), e também greves, manifestações políticas, e, em casos extremos, golpes de Estado, separatismos regionais, guerra civil), consoante a intensidade de atitudes e o grau de activismo (Azarya 1988; I. do Amaral, 1995 e 2000).

A reflexão sobre a sociedade civil e as suas organizações não é uma especulação vã: no seu conjunto tendem a impedir o Estado da tentação do exercício monopolista do poder e o desenvolvimento económico está associado ao crescimento e à vitalidade das formas associativas e da sociedade civil (Ake 2003). É evidente que há diferenças de relações. No campo liberal podem distinguir-se duas situações: uma em que a organização da sociedade civil pode limitar o aparecimento de um Estado forte, no sentido de influente, e de uma burocracia dominante (casos da Grã-Bretanha, dos EUA, da Suíça); outra em que o Estado pode tentar controlar o sistema social ao dotar-se de uma forte burocracia (os exemplos da França e da Itália, entre outros). Mas também é de considerar que, nos dois casos, o Estado e a sociedade civil instauraram 'uma justa relação', no dizer de António Gramsci, por oposição a situações de estatolatria quando a sociedade civil é 'primitiva e gelatinosa' (Gramsci 1971) e esta realidade, tanto ou mais que as outras, tem de ser vista à luz da história. Ainda são de referir os casos em que a sociedade civil e o Estado de tal modo se interpenetraram, se contaminaram, foram de tal modo atravessados por ideologias comuns, que há por todo o lado o estatal na sociedade e o civil no Estado. Isso não obsta a que, por análises finas, não se tente separar as águas.

V

É hábito dizer-se que há no Mundo mais de 200 milhões de falantes de português, tendo em conta a soma das populações dos oito da CPLP e ainda as de muitas comunidades nacionais espalhadas pelo estrangeiro, o que dá à Lusofonia um lugar confortável no conjunto dos espaços geoculturais forjados pela colonização europeia, nomeadamente os da Anglofonia, da Francofonia e da Hispanofonia. Mas não se pode esquecer o facto de o Brasil, só por si, representar a parte mais importante da Lusofonia: pertence-lhe cerca de 80% da área total dos países da CPLP e um pouco mais de 83% dos efectivos populacionais; ser um país com muitas riquezas naturais e de importante desenvolvimento industrial; ter instituições de ensino superior e centros de investigação que ombreiam com o que há de melhor no mundo; ser dotado de forte dinamismo, marcado pelos contrastes sociais e económicos, os ricos e os pobres, os latifundiários e os 'sem terra', as cidades macrocéfalas e as favelas. Depois da fase de receptor de gentes e culturas de toda a parte, o Brasil passou a emissor de nacionais que hoje se espalham por todo o mundo, tal como a sua música, a sua literatura, o teatro e o cinema, outras artes, as suas telenovelas, produtos culturais cuja difusão vence, largamente, a dos outros sete países lusófonos em conjunto.

O Brasil é também, além de uma espécie de 'locomotiva' cultural, a força motriz de uma integração económica do seu subcontinente, o Mercosul; tem presença nos grandes centros de decisões mundiais e o seu Presidente tanto fala às multidões do Fórum de Porto Alegre como é ouvido pelo restrito e elitista G8 em Davos, ou em Nova Iorque; procura ter acções afirmativas preferenciais com países africanos, do continente na outra margem do Atlântico Sul. Recuando nos tempos, não se pode esquecer que o Brasil gozou da vantagem de ter sido sede de governo monárquico entre 1808 e 1816, quando para ele se transferiram o príncipe regente herdeiro D. João, a corte e numerosas outras pessoas, fugidos das invasões napoleónicas, e o Rio de Janeiro passou a fazer de metrópole do Império enquanto Lisboa e o resto de Portugal estiveram ocupados pelos franceses. Esta situação permitiu que os colonos do Brasil fossem ganhando consciência da sua importância em termos políticos e económicos, e se aprofundassem os desejos de independência: 'Independência ou morte!' foi o célebre grito do príncipe regente D. Pedro na margem do riacho Ipiranga, do estado de São Paulo, no dia 7 de Setembro de 1822.

Os territórios africanos continuaram como colónias amodorradas, mal governadas, insularisadas, afastadas das vagas de modernidade, por mais de cem anos, até aos de 1950, quando, depois da 2ª. Grande Guerra, a situação mundial se foi modificando, com desmembramento dos impérios coloniais europeus, excepto o português. As independências das suas cinco colónias africanas só vieram a ter lugar em 1975. Tanto os países continentais multiétnicos (Guiné-Bissau, Angola, Moçambique) como os dois insulares (Cabo Verde e São Tomé e Príncipe), mantendo o português como língua oficial, assumiram o compromisso do desenvolvimento de línguas nacionais ou maternas. Nos casos de Cabo Verde e da Guiné-Bissau existem os respectivos crioulos, com larga implantação local e difusão no exterior.

Em Cabo Verde, cuja cultura representa 'um caso de mestiçagem altamente particularizante', onde 'não existe acento étnico, mas, sim, um acento predominantemente social' (Silveira 2005), com um crioulo baseado, em grande medida, no português arcaico, com pequenas variantes ilhenses, um decreto-lei de Dezembro de 1998, fixou a existência de duas línguas com estatutos e funções diferenciados: o português como língua oficial e internacional, sendo-lhe reservadas as funções de comunicação formal (administração, ensino, literatura, justiça, *mass media*); e o caboverdiano ou o crioulo como língua nacional e materna, com funções de comunicação informal, particularmente no domínio da oralidade, a língua do quotidiano e elemento essencial da identidade nacional; o mesmo texto legal aprovou, a título experimental, um alfabeto unificado para estandardização da escrita em crioulo e fixou-lhe um período experimental de cinco anos. Na base disso não se podem esquecer os estudos científicos aprofundados de Baltazar Lopes da Silva (1957), de Maria Dulce de Oliveira Almada (1961), para só citar as suas dissertações de licenciatura nas Universidades de Coimbra e de Lisboa, e as valiosas contribuições de Manuel Veiga (1982).

Não deixa de ser interessante recordar que, na segunda metade do século XIX, a esse mesmo crioulo se referiram ilustres estudiosos das ilhas, como José Joaquim Lopes de Lima, Francisco Varnhagen e José Carlos Chelmicki e o caboverdiano João Augusto Martins como 'uma algaravia mestiça pronunciada velozmente, com terminações guturais, sem gramática nem regras fixas', uma 'ridícula língua, idioma perverso, corrupto e imperfeito, sem construção nem gramática', 'condenável tanto pelo critério político como pelo critério civilizador de Cabo Verde'. Na primeira metade do século XX, mais precisamente em 1934, numa comunicação do etnólogo António José do Nascimento Moura, apresentada no 1º. Congresso de Antropologia Colonial, o autor sugeria que fosse proibido o crioulo, ainda que pelo uso da força, 'nos edifícios públicos e em actos oficiais', pois que tal dialecto não favorecia 'a ideia unitária do Império' (Amaral 2001). Coisas semelhantes foram ditas a respeito do crioulo guineense, hoje em vias de estruturação, sendo de recordar, entre outros, os estudos notáveis do guineense Benjamim Pinto Bull, falecido este ano, e do padre italiano Luigi Scantamburlo, que prepara uma tese de doutoramento sobre o léxico na língua crioula e as relações com o léxico da língua de base, o Português, e como léxico das línguas de substrato, isto é, as línguas africanas presentes no espaço linguístico multilingue, depois de já ter publicado numerosos estudos gramaticais e um dicionário.

Pode-se perguntar: no âmbito da Lusofonia haverá uma moda dominante ou um estilo único do português escrito e falado? A resposta é negativa. Sobre os incontestados alicerces do português têm-se construído tantas modas quantos os países da Lusofonia, num enriquecimento dinâmico, quer vocabularmente quer sintacticamente. Disso ilustram bem duas obras fundamentais publicadas em 2001: o *Dicionário da Língua Portuguesa Contemporânea*, da Academia das Ciências de Lisboa, 2 volumes, 3.809 páginas, cerca de 70.000 entradas lexicais e 33 mil abonações linguístico-literárias de autores contemporâneos, e o *Dicionário Houaiss da Língua Portuguesa*, do Instituto António Houaiss de Lexicografia Portuguesa, Rio de Janeiro, 3 grossos volumes, muito mais páginas e cerca de 228.500 entradas, quase metade das quais com datações e origens. Deste segundo foi feita uma edição em 18 volumes de cerca de 300 páginas cada um, vendidos às quartas-feiras com o jornal *Diário de Notícias*. No Dicionário da Academia das Ciências já aparecem registadas muitíssimas palavras forjadas nos países africanos de língua oficial portuguesa, inexistentes noutros dicionários mais antigos. No segundo *Dicionário*, a riqueza lexical é muito maior, sobressaindo a rapidez do abrasileiramento de termos de várias outras línguas.

Defenda-se a Lusofonia, é um ponto de honra, mas sem esquecer que ela não constitui um fenómeno impar. Quando muito é a de formalização mais recente, se comparada com a Anglofonia (*a Commonwealth*, instituída em 1931, do espaço geófono mais importante, pelo número de países e pelo volume total de falantes do inglês), a Francofonia (a sua *Comunidade*, instituída nos anos 60, tem mais de 30 países espalhados por todas as partes do mundo), a Hispanofonia (20 países, 375 milhões de habitantes, 21 com Filipinas e então serão 435 milhões). A Lusofonia, tal como as suas congéneres, é um espaço virtual, mas efectivamente fragmentado e aberto à intersecção com os outros. E na presente era, da globalização e da informática, com as avenidas e redes globais de comunicação instantânea, vivemos já na galáxia Internet, que é 'o tecido das nossas vidas' (Castells 2004), somos cada vez mais *netcitzens*, isto é, cidadãos da rede, numa comunidade virtual (Whittle 1997). O assunto ganha outros carizes, se tivermos em conta que há hoje uma língua veicular ou franca universal, o inglês, não o da moda linguística oxfordiana ou cambridgiana, mas o da moda 'ianquiana', acompanhada pela difusão de um *american way of life*.

Em Portugal, como nos outros países da União Europeia os sistemas educativos já introduziram, desde o ensino primário, as aprendizagens da utilização dos instrumentos e meios informáticos e do domínio do inglês, imprescindíveis na sociedade da era da globalização. Os dois universalismos, o europeu e o estadunidense, diferenciam-se um do outro porque o primeiro é mais ético e social e o segundo mais hegemónico, de tendência totalitária, o que permite distinguir o 'Ocidente europeu' do 'Ocidente norte-americano', passando a linha de fractura pela Irlanda, Reino Unido e países Nórdicos. Por isso mesmo, a Europa precisa de manter coesas as ligações com as suas geofonias. Estas transcendem as pertenças a uma raça, a uma civilização, ou a uma religião determinada, até mesmo a uma zona geográfica. Da história colonial, elas e as suas Comunidades tiraram as dimensões mais importantes: a difusão das respectivas línguas e o diálogo de culturas. De certo modo poderão constituir laboratórios de 'outro mundo possível', diferente daquele que a globalização rasoirante, que não é só dos mercados mas também das culturas, tem estado a construir, como se evocou em Fevereiro de 2002 no Fórum Social Mundial de Porto Alegre, 'outro mundo' mais centrado no Homem, mais respeitador das identidades individuais e colectivas, das nações, das culturas e das línguas. A globalização, ou mundialização liberal, como os autores franceses preferem dizer, sendo uma realidade indiscutível, fruto de uma revolução tecnológica ímpar, não impede que se procurem outras vias: sejam as das geofonias, reforçadas nos domínios da economia, da tecnologia e da pesquisa científica, da diversidade cultural em movimento para a modernidade, sempre com o Homem em primeiro plano. Poderão as comunidades geófonas, devidamente consolidadas e em concertação com a sociedade civil, promover a construção de um mundo verdadeiramente multipolar (Arnaud, Grillou e Salon 2005), quando surge 'uma sociedade à escala mundial, em que os diversos poderes políticos, económicos e culturais são cada vez mais interdependentes, tocando-se e interpenetrando-se nos seus vários âmbitos'? (Ratzinger 2005).

É admirável como, em 1921, quando ainda não se usava a palavra globalização—embora ela já existisse desde há séculos—no sentido que viria a adquirir em tempos muito mais recentes, nem existiam as tecnologias sofisticadas de contacto instantâneo, o genial Mahatma Gandhi, invocando os contactos de culturas, defendia a sua do seguinte modo: 'Não quero que a minha casa seja cercada de muros por todos os lados, nem que as minhas janelas sejam tapadas. Quero que as culturas de todas as terras sejam sopradas para dentro da minha casa o mais livremente possível. Mas recuso-me a ser desapossado da minha por qualquer outra' (Gandhi 1921).

Se está na ordem do dia a defesa da biodiversidade ou diversidade biológica e da atmosfera favorável à vida no planeta que é a nossa casa, com mais razão se deve pugnar pela concretização de políticas que integrem os objectivos do respeito pela diversidade cultural: a unidade na diversidade, como de resto já está expresso em várias Cartas, e sirva de exemplo a 'Carta Africana dos Direitos Humanos e dos Povos', ou o texto sobre a 'Promoção do gozo de Direitos Culturais de todos e respeito pelas Diferentes identidades culturais', inserindo-se na Declaração Universal dos Direitos Humanos. O desenvolvimento económico divorciado do seu contexto humano ou cultural é um crescimento sem alma. O seu pleno florescimento tem de contar com a cultura.

Neste século da grande revolução tecnológica, por toda a parte a dimensão humana ganhou maior relevo. Também na África a sua importância faz parte de vários documentos gizados no continente, numa perspectiva de recuperação e desenvolvimento socioeconómico, de que destaco a longa e minuciosa Declaração de Khartoum, de 8 de Maio de 1988, já lá vão mais de 17 anos. Nas Conclusões, os subscritores do documento declararam a 'dimensão humana, como condição *sine qua non* para a recuperação económica' e que, na 'ausência do imperativo humano', não apoiariam racionalismos económicos, não tolerariam fórmulas económicas, não aplicariam índices económicos, não legitimariam medidas económicas, não deixariam que fosse formulado ou implementado qualquer programa de ajustamento estrutural ou de recuperação económica, etc. Indicaram a seguir os pontos fundamentais de definição daquele imperativo (Adedeji, Rasheed e Morrison 1990). Não menos importantes foram as alterações das normas de cooperação técnica feitas pela OCDE e pelo Banco Mundial, enfatizando a urgência do que no documento da segunda instituição se rotulou de *Capacity building in Africa*, uma vez reconhecidos os erros cometidos em procedimentos anteriores, de uma assistência estrangeira que promovia mais o aumento da dependência do que a construção de capacidades locais (*Manual do CAD* 1992, e Berg 1993). No Manual da OCDE diz-se, claramente, que 'a formação é a chave do desenvolvimento dos recursos humanos e do desenvolvimento institucional. É necessário dar-lhe prioridade na atribuição de recursos financeiros'; e mais, 'o desenvolvimento dos recursos humanos é um objectivo geral e não deve ser definido em termos demasiado restritos e de uma forma tecnocrática. No entanto, ao definirem-se as prioridades e estratégias de formação, deve ser dada prioridade às necessidades do país em vias de desenvolvimento em geral, e não a interesses individuais'.

As pessoas são as verdadeiras riquezas de uma nação, já dizia o Padre António Vieira no século XVIII, acrescentando que a inteligência humana era o único recurso inesgotável, e eu adito, o de valor acrescentável. Por isso, a educação e a formação, não apenas no intervalo etário tradicionalmente delimitado, mas sim ao longo da vida, são factores decisivos para vencer os desafios do desenvolvimento sustentado. Na sociedade do conhecimento que ora vivemos é necessária a aprendizagem permanente de múltiplos saberes pelas vias interdisciplinar e multidisciplinar, ultrapassando as especializações prematuras e limitativas de cursos dicotómicos de banda estreita. De entre os seus desígnios contar-se-á, o que é natural, a preparação para a integração na actividade produtiva e, num sentido mais lato, na empregabilidade e criatividade.

Voltando à construção da União Europeia, é frequente a referência à 'estratégia de Lisboa', isto é, a um documento aprovado em 2000, na reunião magna dos então 15 países membros, realizada em Lisboa, no período da presidência portuguesa do Conselho da Europa, com medidas fundamentais nas diversas áreas de desenvolvimento económico e social, comprometendo-se todos a implementá-las até 2010. A estratégia definiu, claramente, o objectivo de fazer da União 'a economia baseada no *conhecimento* mais dinâmica e competitiva do mundo, capaz de garantir um crescimento económico sustentável, com mais e melhores empregos e com maior coesão social'. O 'conhecimento' estará no centro de um espaço continental, o 'Espaço Europeu do Conhecimento', alicerçado noutros dois: o do Ensino Superior (Processo de Bolonha) e o de Investigação científica, Desenvolvimento tecnológico e Inovação (Processo de Lisboa). A montante de tudo isso estão, logicamente, os projectos para as outras áreas de ensino e de formação, desde o pré-escolar.

Assim como a União Europeia procura reforçar as suas capacidades humanas, melhorando os seus sistemas de ensino, de ciência e tecnologia, de modo igual está a suceder noutros continentes e a África não pode deixar de fazer o mesmo, se quiser vencer os riscos de ficar ainda mais marginalizada (Saint 1992). O Presidente da República de Angola, na cerimónia de apresentação de cumprimentos de Ano Novo do Corpo Diplomático, no princípio deste ano, teve a ocasião de declarar quanto acreditava no futuro de África, e naturalmente no dos seus países, porque 'existem novas ideias, agendas estratégicas e projectos que demonstram grande vitalidade e o desejo das novas lideranças de romper com o passado e lançar as bases para o nascimento de uma África próspera e moderna'. Palavras de autoconfiança, merecedoras de aplausos, esperando que o Futuro traga a bonança que a África bem merece.

E para terminar esta conferência escolhi algumas linhas finais de um maravilhoso poema do nigeriano Nnamdi Azikiwe, autor de *Renascent Africa*, 1937 'Bem-aventuranças para os Jovens', em tradução livre:

Abençoados os jovens da África renascente, que vêm na verdade uma virtude ou virtudes, e sacrificam até a vida para que a falsidade e os seus pares possam ser erradicados da face da terra, pois auferirão de novos conhecimentos e sabedoria. / Abençoados os heróis e as heroínas da África renascente, homens e mulheres com destino, porque nenhuma força, seja ela vigorosa ou subtil, os deterá do seu objectivo: a cristalização da Nova África. / Abençoados os bravos e corajosos da África renascente, porque receberão a herança construtiva da Velha África. / Abençoados os jovens de espírito, porque deles será a herança de uma Nova Ordem Social.

Argumento neste trabalho que a construção da nação esteve associada, nos casos da Guiné-Bissau e de Cabo Verde, à crioulização, um processo de mudança sócio-cultural mais antigo e mais amplo que a questão da nacionalidade. Argumento ainda que o tempo pós-colonial carrega consigo uma ambiguidade e uma tensão. Tanto em Cabo Verde como em Guiné-Bissau, por razões diferentes, o processo de construção nacional tem avançado após as independências políticas a despeito da sociedade crioula. Em Guiné, cada vez mais a nação deixa de ser um projecto crioulo, competindo com outros projectos identitários. Na realidade, a sociedade crioula na Guiné enfrenta actualmente o desafio básico de se reproduzir enquanto uma formação social própria, que não se confunde integralmente nem com o mundo lusitanizado e cristianizado que prevaleceu durante os últimos decénios do regime colonial nem com o universo cultural das sociedades africanas tradicionais que envolviam as praças crioulas. Em Cabo Verde, a nação antecede o Estado. Após a independência, a urgência foi posta na construção das estruturas estatais numa sociedade que se descrioula e que, cada vez menos, se defronta com o dilema cultural que a assolava no período colonial entre ser lusitana e ser africana. Na actualidade, nos dois casos, parece que para a nação florescer é preciso que a sociedade crioula desapareça.

Referências Bibliográficas

Adedeji, Adebayo, Rasheed, Sadig, e Morrison, Melody (Org.), *The Human Dimension of Africa's Persistent Crisis*. Selected Papers from the United Nations International Conference on Human Dimension of Africa's Recovery and Development, Khartoum, 5-8 March, 1988, Londres e outras cidades, Hans Zell Publishers, 1990. Em Anexo, 'The Khartoum Declaration: Towards a Human-focused Approach to Socio-Economic Recovery and Development in Africa', pp. 377-391.

Ajayi, Jacob F. Ade, Goma, Lameck K.H., Johnson, G. Ampah, e Mwotia, Wanjiku, 1996, *The African Experience with Higher Education*, Accra, The Association of African Universities, em associação com Londres, James Currey e Atenas, Ohio University Press.

Ake, Claude, 2000, *The Feasibility of Democracy in Africa*, Dakar, CODESRIA.

Amaral, Ilídio do, 1995, 'A África no limiar do século XXI: um continente em crise', *Verbo-Enciclopédia Luso-Brasileira de Cultura*, Lisboa, Ed. Verbo, XXIII, pp. 387-418.

Amaral, Ilídio do, 2000, 'Relance sobre alguns aspectos geopolíticos da zona tropical', *Garcia de Orta. Série de Geografia*, 17 (1-2), pp. 23-34.

Amaral, Ilídio do, 2001, 'Cabo Verde: permanências e rupturas', *Africana*, Porto, 6 (Especial), pp. 13-48.

Amaral, Ilídio do, 2002, *Construindo a História de Angola: a importância da utilização cruzada de fontes. (Reflexões de um geógrafo)*, Lisboa, Instituto de Investigação Científica Tropical.

Arnaud, Serge, Guillou, Michel, e Salon Albert, 2005, *Les défis de la francophonie. Pour une mondialisation humaine*, Paris, Alpharès.

Azarya, Victor, 1988, 'Reordering state-society relations: incorporation and disengagement', em Donald Rothchild e Naomi Chazan (Coord.), *The Precarious balance. State and Society in Africa*, Boulder e Londres, Westview Press, pp. 3-21.

Azikiwe, Nnamdi, 1937, *Renascent Africa*, Accra, Autor, também Nova Iorque, Humanities Press.

Barbosa, Jorge, 1935, *Arquipélago,* Mindelo (S. Vicente); e Caderno de um Ilhéu, Lisboa, 1956.

Bayart, Jean-François, 1983, ' La revanche des sociétés africaines ', *Politique africaine,* 11, pp. 95-127.

BERG, Elliot, 1993, *Rethinking Technical Cooperation. Reforms for Capacity Building in Africa,* Nova Iorque, PNUD.

Bonny, Yves, 2004, *Sociologie du temps présent. Modernité avancée ou post-modernité ?,* Paris, Armand Colin.

Castells, Manuel, 2003, *A Era da informação. Economia, sociedade e cultura,* Lisboa, Fundação Calouste Gulbenkian.

Castells, Manuel, 2004, *A Galáxia da Internet. Reflexões sobre a Internet, negócios e sociedade,* Lisboa, Fundação Calouste Gulbenkian.

Cruz, Manuel Braga da, 1998, 'Democracia e cidadania: o papel dos valores', *Valores e educação numa sociedade em mudança,* Revista *Educação e Sociedade,* 3 (Nova Série), pp. 37-48.

Declaração do Milénio. Cimeira do Milénio, 2000, Nova Iorque, Nações Unidas.

Eisenstadt, S. E Rokkan, 1973, S. *Building nations and states,* Londres, Stage.

Fabre, Daniel, 1996, 'L'éthnologie et les nations', em D. Fabre (Dir.), *L'Europe entre cultures et nations,* Paris, Éditions de la Maison des Sciences de l'Homme, pp. 99-120.

Fatton Jr., Robert, 1995, 'Africa in the age of democratization : The civic limitations of civil society', *African Studies Review,* 36 (2), pp. 67-99.

Ferry, Jean-Marc, 2004, 'O Estado europeu', em Rivas Kastoryano (Org.), *Que identidade para a Europa? O multiculturalismo e a Europa.* O problema da identidade europeia, Lisboa, Ulisseia, pp. 153-195.

Giddens, Anthony, 1994, *Les conséquences de la modernité,* Paris, L'Harmattan.

Giddens, Anthony, 2005, *O mundo na era da globalização,* Lisboa, Editorial Presença.

Gramsci, Antonio, 1971, *Selections from the Prison notebooks,* Londres, Lawrence and Wishart.

Habermas, Jurgen, 1981, 'La modernité: un project inachevé', *Critique,* 413, pp. 950-967.

Hegel, G. Friedrich W., 1907, 'Differenz des Fichte'schen und Schelling'schen Systems der Philosophie (1801)', em *Hegels Theologische Jungendschriften,* Tuebingen, H. Nohl.

Hegel, G. Friedrich W., 1995, *Introdução à Filosofia da História Universal. A Razão na História,* Lisboa, Edições 70.

Hochschild, Adam, 2002, *O fantasma do rei Leopoldo. Uma história de voracidade, terror e heroísmo na África colonial,* Lisboa, Caminho.

Ki-Zerbo, Joseph, 1980, 'Introdução geral' e 'Os métodos interdisciplinares utilizados nesta Obra', *História Geral de África,* Paris, UNESCO, vol. I; tradução portuguesa S. Paulo (Brasil), 1982, vol. I, pp. 21-42 e 367-377.

Lacorne, Denis, 2003, *La crise d'identité américaine : du 'melting-pot' au multiculturalisme,* Paris, Gallimard.

Lyotard, Jean-François, 1979, *La condition post-moderne. Rapport sur le savoir,* Paris, Minuit.

Mamdani, Mahmood, 1996, *Citzen and subject: contemporary Africa and the legacy of late colonialism*, Princeton NJ, Princeton University Press, e Oxford, James Currey.

Mamdani, Mahmood, 2000, 'Indirect rule and struggle: a reponse to Bridget O'Laughlin', *African Affairs*, 99 (394), pp. 43-46.

Mandela, Nelson, 1995, *Longo caminho para a liberdade*, Porto, Campo de Letras.

Manual da Comissão de Ajuda ao Desenvolvimento. Princípios para uma ajuda eficaz, 1992, Paris, OCDE.

Mveng, Engelbert, 1983, 'Récents développements de la théologie africaine', *Bulletin of African Theologie*, V (9), pp.

Obenga, Theophile, 1980, 'Fontes e técnicas especializadas da História da África', *História Geral de África*, Paris, UNESCO, vol. I; tradução portuguesa S. Paulo (Brasil), 1982, vol. I, pp. 91-104.

O'Laughlin, Bridget, 2000, 'Class and customary: the ambiguous legacy of the indigenato in Mozambique', *African Affairs*, 99 (394), pp. 5-42.

Ohmae, Kenichi, 1995, *The End of the Nation State: the Rise of Regional Economics*, Londres, Harper Collins, 1995.

Piaget, Jean, 1997, *A Situação das ciências do homem dentro das ciências*, México, 1997.

Ratzinger, Joseph, 2005, *Europa. Os seus fundamentos hoje e amanhã*, Lisboa, Paulus Editora, 2005.

Relatório do Desenvolvimento Humano 2001. Novas Tecnologias e Desenvolvimento Humano, 2001, Lisboa, PNUD e Trinova Editora.

Relatório do Desenvolvimento Humano 2004. Liberdade Cultural num Mundo Diversificado, 2004, Lisboa, PNUD e Mensagem.

Said, Edward, *Orientalismo. Representações ocidentais do Oriente*, 2004, Lisboa, Livros Cotovia, Ensaio.

Saint, William, *Universities in Africa. Strategies for stabilization and revitalization*, 1992, Washington DC, Banco Mundial.

Silva, Teresa Cruz e, 2002, 'Local and global determinants in the emergency of social solidarity: the case study of Maputo city, Mozambique', http://www.codesria.org/Archives/ga10/, 10 de Março de 2002.

Silveira, Onésimo, 2005, *A Democracia em Cabo Verde*, Lisboa, Edições Colibri, 2005.

Taylor, Charles, 'Two theories of modernity', *Public Culture*, 1999, 11 (1), pp. 153-174.

Wallerstein, Immanuel (Presid. da Comissão), 2003, *Para abrir as Ciências Sociais. Relatório da Comissão Gulbenkian sobre reestruturação das ciências sociais*, Lisboa, Edições Europa-América.

West, Harry e Scott, Kloeck-Jenson, 1999, 'Betwixt and between: 'traditional authority' and democratic decentralization in post-war Mozambique', *African Affairs*, 98, pp. 455-484.

Whittle, D., 1997, *Cyberspace. The Human Dimension*, S. Francisco, W.H. Freeman.

Parte II

2

Instituições de Ensino Superior e Investigação em Ciências Sociais :

A herança colonial, a construção de um sistema socialista e os desafios do século XXI, o caso de Moçambique

Teresa Cruz e Silva

Resumo

Durante a vigência colonial, nos países africanos sob dominação política de Portugal, o desenvolvimento das Ciências Sociais e Humanas fora moldado para legitimar o sistema político vigente. A independência de Moçambique, em 1975, trouxe consigo novos desafios e a necessidade de dar uma nova direcção ao ensino e produção científica nas disciplinas de ciências sociais e humanas. Do período de orientação socialista à economia de mercado e ao processo de paz e construção de uma democracia, a produção científica em ciências sociais em Moçambique, espelha de forma marcante a influência dos processos de transição e reformas que num período tão curto abrangeram o país.

Tomando como ponto de partida o estudo de caso de Moçambique no contexto das mudanças nacionais, mas também regionais e mundiais e as tendências mais marcantes da produção científica nacional em diversos períodos históricos, com este artigo pretendemos trazer para debate o papel das universidades e dos cientistas sociais em Moçambique e nos PALOP, na produção de conhecimento científico. Nesta discussão, questiona-se igualmente o seu papel social, face aos desafios mais contemporâneos, numa sociedade de contrastes extremos entre o extraordinário desenvolvimento de meios tecnológicos e de informação e o crescimento dos índices de pobreza e exclusão social.

Introdução

Durante a vigência colonial, nos países africanos sob dominação política de Portugal, o desenvolvimento das Ciências Sociais e Humanas fora moldado para legitimar o sistema político vigente, transformando deste modo o Estado colonial no sujeito da história e as populações africanas no seu objecto. A maior parte dos estudos produzidos nestes territórios durante este período consistia em descrições etnográficas, estatísticas, estudos sobre questões de diplomacia portuguesa, monografias, leis e instituições coloniais, visando legitimar e dar visibilidade à presença portuguesa nos seus territórios ultramarinos. O sistema de educação fora estruturado para reforçar a ideologia do regime, e os paliativos resultantes das reformas tentavam apenas contornar a possibilidade de produzir uma 'elite educada', que viesse a constituir um grupo forte de intelectuais, e uma oposição política. O ensino superior, para além de ter sido introduzido tardiamente, não cobria todas as colónias africanas sob dominação política de Portugal, e abrangia apenas algumas disciplinas das ciências sociais e humanas (Cruz e Silva 2000).

Com as independências dos referidos territórios, novos desafios se colocaram ao processo de ensino/aprendizagem e pesquisa, num contexto de elevados índices de analfabetismo, um reduzido número de quadros nacionais com formação superior e variados processos de reconstrução nacional. A guerra, as crises económicas, políticas e sociais que marcaram de forma (s) diferente (s) os países africanos falantes da língua Portuguesa (PALOP), desenharam também com características específicas, o desenvolvimento da educação e, em particular, do ensino superior e da investigação nestes mesmos países. A última década do séc. XX e os inícios do séc. XXI trouxeram, no entanto, outros e novos desafios, marcados pelos contextos locais, regionais e internacionais que caracterizaram e caracterizam ainda estes períodos, onde se destacam os processos de paz (mantendo-se embora vários conflitos latentes), a construção de processos democráticos, os impactos directos das globalizações neo-liberais e do crescimento do desenvolvimento tecnológico mundial.

Nos últimos 30 anos, as instituições públicas de ensino superior e institutos de investigação científica dos PALOP, muitos dos quais herdados do período colonial, outros nascidos entre finais das décadas de 70 e de 80/90, reagiram de diferentes formas às crises porque passaram os seus países, já que embora todos tenham sido marcados por aspectos identitários comuns, não podem de modo algum dissociar-se das especificidades que os caracterizam. Com maior ou menor intensidade, a liberdade académica foi marcada pelos sistemas políticos vigentes em cada um destes países, em alguns dos quais os regimes autoritários deixaram marcas profundas.

Um perfil comum caracteriza as instituições de ensino superior e pesquisa destes países: i) dificuldades de acesso a recursos, e ii) elevada dependência de doações externas para o ensino e, particularmente, para a pesquisa. No entanto, uma análise geral aos dados que se referem aos quadros nacionais ao serviço destas instituições, entre o pós-independência e os nossos dias, facilmente nos levará a verificar o destaque que cada um deles tentou dar à formação de quadros, que hoje constituem não só o corpo de académicos dos PALOP, mas também preenchem muitos dos lugares-chave de tomada de decisões, a nível da governação destes territórios.

A abertura política criou um novo espaço para a introdução de escolas superiores privadas de educação. O final dos anos 90 e a década de 2000 marcam também um período de florescimento de instituições de ensino superior em países africanos falantes de língua portuguesa, onde elas nunca haviam existido.

Tomando como ponto de partida o estudo de caso de Moçambique, e tendo como pano de fundo o balanço da situação económica, política e social do país, o contexto das mudanças regionais e mundiais e as tendências mais marcantes da produção científica nacional em diversos períodos históricos, com este artigo pretendemos trazer para debate o papel das universidades e dos cientistas sociais na produção de conhecimento científico e seu papel social, face aos desafios mais contemporâneos, numa sociedade de contrastes extremos entre o extraordinário desenvolvimento de meios tecnológicos e de informação e o crescimento dos índices de pobreza e exclusão social.

Depois da introdução, este artigo aborda os seguintes pontos: i)Ensino Superior e Ciências Sociais em Moçambique: historial e contexto; ii) Universidades e Cientistas Sociais: que papel perante os novos desafios, e termina com iii) Interrogando o futuro, com uma série de questionamentos e pontos para reflexão, aplicáveis a qualquer um dos países africanos falantes da língua portuguesa.

Ensino Superior e Ciências Sociais em Moçambique: Historial e Contexto

A emergência do Ensino Superior em Moçambique data de 1962, quando os Estudos Gerais Universitários de Moçambique (EGUM) foram criados pelo governo colonial português, em resposta quer às críticas dos movimentos nacionalistas das então colónias, quer ainda como parte da nova postura de Portugal na sua relação com os territórios africanos sob seu domínio político. Os EGUM, que em finais da década se haviam transformado em Universidade de Lourenço Marques (hoje Universidade Eduardo Mondlane), destinavam-se fundamentalmente aos filhos de uma população crescente de colonos que se radicara em Moçambique, mais do que à pequeníssima elite de moçambicanos 'assimilados' aí residentes. A natureza desta instituição pode ser ilustrada pela forma como o ensino era restringido e controlado, particularmente nas áreas de ciências sociais e humanidades, onde (e apenas mais tarde) foi apenas permitida a introdução de cursos como Filologia Românica, História e Geografia, e destes, apenas os primeiros anos, obrigando, assim, a que os estudantes tivessem que terminar a sua formação em Portugal, sob o olhar de um melhor controlo político. Neste quadro, a formação universitária em Sociologia, Ciências Políticas e mesmo Direito, apenas foram introduzidas depois da independência nacional (Silva, et al 2002).

A natureza discriminatória da educação superior em Moçambique pode ser atestada pelos dados estatísticos que nos revelam que, na altura da independência nacional, no seio do universo de estudantes matriculados, apenas cerca de 40 eram moçambicanos (UEM 1991; UEM 1998). O direccionamento dado à produção científica em Ciências Sociais em Moçambique, como em outras colónias africanas de Portugal, espelham igualmente uma tendência elitista ao serviço da ideologia do regime, como o ilustram a manipulação do ensino e pesquisa no campo da História e a pesquisa de carácter antropológico, aqui utilizadas a título de exemplo. No campo da investigação em instituições especializadas, apenas o Instituto de Investigação Científica de Moçambique (IICM) produzia e publicava estudos sobre Ciências Sociais e Humanas, na série 'C' de Ciências Humanas, da sua revista Memórias do IICM (depois dos anos 60). Sublinhe-se, no entanto, que a maioria destes estudos estavam muito virados para questões de carácter etnográfico e descritivo. Em outras áreas do conhecimento, a investigação científica era muitas vezes levada a cabo por 'missões de investigação'. Uma parte da pesquisa e publicações sobre as colónias era coordenada pelos institutos de investigação portugueses, para isso vocacionados, que produziram um manancial de literatura, disponível ainda hoje nas bibliotecas e arquivos portugueses e, em alguns casos, também nos acervos documentais das ex-colónias, cuja avaliação não deve deixar de tomar em conta o contexto em que foram produzidas e o objectivo a que se destinavam (Cruz e Silva 2000; Silva et al. 2002).

A independência de Moçambique em 1975 trouxe consigo novos desafios nos campos político, social e económico, e a necessidade de reconstruir e dar uma nova direcção ao ensino superior e à produção científica. Em 1975, a única universidade nacional tinha apenas cinco docentes moçambicanos e um efectivo de 2.400 estudantes. O número de estudantes reduziu-se a partir de 1977, com a saída dos colonos portugueses, vindo apenas a estabilizar-se em 1989, quando se registaram índices idênticos aos de 1974/75, com um crescimento subsequente a partir de 1990 (UEM 1991; Silva et al. 2002).

Entre 1985 e 86 fundaram-se mais duas instituições públicas de ensino superior em Moçambique, a que se juntaram ainda, entre 1999 e 2004, mais algumas instituições, viradas para a formação especializada e profissionalizante, como sejam: a Academia das Ciências Policiais, a Academia Militar, o Instituto Superior de Ciências de Saúde e a Escola Superior de Ciências Náuticas, totalizando, assim, sete instituições públicas (MESCT 2004). Com a abertura económica, criou-se também um espaço para a privatização do ensino. Assim, depois da criação da primeira instituição privada de ensino superior em 1995, elas cresceram rapidamente, totalizando hoje oito instituições disseminadas por diferentes regiões geográficas do país, mas mantendo ainda uma tendência de concentração na cidade capital. De acordo com a informação fornecida pelo Observatório de ensino superior, ciência e tecnologia, em 2003, a cidade de Maputo concentrava 76.9% da população estudantil das escolas superiores (MESCT 2004).

A expansão que o ensino superior vem sofrendo a partir de meados da década de 80 não é necessariamente o reflexo da democratização e popularização do ensino superior, já que a procura de instituições de ensino privado é muito maior que a oferta, uma vez que o Estado não dispõe de recursos financeiros e humanos para responder a estas demandas, e o ensino privado é apenas acessível a determinados grupos sociais. Acresce-se, ainda, que as escolas privadas estão basicamente viradas para responder aos interesses imediatos do mercado, e geralmente para cursos que não exigem investimentos muito elevados, como são por exemplo os casos do direito, economia, psicologia e gestão de empresas. Raramente investem em áreas como engenharias, medicina, ou outros cursos que requerem laboratórios e grandes custos iniciais, uma vez que elas não recebem qualquer subsídio público, e em muitos casos vivem quase exclusivamente dos recursos provenientes das mensalidades dos estudantes. Exceptuam-se, no entanto, alguns casos, como a Universidade Católica de Moçambique (UCM) que tem um curso de medicina e um de agronomia, para além de outras áreas, ou o ISUCT (Instituto Superior de Comunicação e Trans-portes), com cursos das áreas de engenharias. Estas instituições têm ainda um corpo docente em tempo inteiro reduzido, baseando a maior parte das suas actividades em docentes a tempo parcial (frequentemente provenientes das universidades públicas e dos serviços públicos). Outra das suas características consiste também num reduzido ou quase nulo investimento na investigação científica e na formação dos seus quadros, devido à exiguidade de recursos financeiros e humanos.

O crescimento do ensino superior está centrado ao nível da graduação. A maioria dos pós-graduados continua a ser formada no estrangeiro (particularmente o nível de doutoramento). Os mestrados nacionais de raiz oferecem ainda um leque pequeno de áreas e disciplinas de estudo, e muitos são ainda de carácter inicial. E tal como acontece com a pesquisa, estes também estão ainda muito dependentes de financiamentos externos, ou de programas de cooperação com outras instituições estrangeiras que, em alguns casos, introduzem pacotes de formação dos seus países de origem, ajustados ao ensino local (particularmente no ensino privado).

Na área da pesquisa, apesar do reduzido número de indivíduos com formação superior no país, à data da independência nacional, uma geração de jovens intelectuais moçambicanos estabeleceu a ruptura com os moldes de produção científica vigentes, e deu um novo impulso à produção científica e consequentemente aos programas e métodos de ensino no campo das Ciências Sociais e Humanas (Silva et al. 2002). Neste processo, e no domínio das Ciências Sociais, jogou um papel vital o Centro de Estudos Africanos (CEA), particularmente no campo da investigação científica, e a Faculdade de Letras (ambos na UEM), que através de debates, reformas curriculares e produção científica, introduziram no país novos moldes de abordagem dos problemas. Mesmo assim, e tomando em consideração o contexto da época, o caminho a percorrer para responder às necessidades reais, era ainda muito longo (Cruz e Silva 2000). Acresce-se a estes aspectos, o facto de as prioridades definidas pelo governo não contemplarem estas áreas, o que levou a que a maioria dos cursos superiores nas disciplinas de Ciências Sociais fossem encerrados (alguns por cerca de 10 anos), para canalizar os efectivos humanos e os recursos financeiros para outras áreas como a formação de professores secundários e o reforço da qualidade do ensino nas classes terminais secundárias. Ao mesmo tempo, orientavam-se os estudantes para áreas como engenharia, medicina ou agricultura, por se considerarem vitais para o desenvolvimento nacional.

O impacto do capitalismo colonial e a sua relação com a economia sul-africana, o paradigma dos movimentos de libertação, e outras temáticas nos campos do direito e da economia do país e da região, dominaram as temáticas da maior parte das pesquisas realizadas no período imediatamente seguinte à independência nacional, uma ilustração clara dos esforços feitos na época para a 'recuperação' da história de Moçambique e da interpretação dos diversos processos de luta que haviam ocorrido, envoltos em novas análises, com enfoque na valorização do património cultural e seu enraizamento, e para responder ao desenvolvimento das políticas económicas traçadas pelo governo (José 1998; Cruz e Silva 2000). Do período da produção socialista à economia de mercado e ao processo de paz e reconstrução do país, a produção em Ciências Sociais e Humanas mostra-nos a marcada influência dos diversos desafios, transições e reformas que num período tão curto abrangeram Moçambique e o esforço levado a cabo para fazer diagnósticos e procurar respostas para os problemas existentes. Assim, o processo relativo à implantação de uma economia e uma sociedade socialistas, o impacto da guerra, a resolução de conflitos, o processo de paz e a construção de uma sociedade democrática, a pobreza, a questão da terra, mulher e género, línguas moçambicanas e várias outras problemáticas e, mais recentemente, as consequências dos impactos do HIV/SIDA e outras doenças endémicas, marcam a produção científica nacional, nos períodos que seguiram. Não se pode de modo algum ignorar o contexto regional, onde a dominação económica sul-africana, o regime do apartheid e a nova África Aus-tral pós-apartheid, bem como a dinâmica da cooperação, paz, segurança e políticas de integração regional, fazem também parte dos interesses dos investigadores em Ciências Sociais ao longo destes períodos.

A necessidade de alargar o âmbito de pesquisa levou à criação, nas duas últimas décadas, de vários centros especializados e de investigação multidisciplinar, como são os casos de: Centro de Estudos da População (CEP), Centro de Estudos de Línguas Moçambicanas (NELIMO) ou Núcleo de Estudos da Terra (NET), todos na UEM; o Centro de Estudos Estratégicos e Internacionais (CEEI) no Instituto Superior de Relações Internacionais, e outros centros de pesquisa que começam a desabrochar, desde finais da década de 90. O Centro de Formação Jurídica e Judiciária (CFJJ) ligado ao Ministério da Justiça, para além de outras iniciativas ligadas a organizações não governamentais e instituições privadas que se dedicam a áreas específicas de pesquisa, como direitos humanos, democracia, boa governação, mulher e género, fazem também parte das instituições de pesquisa que surgiram mais recentemente e cuja contribuição para o desenvolvimento da pesquisa em Moçambique, os coloca num lugar de destaque.

Fora das instituições de ensino superior, é também importante mencionar o ARPAC - Arquivo do Património Cultural, ligado ao Ministério da Educação e Cultura, hoje transformado num Instituto de Pesquisa, que reunindo um corpo de investigadores, entre antropólogos, sociólogos, historiadores e musicólogos, faz um trabalho de levantamento e análise na área das humanidades e promove a publicação dos resultados de pesquisa. O seu trabalho é complementado por uma pesquisa em menor escala, mas nem por isso menos importante, que se realiza nos vários museus ligados ao Ministério da Educação e Cultura.

Apesar dos esforços feitos pela SADC (Organização dos Países da África Austral), no campo da cooperação e desenvolvimento científico entre os seus membros, hoje, poucos são os estudos de ciências sociais que reflectem uma coordenação regional. Cada um dos países acaba, finalmente, por ficar enredado nas suas trajectórias particulares, devido aos fracos recursos disponíveis, mesmo que ligados por laços históricos indeléveis, como mostra a fluidez das suas fronteiras culturais. Mesmo assim, não se pode de modo algum ignorar o permanente interesse pelo contexto regional, cujas temáticas fazem também parte dos interesses dos cientistas sociais de hoje, na região.

No campo das publicações está a maior das fragilidades, uma vez que estas passam por canais de difusão pouco efectivos e vivem permanentemente entre a falta de fundos, de pessoal qualificado para realizar a gestão da sua produção, e muitas vezes até de um desinteresse por parte dos investigadores em publicar em revistas moçambicanas. Devemos, no entanto, destacar duas revistas, que desde a sua fase inicial conseguiram manter um perfil de qualidade: Arquivo, do Arquivo Histórico de Moçambique, e Estudos Moçambicanos, do Centro de Estudos Africanos, ambas da Universidade Eduardo Mondlane. Sublinhe-se, no entanto, a sua circulação pouco efectiva nos países dos PALOP, que se agrava quando se trata de outros países do sub-continente, onde a língua portuguesa não é conhecida.

Hoje, as demandas do mercado e a qualidade de formação académica interagem com os interesses políticos e jogos no poder, transformando e matando a qualidade do ensino e da investigação. Para muitas destas instituições, sejam públicas ou privadas, parece ser mais importante produzir quantidade do que qualidade, e restringir o leque de áreas de opções de formação de acordo com os interesses dos potenciais clientes. Para além deste aspecto, nas universidades públicas tenta-se ainda 'enganar' o desequilíbrio regional, com um sistema de inclusão (quotas) mal discutido, que aparentemente parece diminuir a desigualdade, mas que tende também a incrementar o paternalismo.

As formas de organização e liderança das universidades públicas, ainda marcadas por um pesado autoritarismo, necessitam de ser repensadas, para que possam realmente desempenhar o papel social a que se destinam. Sem entrar na discussão do que significa a liberdade académica, parece-nos que, apesar dos avanços feitos nas duas últimas décadas em muitas universidades africanas, nos países membros dos PALOP esta questão merece ainda uma discussão muito séria. Em Moçambique, uma crise no ensino superior parece estar latente, como o demonstraram vários sinais ao longo da última década, podendo desabrochar a qualquer momento.

A falta de recursos financeiros, a dependência em relação aos doadores externos e a 'burocratização' da investigação, gerida de uma forma administrativa e onde a consultoria mata a pesquisa, fazem também parte dos nós de estrangulamento para uma produção científica efectiva, e para garantir a permanência dos pesquisadores nacionais nas suas instituições, evitando assim uma 'fuga de cérebros'.

Universidades e Cientistas Sociais: Que Papel Perante os Novos Desafios

As universidades têm sido, ao longo dos séculos, lugares por excelência de produção de conhecimentos e centros de debate, mas também centros de produção e reprodução da intelectualidade e de uma massa crítica. Nessa base, espera-se que, na sua relação com a sociedade, elas sejam capazes de definir novos domínios do conhecimento, fazer diagnósticos e trazer soluções, no âmbito da sua responsabilidade social. Como referem Olukoshi e Zeleza (Olukoshi & Zeleza 2004), as universidades africanas, da mesma forma que o resto do mundo, foram directamente afectadas pela rápidas mudanças mundiais nos campos tecnológico, económico e sócio-cultural, que as levaram a sofrer alterações e a reconfigurar estratégias, missões e agendas nas áreas da pesquisa, ensino e extensão, que constituem afinal as bases das suas actividades. No entanto, isso não significa necessariamente que elas tenham deixado de cumprir a sua função, como centros de formação e debate de ideias (Sall 2002).

O debate desencadeado em finais do século XX e redinamizado nos inícios do século XXI, sobre as fronteiras entre as ciências e o papel das ciências sociais (Nunes1999; Wlallerstein 2003), obrigaram a novas reconfigurações disciplinares e a desenhar novas formas organizacionais de produção de conhecimento, bem como a criar uma relação cada vez mais próxima entre os diversos universos culturais, na busca de soluções que nos permitam agir sobre a realidade social (Nunes 1999).

Os movimentos económicos e políticos mundiais ocorridos nas últimas décadas e a adopção das políticas neo-liberais em Moçambique, outros países membros dos PALOP, como em outros países africanos, exacerbaram as desigualdades e saldaram-se no crescimento da exclusão social. A crise do desenvolvimento obriga-nos, assim, a reavaliar e a reestruturar o papel das ciências sociais. A tendência deve, deste modo, ser direccionada para os programas de pesquisa que foquem temáticas que ultrapassem os contextos e reconfigurações de ordem epistemológica, apenas 'copiadas dos modelos ocidentais', mas que possam acima de tudo reflectir as mudanças políticas, económicas e culturais por que os nossos países têm passado (Zeleza 1997). Só assim se pode contribuir para influenciar a construção de políticas, reformas organizacionais e institucionais.

A centralidade androcrática nos estudos sobre ciências sociais e a marginalização sobre as contribuições das mulheres foram, ao longo do século XX, analisadas por vários autores. Se as nossas discussões estiverem direccionadas para o papel das universidades e das ciências sociais, face às mudanças mundiais e, consequentemente, para o desenvolvimento da ciência e tecnologia e suas formas de implementação e actualização, não podemos ignorar o papel que os estudos sobre a mulher e género desempenharam para: i) o conhecimento e teorização das realidades africanas, bem como ii) do papel desempenhado pelas teoristas feministas na ruptura epistemológica dos últimos mais de 40 anos nas Ciências Sociais, ao perturbar a harmonia do saber, quebrando com a neutralidade de género das teorias sociais e abalando o paradigma científico dominante de um modelo androcrático (Casimiro & Andrade 1992; Facio Montejo 1992; Towsend et al. 1999; Casimiro 2004).

Para além da necessidade de imprimir um investimento cada vez maior na criação de novas alternativas epistemológicas, as Ciências Sociais têm um papel fundamental a desempenhar, aplicando os resultados da sua pesquisa na transformação da realidade social. Quando hoje se debatem por todo o mundo problemas como a pobreza, o desemprego, a exclusão social, a construção de democracias ou da paz, e a insegurança que afecta o mundo, os nossos focos de análise devem ser pela construção de uma democracia enraizada num conhecimento da realidade nacional, na valorização da produção de conhecimentos locais, e por uma sociedade mais livre e justa.

A maior parte dos países membros dos PALOP, depois de passarem por uma longa experiência de colonização, experimentaram processos de cariz socialista que, em oposição ao sistema colonial, pretendiam construir uma sociedade mais justa e, portanto, menos excludente, onde cada um de nós assumisse em pleno o seu lugar de cidadão. No entanto, os processos pós-independência acabaram também por ter de fazer face a governos autoritários, e ter de enfrentar crises sociais, económicas e políticas, movidas por causas internas e por impactos das mudanças mundiais que afectaram e afectam ainda a produção científica. Sem alterações profundas dos planos curriculares e sem que haja uma relação permanente e renovada entre ensino, investigação e extensão, parece difícil colocar as universidades e, neste caso particular, as Ciências Sociais a jogarem um papel interveniente na sociedade, onde haja uma visibilidade sobre a sua responsabilidade cultural e social. Quais então, nesse caso, os novos desafios e problemas que as rápidas alterações a nível regional e global colocam ao conhecimento científico, e que papel cabe às universidades na resposta às expectativas existentes? E até que ponto e como essas mesmas alterações se vão fazer sentir em países como Angola, Cabo-Verde, Guiné-Bissau, Moçambique, ou S. Tomé e Príncipe, nos currícula e nas agendas e programas de pesquisa?

Interrogando o Futuro

O desenvolvimento da pesquisa em Ciências Sociais e Humanas, e o papel das instituições de ensino superior em Moçambique como estudo de caso, é apenas um exemplo, ou talvez até um pretexto para debatermos a situação dos países africanos falantes de língua portuguesa, já que muitos dos problemas a enfrentar se colocam da mesma forma, em qualquer dos referidos países. Cabe-nos então reflectir sobre como ultrapassar os obstáculos que vão para além das dificuldades em acesso a recursos, ou agendas constrangidas por situações de dependência financeira, para repensar o papel das ciências sociais como um espaço, por excelência, de formação e de intervenção social. Numa altura em que se discutem com afinco redes de trabalho e cooperação, e em que elas devem desempenhar uma relação privilegiada no desenvolvimento científico, a nossa reflexão deve também partir da necessidade de estendermos estas redes para os nossos países, tirando o maior proveito possível dos pontos que nos ajudaram a construir uma história comum e das identidades que nos unem, para além da língua oficial que nos identifica.

Perante este quadro, colocam-se imensas questões, que deverão constituir pontos de reflexão, para desenhar o futuro:

• Poderemos desenhar um mapa do desenvolvimento da pesquisa em Ciências Sociais e Humanas para cada um dos países membros dos PALOP? Que tendências, que problemas?

• Que papel cabe às instituições de ensino superior nos PALOP na definição de prioridades para o desenvolvimento de uma pesquisa que possa responder, em primeiro lugar, aos problemas nacionais, e aos desafios regionais e mundiais? Como ligar o papel dessas instituições com outras instituições da 'sociedade civil', que também realizam investigação? Como, neste processo, combinar as identidades Pan-africanas, sub-regionais e dos PALOP?

• Se as razões financeiras acabam por ditar a primazia de uma cooperação Norte-Sul, em detrimento da cooperação entre os PALOP, e no geral Sul-Sul, que papel cabe às universidades, particularmente às públicas, e aos académicos africanos, na transformação destes processos?

• No contexto das crises das universidades Africanas e dos PALOP (liderança, autoritarismo, dependência externa, crises financeiras, de qualidade, massa crítica e fuga de cérebros, entre outros), será possível construir uma agenda de pesquisa que permita uma cooperação mais estreita entre os PALOP e a construção de programas de trabalho comuns, realísticos e viáveis? Como, neste processo, criar um projecto mais inclusivo, em que os africanos da diáspora possam trazer as suas experiências e conhecimentos?

• Por que razão, num mundo tão avançado de tecnologias de comunicação, os países membros dos PALOP não utilizam redes de investigadores e instituições de pesquisa para fazer avançar os seus trabalhos?

Com este manancial de interrogações, mais do que respostas imediatas, pensamos ser vital que cada um de nós individualmente, e cada um dos países que constituem esta comunidade, possam fazer um balanço da realidade actual, para poder interrogar o futuro. Não se deve tratar apenas de um mero exercício académico, mas um exercício que sirva para podermos criar redes de trabalho, efectivas e operacionais, onde as instituições de ensino superior, e com responsabilidade acrescida, as públicas, comecem a desempenhar o papel a que estão destinadas, na sua ligação com a sociedade.

Referências Bibliográficas

Casimiro, I. & Andrade, X., 1992, 'Construindo uma Teoria de Género em Moçambique', *Estudos Moçambicanos* (11/12), pp. 97-114.

Casimiro, I., 2004, *'Paz na Terra, Guerra em Casa' : Feminismo e Organização de Mulheres em Moçambique*, Maputo, Promédia.

Cruz e Silva, T., 2000 ´O Papel do Centro de Estudos Africanos da Universidade Eduardo Mondlane, no Desenvolvimento das Ciências Sociais em Moçambique e no Contexto da Região´. Seminário Nacional de Ciência e Tecnologia, Maputo, 4,5 e 6 de Outubro (mimeo).

Facio Montejo, A., 1992, Cuando el género suena cambios trae: una metodología para el análisis de género del fenómeno legal, San José, C.R.: ILANUD.

José, A., 1998, ´The Social Sciences in Mozambique. Some theoretical and Institucional Questions´. In: Cruz e Silva, T., & Sitas, A., edts. *Gathering Voices. Perspectives on the*

Social Sciences in Southern Africa. Proceedings of the ISA Regional Conference for Southern Africa, ISA Pre-Congress Volume, pp. 59-69.

MESCT, 2004, *Dados Estatísticos do Ensino Superior e Instituições de Investigação*, 2003, Maputo, Observatório do Ensino Superior Ciência e Tecnologia, http://www.mct.gov.mz/docs/Indica03.pdf, 19/04/2005.

MESCT, 2005, *Instituições de Ensino Superior em Moçambique*, http://www.mct.gov.mz/docs/listaies.pdf, 19/04/2005.

Nunes, J.A., 1999, 'Para além das 'duas culturas': tecnociências, tecnoculturas e teoria crítica', *Revista Crítica de Ciências Sociais* (52/53), pp.17-26.

Olukoshi, A. & Zeleza, P., 2004, 'Introduction: The Strugggle for African Universities and Knowledges', In: Olukoshi, A. & Zeleza, P., *African Universities in the Twenty-first century*, Dakar, CODESRIA, pp. 1-18.

Sall, E., 2002, ´The Universities and the Transformation of the Public Sphere in Sub-Saharan Africa´, Comunicação apresentada à Assembleia Geral do CODESRIA, Africa in the New Millennium, Kampala, 9-12 de Dezembro, http://www.codesria.org/Links/conferences/gen_assembly10/plenary_sessions.htm13/06/2005.

Silva, R. P., et al., 2002, Estudo Sobre os Sistemas de Investigação em Moçambique, Maputo, Ministério do Ensino Superior, Ciência e Tecnologia (mimeo).

Towsend, J., at al., 1999, *Fighting Patriarchies and Poverty*, London, Zed Books.

EM, 1991, ´Presente e Perspectivas´, Reunião Consultiva, 8 e 9 de Maio. Maputo, UEM.

UEM, 1998, *Um projecto para o Terceiro Milénio: 1999-2008*, Dez Anos de Acção, Maputo, UEM.

Wallerstein, I., 2003, 'As Estruturas do Conhecimento ou quantas formas temos nós de conhecer?' In: Santos, B.S. *Conhecimento Prudente para uma Vida Decente: um discurso sobre as ciências revisitado*, Porto, Afrontamento, pp. 117-123.

Zeleza, P., 1997, *Manufacturing African Studies and Crises*. Dakar, CODESRIA.

3

A Questão da 'Universidade Pública' em Moçambique e o Desafio da Pluralidade de Saberes

Maria Paula Guttierrez Meneses

Resumo

Através de uma caracterização da questão do ensino e da pesquisa universitária—no campo das ciências sociais—em Moçambique, pretendo avaliar alguns dos problemas e transformações recentes do sistema de ensino superior no contexto do continente africano, bem como sobre o impacto das mesmas na universidade pública. Ultimamente procuro avaliar o papel das ciências sociais no desenvol vimento do país, reflectindo sobre mudanças na universidade após a independência. Questionando a universidade pública como um espaço importante de construção e produção de conhecimento, este artigo defende que, numa perspectiva pós-colonial, a universidade deve reflectir a mudança das relações de poder, reconhecendo e reflectindo sobre a complexidade cultural que compõe o mosaico da moçambicanidade.

Produção do Conhecimento, Esquecimento de Conhecimentos?

O que sabemos sobre Moçambique? Como é que factores políticos, económicos e culturais influenciam o modo como os cientistas sociais ordenam e categorizam os seus objectos de estudo? Será que o conhecimento que hoje transita em Moçambique e sobre Moçambique traduz uma realidade outra que não a do legado colonial?

A atenção sobre a necessidade de uma vigilância epistémica em relação a uma possível apropriação acrítica das representações sobre o 'Outro' indígena, local, no nosso continente é uma mensagem que repetidamente aflora nos trabalhos de vários cientistas sociais africanos. A importância do legado africano e as suas implicações são centrais mo pensamento de Fanon—Os Condenados da Terra—, de Cabral—A Revolução na Guiné, de Nkrumah -Sobre o neocolonialismo, de Césaire—Discurso sobre o colonialismo, Nyerere—Unidade e luta e de Mondlane—Lutar por Moçambique, cujos ideais e concepções críticas são hoje a base para uma análise da presente situação pós-colonial no continente.

Mudimbe (1988) refer a impossibilidade de um conhecimento 'real' e completo sobre África a partir das 'bibliotecas coloniais', na medida em que o conhecimento produzido acontece dentro do território epistemológico ocidental.

Como resultado do encontro colonial, o espaço geográfico do continente foi construído, a partir do séc. XV, como um campo desprovido de saberes, povoado por seres em estado natural. Para estes, a possibilidade de evolução cultural aconteceria apenas pelo processo colonial, pela assimilação dos valores e saberes produzidos pelo expoente cultural humano—a civilização ocidental. Em poucas palavras, experiência african (tal como a de outros povos em contextos coloniais) era vista como um saber residual, relegado para a periferia sob a designação de 'saber local, tradicional ou indígena'; pelo contrário, o conhecimento científico ocidental emergia como universal, testado e empiricamente observado na prática de qualquer realidade. As universidades modernas constituem, neste contexto, o ponto de reprodução desta subalternização de outros saberes. Em Moçambique, como acontece em muitos outros países, a procura de uma definição de 'conhecimento tradicional', para além da ocultar uma extrema diversidade e heterogeneidade de sistemas epistémicos, está inscrita na ordem social resultante do processo de colonização do próprio saber. O que constitui estas práticas em objecto, é simplesmente a negação do reconhecimento pelo Estado e seus organismos. O saber científico, que circula, é reconhecido na esfera pública formal na qualidade de saber dominante, e é retransmitido nas faculdades, perpetuando a condição colonial[1].

Nos dias de hoje, apesar de algo modificadas, nas palavras usadas no ocidente para descrever o atraso de África ecoam as usadas há mais de cem anos, embora imbuídas de um significado diferente. Chabal (1997) chama a atenção para esta particularidade, afirmando a necessidade da persistência deste olhar 'colonial' sobre África para perpetuar o jogo de espelhos que garante a permanência da diferença colonial. A compreensão, a partir da visão restrita da modernidade ocidental, sobre os 'outros' povos do mundo, reflecte o perpetuar de uma relação de poder inserida no campo do saber. Uma análise detalhada do campo de poder imbuído nas estruturas de produção de conhecimento no Moçambique contemporâneo, bem como das relações entre o poder, o discurso, as instituições políticas e as práticas abre pistas para uma compreensão mais ampla de como as desigualdades do passado colonial e do presente pós-colonial foram e continuam a ser construídas e mantidas, especialmente no campo das ciências sociais.

A expansão colonial não se ficou apenas nos campos económico e políticos, conforme vários autores têm vindo a argumentar. E muito menos terminou com o fim dos impérios coloniais (Santos 1999). Por isso, importa avaliar no conjunto como é que este 'Sul'[2] foi e continua a ser afectado por este processo de colonização, por forma a lançar as bases de um novo paradigma científico, onde os diferentes saberes terão lugar, todos eles possivelmente relacionados e legitimados por quem a eles recorre e os consagra como forma de poder. A análise da configuração dos campos de saber é usada neste texto para detectar a persistência da 'colonialidade' enquanto forma de poder (Quijano, 2000), recorrendo ao debate sobre o sentido da Universidade moderna como exemplo de um dos campos de saber onde melhor se detecta a persistência deste conflito. É de extrema importância o argumento de que a diferença colonial é, de facto, reflexo de uma construção epistémica realizada e exercida através de uma desqualificação persistente do saber do Outro e sobre o Outro, relação esta que persiste nos dias que correm e que pode ser exercida até situações de extermínio destes saberes.

A experiência pós-colonial e o debate sobre saberes

A realidade do colonialismo, como sugere Serequeberhan, persiste na violenta super-imposição da historicidade ocidental, do Norte sobre África[3] (1994: 111). Ou seja, a persistência das relações coloniais, com todo o dogma e domínio que exigem, representam a negociação das diferenças culturais e da especificidade que constitui a historicidade—e o humanismo—do mundo não ocidental.

Uma das dicotomias 'clássicas' da ciência moderna, especialmente na área das ciências sociais, estabelece uma oposição constante entre as sociedades 'tradicionais'—consideradas estáticas—e a 'modernização'—fonte imediata de progresso—introduzida pela ideologia colonial[4]. Para se chegar a esta dicotomia, introduziu-se a noção unilinear do processo histórico, transformando-se o passado em estagnação: subdesenvolvimento, aldeias perdidas, práticas obscurantistas, eternos conflitos tribais, etc. Em suma, o não-civilizado moçambicano emergiu com a ciência colonial, sendo parte do reino da natureza que urgia, pois, civilizar, transformando-o (Meneses 2003). Num segundo momento, esta hierarquização de saberes, produziu gradualmente uma teia de esquecimento sobre os centros de produção de saberes, obliterando mesmo outras formas de conhecimentos de engendrar e transmitir experiências, que passaram a ser relegadas, no máximo, para a categoria de artefactos de museu com o letreiro de saberes tradicionais, indígenas ou locais (Santos, Meneses e Arriscado Nunes 2004).

A imposição de uma monocultura surge, neste contexto, como um dos pilares essenciais da geopolítica colonial. Ou seja, onde havia encontros de culturas foi-se gradualmente impondo uma monocultura da política do saber, articulada a dois níveis: de um lado, pela imposição da verdade única do acontecimento científico-técnico; de outro, a configuração essencialista do 'Outro', de um saber tradicional peculiar, específico de um dado grupo, único e não partilhado, anterior ao saber científico. Surgiam assim os saberes indígenas, tribais, únicos— monoculturais também -, mas inferiores.

Em África e na Ásia, no seguimento do que acontecera na América Latina, a emergência dos movimentos nacionalistas, já no século XX, viria a reacender os debates em torno do carácter e da função da ciência (Mudimbe 1988; Visvanathan 1997; Lander 2002). Em diferentes locais, os debates sobre a ciência constituíram-se no epicentro das discussões sobre as políticas do conhecimento. Estes debates, não se restringiam apenas ao uso do conhecimento para o desenvolvimento e emancipação dos povos colonizados. Pelo contrário, visavam trazer o direito das diferentes formas de conhecimento a uma existência sem marginalização ou subalternidade por parte da ciência oficial, defendida e apoiada pelo Estado (Mondlane 1969; Apffel-Marglin e Marglin 1990; Diouf 1993; Dussel 1994). Para os líderes dos movimentos de libertação, a luta contra o colonialismo era uma luta cultural, pelo reconhecimento dos valores culturais de todos os povos. Ao declarar que 'a luta de libertação é, acima de tudo, um acto de cultura', Amílcar Cabral abria caminho para uma compreensão mais vasta do processo colonial, onde a dominação imperialista—associada à negação do processo histórico da sociedade dominada—é a negação do seu processo cultural (1974: 31). Em Moçambique, de entre os princípios nacionalistas defendidos por Eduardo Mondlane, a liberdade e a igualdade tinham de ser aplicadas ao acesso e partilha do universo de conhecimentos.

Em grande parte do continente africano, a partir da década de 70, 10 anos volvidos sobre a movimentação política provocada pelas independências, o contexto geral era caracterizado por uma mistura de promessas, potencialidades, dilemas, obstáculos e dificuldade de governação. Em Moçambique, a sua análise permite avaliar o que se passara pouco tempo antes noutros locais. Aqui, o processo político imprimiu uma mudança dramática no universo político, com o reforço de um regime de partido único (partido-estado).

Estas perturbações, que obrigaram a uma restrição do espaço político, resultaram numa dissolução gradual e na dispersão a aliança nacionalista anti-colonial que tinha estado na base da luta pela libertação nacional. Tais mudanças simbolizavam também o impacto da intromissão neo-colonial sobre os governos africanos durante a guerra fria. Todavia, embora alvo de fortes pressões políticas, conforme se analisará adiante, as contestações foram surgindo em diferentes espaços, em torno do contrato social pós-colonial. Neste cenário, as relações entre o estado e a academia foram-se tornando cada vez mais tensas, especialmente em função de discussões sobre a autonomia universitária e a liberdade académica[5].

A combinação de uma frágil estrutura económica herdada da época colonial, com o conturbado contexto político estabelecido em Moçambique após a independência, produziu rapidamente um processo de desestruturação económica[6]. Se a maioria dos quadros universitários presentes em Moçambique abandonou o país, gerando uma situação caótica, rapidamente se constituiu um núcleo académico independente que, apeson da crise que afectou o sistema universitário, continuou a assegurar a pesquisa e a docência na única universidade existente, a Universidade Eduardo Mondlane—UEM (Fry e Utui 1999)[7]. O terreno do ensino superior estava a atravessar uma sucessão de rápidas mudanças não apenas em termos de expansão do espaço físico (através da criação de centros de ensino e pesquisa avançados, bem como do crescimento do número de estudantes e docentes/pesquisadores), assim como em termos de uma contínua e persistente africanização dos currículos e dos lugares na academia.

Apesar das afirmações do estado colonial, até 1974[8] apenas cerca de 40 negros de Moçambique—menos de 2% do corpo discente—tinha tido acesso à Universidade, tendo como resultado uma presença fortíssima de quadros portugueses no aparelho de estado, no comércio e no próprio corpo docente universitário[9]. Como resultado do êxodo dos colonos, o número dos estudantes universitários caiu drasticamente, de 2.433 em 1975 para 750 em 1978, enquanto o corpo docente moçambicano era composto por 10 pessoas (Fry e Utui 1999).

Definindo-se como de orientação socialista, o governo moçambicano subordinou a Universidade à construção do 'Homem Novo', ou seja, à formação de recursos humanos para as questões centrais da economia nacional, ao mesmo tempo que muitos cursos, especialmente na área das ciências sociais, conheciam um processo rápido de reforma curricular para os ajustar à realidade africana e moçambicana[10].

Em Moçambique, durante a década que se seguiu à independência, a exigência moral colocada à Universidade, em termos de exercício de cidadania, era bem clara: criar condições para o exercício da liberdade política e para a igualdade através de pesquisas que visavam apoiar a tomada de decisão e justificar a posição do processo revolucionário. Mas rapidamente, a linguagem de análise e as explicações para situações de repressão ideológica se confundiram com a teorização académica, predominantemente orientada para 'alcançar' o desenvolvimento atingido pelo ocidente, a distanciar-se dos interesses e questionamentos locais. Após a independência, a Frelimo, tal como muitos outros movimentos nacionalistas, abraçaria uma política de modernização social, onde muitos defendiam que o futuro pertenceria a quem dominasse a ciência e a técnica, permanecendo a dicotomia moderno/tradicional[11]. De novo, tal como no passado, os instrumentos de planificação e modernização do estado e das suas políticas foram sendo dominados pela ideia de que a ciência moderna era a solução para romper com os 'séculos de atraso de desenvolvimento do continente'. A luta pelo 'desenvolvimento' passou a ser concebida em termos de 'exportação de experiências bem conseguidas' e, consequentemente, os esforços dirigiram-se para a aplicação e difusão dos resultados científicos do 'Norte', quer na frente da 'batalha produtiva', quer na formação de quadros. A escola era o espaço 'onde a ciência liquida o obscurantismo e a ignorância' (Machel 1981: 38). Todavia, este projecto utópico de 'importação' dos modelos de desenvolvimento social e económico característicos da modernidade ocidental, não resultaram nem na redução do sofrimento humano, nem na melhoria da qualidade de vida das populações; pelo contrário, a pobreza[12], a destruição ambiental, o abandono dos conhecimentos locais e a museificação dos conhecimentos e das técnicas 'tradicionais' têm sido uma constante da realidade do país.

Como consequência, a crise que foi dominando o país apagou gradualmente o ideal inicial da universidade como centro de excelência, como um projecto de libertação. Para muitos dos líderes e intelectuais do continente do período nacionalista, a educação era uma das peças centrais do processo identitário anti-colonial, para se assegurar a descolonização e a soberania nacional, o desenvolvimento nacional, a democratização e a cooperação regional (Mkandawire 1997).

Se o sistema colonial europeu no continente se notabilizou pela sua relutância em promover a educação superior no continente, posteriormente, mostraria igualmente enorme suspeita e desdém em engajar as elites africanas educadas nos moldes da ciência moderna como actores sociais activos (a partir do momento em que começaram a constituir uma massa crítica activa). O contexto académico internacional também não era dos mais favoráveis, já que reproduzia aspectos centrais da lógica colonial, não apenas em termos do conteúdo do saber produzido e transmitido sobre África, mas também pela metodologia que era utilizada, e que reproduzia fielmente a estrutura hierárquica da estrutura da ciência moderna, em que a academia africana se constituía como espaço de subalternidade. A divisão internacional do trabalho que estruturava a participação dos académicos africanos no sistema global do saber não permitia grande espaço de luta pela legitimação das perspectivas africanas. Pelo contrário, procurava assegurar a imposição de agendas intelectuais externas, transformando os investigadores em meros colectores de dados a serem processados no Norte, uma situação que confirmava o seu estatuto como elemento júnior no processo. Os sistemas locais/tradicionais/indígenas de saber e a academia africana foram, assim, rapidamente marginalizados e a estrutura flexível que coordenava as actividades dos investigadores foi transformada para reproduzir e reforçar a condição colonial de África, promovendo o isolamento dos investigadores em termos continentais e a sua ligação aos centros do 'Norte'.[13]

Como resultado, no 'Sul', os debates sobre a 'endogeneização' do saber, pela reorientação da pesquisa tiveram uma curta duração, com o irromper da 'necessidade de construir a modernidade', de 'vencer o subdesenvolvimento'

(Escobar 1995; Machel 1983; Visvanathan 1997). Nesta altura, o enfoque centrou-se na aplicação dos resultados científicos—considerados importantes— já alcançados pelos referentes ideológicos da altura: ou as ex-metrópoles coloniais, ou os países do 'bloco' socialista, qualquer um de tradição epistemológica assente na racionalidade moderna. Mesmo em contextos onde a busca de uma identidade cultural fazia prever um reivindicar das raízes epistémicas do conhecimento local, cruzado com outras influências, como é o caso de Moçambique, este sentimento conheceu um espaço de presença significativo nas discussões sobre as ciências sociais, essencialmente nos primeiros anos após a independência. De facto, se as comparações interculturais entre distintas formas de saber e diferentes tecnologias ainda estavam presentes, em África, até à década de 70-80, a partir de então a influência da racionalidade e da cientificidade ocidentais passaram a imperar, transformando a ciência moderna no ponto de referência central na avaliação das 'outras' culturas locais e sistemas de conhecimento (Hountondji 1994; Mazrui 1992; Olukoshi e Zeleza 2004). Porque um processo de reflexão deixou de ter espaço e relevância, a ciência voltou ao seu lugar de primazia, agora enquadrada num esquema burocrático e determinista. A ciência recheou-se de um positivismo sem raízes, desprovido de dúvidas, como tem sido o caso de vários mega projectos em Moçambique: desde o projecto dos 400 mil hectares no Niassa, passado pela experiência do CAIL,[14] até à recente construção de uma nova mega-barragem no Zambeze, ou ainda o projecto Mozal[15].

Nestes projectos, a palavra de ordem passou a ser a transferência tecnológica, fundamentada na ligação a três outras engrenagens: a invenção, a inovação e a difusão. A invenção era o terreno de experimentação do especialista, do cientista; a inovação o universo da técnica, adaptada localmente. A difusão surgia como a incarnação da democracia: difundiam-se os conhecimentos que tinham permitido a outros povos alcançar um progresso considerável. Neste período, a ciência passou de um questionar permanente sobre o seu papel social, à etapa da popularização, à ciência como objecto de consumo, à ciência como mercadoria (Santos 2004; Zeleza 2004).

O insucesso da visão nacionalista sobre o desenvolvimento, está intimamente ligado à deterioração do consenso político nacional. No pós-independência, os intelectuais moçambicanos foram confrontados, como na maioria dos países africanos, com a crescente vulnerabilidade da sua posição. Tendo assumido a defesa do movimentos nacionalistas que ascenderam ao poder, tornou-se difícil o exercer de uma posição objectiva e de neutralidade, quando este estado exigia um alinhar com os interesses nacionais e políticas de desenvolvimento. A liberdade de crítica e o exercer do direito à liberdade de expressão seriam remetidos por muitos para segundo plano, por a liberdade política se dever subordinar à necessidade de cumprir as exigências de direitos sociais e económicos (Ake 1993). Este dilema, que ainda hoje atemoriza os intelectuais africanos, foi também usado por muitos governos repressivos contra os académicos, especialmente quando a sociedade civil se mostrou hostil a algumas das posições tomadas por estes. Esta situação é reflexo da enorme ambiguidade que define a tarefa dos académicos no continente, referente à relação entre a liberdade académica e a responsabilidade social.

Em sociedades periféricas, como é o caso da maioria dos países africanos, a presença omnipresente do Estado tende a confundir o saber político e a saber científico, através de um complexo processo que apresenta um discurso político totalizante através de uma hipervalorização do saber do poder e uma quase rejeição do poder do saber. As expressões mais gritantes deste processo polarizam-se: num dos extremos estão as 'burguesias de diploma' produzida, no campo do poder universitário através do diploma;[16] no outro extremo, estão as restrições extremas impostas a grupos de cientistas votados ao ostracismo pelo poder.[17]

O falhanço dos projectos nacionalistas sobre a educação resultou de uma dupla sabotagem: as limitações impostas por regimes autoritários e o dilema crescente da pressão económica sobre a produção académica. Como resultado, a tendência contemporânea vai no sentido de controlar os académicos (económica e politicamente), transformando as universidades, não em centros de produção de grandes visões, de teoria crítica e de análises sobre o desenvolvimento, mas em meros especialistas em aplicação de saber técnico especializado (Sall 2003).

A Universidade pública e a privatização de saberes

A análise da situação actual das instituições de ensino superior público em Moçambique reflecte uma dupla carga ideológica que marca profundamente o funcionamento das universidades no continente africano. Enquanto espaço intelectual, científico, educativo e político, a Universidade não pode manter-se distante dos debates que atravessam hoje o campo epistemológico das ciências, sendo exemplo o debate sobre os diálogos entre culturas, e sobre a transmissão de saberes. A Universidade não só participou na exclusão social de grupos considerados inferiores, como teorizou a sua inferioridade, uma inferioridade que estendeu aos conhecimentos produzidos pelos grupos excluídos em nome da prioridade epistemológica concedida à ciência. Este questionamento do papel da Universidade é particularmente importante, pois que o desafio é o de alargar o campo de encontro de saberes, conhecimentos e tecnologias, repto este que questiona a universidade no seu todo: quem a frequenta, e como são transmitidos os conhecimentos a quem a frequenta (Mamdani 1993).

Muitas universidades africanas surgiram prisioneiras do conhecimento científico. Mais ainda, sendo muitas delas criadas à imagem e semelhança das universidades das metrópoles, cabia thes assegurar a reprodução, em espaço colonial, das relações coloniais (Mkadawire 1997).

Mas esta descrição, não coincide apenas com o período colonial. Na época pós-colonial, as algemas foram criadas pelas percepções dominantes dos governos sobre o papel das universidades face aos imperativos de construção nacional e desenvolvimento. Ao nível tecnocrático, as universidades foram responsabilizadas pela produção de 'quadros' necessários à endogeneização das funções administrativas do Estado. As múltiplas experiências de construção do Estado em Moçambique (colonial, de raiz marxista, neo-liberal) produziram um impacto enorme sobre o espaço universitário. No início da década de 90, e devido à crise que a educação enfrentava[18], foi elaborado um documento que procurava identificar os principais nós de estrangulamento que amarravam o desenvolvimento do ensino e pesquisa universitária em Moçambique: dificuldades na formação e manutenção de quadros qualificados[19] e a necessidade de redução do número de docentes expatriados[20], o pequeno número de estudantes universitários[21], um desequilíbrio notório entre o número de estudantes oriundos da região sul do país (cerca de 60%) e os provenientes da zona centro/norte nas universidades[22], uma percentagem significativa de desistências (11%) resultante num pequeno número de graduados; fracas capacidades físicas (infra-estruturas) de pesquisa e um aparato administrativo excessivo (Fry e Utui 1999).

Para o caso da maior universidade moçambicana, a Universidade Eduardo Mondlane, apesar de a situação ter melhorado graças a medidas de reorganização, a situação, no geral, conhecia novos problemas, especialmente fruto da adesão de Moçambique, em finais da década de 80, às instituições de Bretton Woods, das pressões de uma globalização hegemónica e da abertura do país ao multipartidarismo[23]. A globalização, liberalização e a democratização trouxeram consigo 'novos' modos de aprendizagem superior e novas formas de conhecimento, formas estas mais orientadas para a procura de soluções do que os conhecimentos tradicionalmente produzidos nas instituições superiores de ensino e pesquisa.

Questões sobre a qualidade e a relevância permaneceram centrais nos debates sobre a investigação e as universidades, quer em Moçambique, quer no continente (Kraak, 2000). Nos dias de hoje, nos debates políticos e nas discussões mais gerais sobre o tema, a produção de bens comercializáveis, i.e., cursos e pessoas (como matéria prima) tendem a ganhar uma grande importância, a qual cada vez mais ofusca o tema da excelência académica. A relevância tende cada vez mais a significar o que é imediatamente útil, e frequentemente confunde-se informação com conhecimentoe, técnica com ciência. A diversidade não se refere jà à luta por uma maior inclusão social, mas sim à privatização do conhecimento; o acesso não significa uma maior presença de grupos marginalizados, mas sim a abertura do mercado da educação (Mehta 2001; Santos 2004).

Em Moçambique, com a emergência do multipartidarismo e de uma economia de matriz liberal, a educação superior conheceu igualmente as pressões resultantes da introdução do ensino superior privado[24]. Esta abertura dramática de instituições privadas de ensino superior justificava-se aparentemente devido à necessidade de responder ao mercado de trabalho e à rápida mudança da natureza da economia global (Chachage 2001). Esta globalização estava concebida como assente na 'sociedade do conhecimento', do que resultava a importância crescente das instituições de ensino superior no continente: 'o estado tem a responsabilidade de criar condições para a constituição de uma rede que encoraje as instituições de educação terciária a serem mais inovativas, respondendo mais rápida e efectivamente à necessidades de um economia global competitiva assente no conhecimento (World Bank 2001). Esta concepção difere radicalmente das concepções subjacentes à construção das universidades nacionais, as quais deveriam servir o país, participando do seu desenvolvimento.

Em Moçambique, se até então grande parte dos fundos da Universidade provinham de doações externas, a partir de 1995 o leque de comparticipação estrangeira no financiamento da UEM ampliou-se, passando esta universidade, por exemplo, a contar com fundos de outras instituições e governos internacionais. Em finais da década de 90, a Universidade Eduardo Mondlane dependia, em 60%, de fundos externos para o seu funcionamento, uma situação complexa, já que a vontade dos doadores frequentemente condiciona as necessidades e exigências internas, obrigando a compromissos.

Se estes factores condicionam uma troca livre de ideias, muitos outros são os que limitam ainda mais a criação de um ambiente intelectualmente estimulante. Os programas de ajustamento estrutural e as políticas orientadas para o mercado projectaram uma forte influência sobre o ensino superior e sobre a pesquisa científica, levando a uma alteração significativa do peso de determinadas disciplinas e cursos nos currícula universitários[25].

De facto, para os expatriados, e mesmo para muito dos moçambicanos com ensino superior, mas condicionados por uma concepção restrita, 'moderna' da ciência, é difícil definir de que modo as universidades africanas poderão responder genuinamente à exigências dos africanos. Quer a partir de dentro, quer a partir de fora, predomina um sentido vago na explicação do que caracteriza uma universidade africana (ao contrário de 'uma universidade em África'). Muitos parecem divididos entre o atractivo 'cosmopolita' de um 'standard superior' e os interesses e as necessidades que a africanidade coloca à academia. Por outro lado, há que reconhecer, como Issa Shivji refere, a presença de uma tradição de engajamento e de utilidade social do conhecimento: 'muitos de nós constatámos em privado ou nos nossos gabinetes uma tendência inquietante: a degradação dos standards de ensino e de investigação na Universidade. Devemos reconhecer que o ensino é cada vez mais negligenciado e os conteúdos programáticos, as organizações das disciplinas raramente são discutidas e examinadas seriamente. Como resultado, a pesquisa séria desapareceu praticamente. Os nossos trabalhos respondem, sem espírito crítico algum, às exigências dos nossos financiadores, as agências estrangeiras.' Desagradado com a situação de extrema dependência, Shivji questiona-se sobre o paradeiro das reflexões intelectuais sobre os movimentos de conjunto da sociedade, alertando para o risco de as lutas perderem sentido e força (1991: 24).[26]

Mas convém aprofundar um pouco os processos de ligação científica de Moçambique ao mundo moderno, onde o primeiro ministério dedicado à ciência e tecnologia apenas foi estabelecido ao virar deste milénio.

As mudanças políticas que marcaram a viragem do país a partir de finais da década de 80, não podem ser dissociados da afluência de inúmeras organizações internacionais e, mais tarde, da emergência e desenvolvimento de várias organizações sociais nacionais. É fundamental referir que, durante este período e inícios da década de 2000, foram fundadas várias organizações não-governamentais (ONGs) moçambicanas, associações, institutos e centros de estudo sem fins lucrativos, virados para interesses específicos em várias áreas— justiça, meio ambiente, saúde, mulher e diferença sexual, democracia, desenvolvimento e terra, apenas para citar algumas—que, no âmbito das suas actividades, promovem e realizam estudos e discussões com impactos relevantes para a política científica. No mesmo período, impuseram-se também empresas de consultoria nas mais diversas áreas, que realizaram estudos e consultoria numa base lucrativa e dentro de um espírito empresarial. Importa, pois, não descurar o impacto destas empresas, juntamente com algumas ONGs (vocacionadas para estudos em áreas específicas) no ambiente científico do país: por um lado, ao oferecerem aos investigadores empregados no sector público e aos recém-graduados oportunidades de emprego—normalmente bem remuneradas—contribuem para uma 'fuga de cérebros interna'; por outro lado, ao realizarem grande parte dos seus trabalhos com financiamento assegurado (embora limitado em termos das possibilidades de colheita de informação de base) e quase sempre de proveniência externa, constituem mais uma forma de competição com as instituições de investigação e de ensino, principalmente as públicas (Silva et al., 2002). Como consequência, tem-se vindo a desenvolver uma miríade de projectos e programas de investigação, sem que haja um sistema nacional de ciência no país; com isto, as instituições de pesquisa científica têm deixado de utilizar a incipiente rede de contactos existente na busca de soluções para problemas relativos ao desenvolvimento do país. As mudanças políticas ocorridas desde o início da década de 1990, e que significaram um afastamento em relação à 'revolução socialista', traduziram-se na aplicação de várias refor-mas neo-liberais no país, muitas das quais impostas por agências internacionais (como o Banco Mundial), para as quais o apoio técnico, o conhecimento, a produção e a partilha de saberes são hoje consideradas as áreas centrais de intervenção (Stiglitz 1999; Mehta 2001). A ciência-como-mercadoria permanece o vector central de subordinação do 'Sul' ao 'Norte', através da metáfora do desenvolvimento unidireccional, relacionamento este que reflecte a assimetria entre o 'Norte' e o 'Sul': doador/recipiente; desenvolvido/subdesenvolvido;

conhecimento/ignorância; ensinar/aprender; pensar/actuar; recomendar/seguir; desenhar/implementar.

O sentido da ideia de desenvolvimento até agora aplicada no país contém em si a noção de que é o 'Norte' que, tal como no passado, detém o conhecimento; que é o 'Norte' quem garante que a ciência suplantará a superstição e o obscurantismo, trazendo o bem-estar a todos os que sofrem de várias carências: ausência de uma ética ambiental apropriada e de planos de sustentabilidade a longo prazo; incapacidade de desenvolver experiências, etc. A estes discursos sobre o desenvolvimento é comum a ênfase na diferença entre o conhecimento especialista e os modos locais de conhecimento; são discursos que acentuam e aprofundam o contraste: racional/mágico(religioso), universal/particular, teórico/prático, moderno/tradicional. Estas dicotomias são extremamente poderosas, condicionando o modo de argumentação e privilegiando uma forma de saber em detrimento de outra(s).

Num país pobre, como Moçambique, estas questões são centrais e deveriam traduzir-se numa política mais afirmativa de identidade cultural, através de um exercício de participação cidadã nas políticas do conhecimento. Mas a cultura da consultoria, dos especialistas importados[27], tem tido como consequência o reforço de abordagens elitistas e tecnocráticas da ciência e do saber, sendo a participação e a consulta às comunidades vistas meramente como uma concessão ao princípio da democracia, não sendo, de facto, compreendidos como mecanismos necessários ao desenho e implementação de uma política coerente de desenvolvimento. Acentua-se assim—a uma escala nacional e internacional— a separação entre os 'pensadores' e os 'sujeitos' a quem cabe aplicar esses conhecimentos, entre os que propõem reformas e os que as implementam. Esta abordagem reafirma a tradição de localizar os problemas do alvo destas políticas e nunca do lado de quem as diagnostica e planifica, e, ainda menos, dos que as financiam.

A questão do financiamento da investigação e do ensino superior permanece central. Num país como Moçambique, o financiamento universitário, num contexto de profundo endividamento e de dependência das instituições de Bretton Woods, levanta sérios problemas aos que o patrocinam, pois a maioria dos investidores internacionais estão interessados numa diminuição do papel do estado na gestão das sociedades nacionais. Desta atitude à privatização das universidades pouca distância resta. Por outro lado, há que ter em atenção o desinteresse demonstrado por várias instâncias governativas na participação de intelectuais na formulação de políticas públicas. A incompreensão geral sobre o papel da universidade—quer aos olhos dos financiadores externos, quer dos políticos internos—tem produzido um sentido geral de que as universidades em África são supérfluas, facto que tem levado à diminuição da alocação de fundos, à preferência por institutos superiores especializados, sem recurso à investigação, ou seja, à crise da maioria das universidades africanas.

Esta realidade não é única. Como Santos refere (2004), a perda de prioridade da universidade pública nas políticas públicas do Estado aconteceu, em vários locais do mundo, como resultado da perda geral de prioridade das políticas sociais (educação, saúde, previdência) induzida pelo modelo de desenvolvimento económico conhecido por globalização neo-liberal que, a partir da década de 1980, se impôs internacionalmente.

Tal é o estádio em que ainda hoje nos encontramos, quando o debate se centra sobre a possibilidade de se patentear o conhecimento, ou seja, sobre a mercantilização do saber.

De facto, a colonização não se exerce apenas através da extracção de bens e de recursos; é uma relação de poder profundamente imbricada na produção e na criação de um mercado de conhecimento que assegure a hegemonia ocidental através de um consentimento gerado em conjunto com as vítimas do próprio sistema colonial.

Com o fim do sistema de dominação colonial, a procura de uma resposta sobre se a estrutura universitária estava adequada às situações africanas e correspondia às necessidades do continente: exigia responder a questões sobre o papel dos intelectuais africanos na definição do papel da universidade, sobre quem definia e implementava o que era africano, assim como quem interpretava e defendia os ideias da universidade.

Esta endogeneização tem exigido uma hábil política que permita separar o contexto cultural dos contextos 'raciais' que definem a africanidade, por forma a tornar o conceito mais flexível e inclusivo. Neste sentido, a possibilidade de reconciliação da ideia de Universidade pública—sempre com um certo grau de universalismo—com as exigências particulares ao conhecimento produzido em e sobre África, resulta extraordinariamente pertinente. Os intelectuais críticos africanos não são neutros, a sua identidade académica não é fixada apenas pelo treino académico formal frequentemente apelidado de universal; pelo contrário, as suas reflexões e as suas práticas académicas reflectem o seu engajamento face aos desafios específicos de cada país, com a vantagem de estarem situados no continente africano, informados da experiência social e histórica da região.

A africanização da universidade pressupõe o trabalhar de vários saberes e a procura de novas direcções e alternativas no espaço académico, facto que se contrapõe a um conceito hegemónico ocidental sobre a universidade, referencial este que assume e pretende definir 'standards de qualidade' assentes em matrizes impostas pelo Norte. O alerta sobre esta armadilha surge de forma explícita no trabalho de Ekeh: 'Em cada nação africana pós-colonial, os africanos educados no ocidente [...] têm-se vergado para mostrar que os seus standards de educação e administração são tão bons quanto os dos ex-colonizadores [...]. Estes 'standards elevados' são invariavelmente definidos em função dos standards das antigas nações coloniais' (1975:101-102).

Os standards de qualidade universitária, hoje defendidos como universais pelas instâncias económicas internacionais (como é o caso do Banco Mundial), são apresentados como centrais para assegurar a conversão e a acreditação dos cursos. Apesar de parecer um conceito inovador, a ideia dos standards de qualidade associados a universidades de referência é central à ciência colonial. Os standards de qualidade são, pois, um conceito regulatório colonial. Encorajando o mimetismo, abafam a criatividade e a inovação, e podem mesmo mudar as atenções de importantes trabalhos intelectuais, garantindo a perpetuação da dominação sobre o continente.

Embora a perda de autonomia interna (por pressão de doadores, ou mesmo por quadros que perpetuam a dinâmica de pesquisa instalada com a universidade colonial) seja um risco, a defesa dos interesses e das qualidades académicas das universidades do sul exigem uma defesa cada vez maior, reflexo dos objectivos intelectuais da universidade.

A autonomia universitária, significa a autonomia da universidade como conjunto académico, justificada pela qualidade e pela dedicação de intervenção social que esse conjunto exerce na sociedade.

Conclusão

O mosaico cultural que é Moçambique é um indicativo claro da riqueza de saberes que o país possui. Todavia, hoje em dia, quando falamos de saberes, a perspectiva dominante atribui à ciência um carácter central, sendo o conhecimento local, tradicional, descrito como alternativo ou periférico. Tal situação é reflexo do processo histórico que o país atravessou durante os últimos séculos. Ao longo do tempo, as constelações de saberes foram desenvolvendo formas de articulação entre si e hoje, mais do que nunca, importa construir um diálogo dialógico de engajamento permanente, articulando as estruturas do saber moderno/científico/ocidental às formações nativas/locais/tradicionais de conhecimento. O desafio é, pois, de luta contra uma monocultura do saber, não apenas na teoria, mas como uma prática constante do processo de estudo, de pesquisa-acção. O futuro não está no retorno a velhas tradições, pois nenhuma tecnologia ou forma de saber é neutra: cada uma carrega consigo o peso do modo de ver e estar com a natureza e com os outros. O futuro encontra-se, assim, na encruzilhada dos saberes e das tecnologias por estes geradas.

Na procura de um encontro solidário entre saberes, importa ter em mente que a expansão colonial não se ficou apenas pelos campos económico e político, e muito menos terminou com o fim dos impérios coloniais. Por isso, importa avaliar, no conjunto, como é que este 'Sul' foi e continua a ser afectado por este processo de colonização, por forma a lançar as bases de um novo paradigma científico, onde os diferentes saberes terão lugar, todos eles possivelmente relacionados e legitimados por quem a eles recorre e os consagra como forma de poder. Este 'Sul', o recuperar de outros conhecimentos sobre a natureza e a sociedade, só será possível se questionarmos ontologicamente as raízes epistemológicas da ciência moderna.

Esta posição parte da ideia de que a diversidade epistemológica do mundo é potencialmente infinita, pois todos os conhecimentos são contextuais, sendo cada vez mais evidente que o que temos são constelações de conhecimentos, formando redes complexas de saberes. Pensar o pós-colonial como um momento de abertura à diversidade epistemológica do mundo passa necessariamente por um estudo da pluralidade de saberes que informam as práticas sociais e o modo como esta pluralidade (que se cruza, confronta, reinterpreta, etc.) se repercute na ciência moderna em geral, e nas ciências sociais em particular.

Como alternativa, defendemos ser necessário promover uma nova consciência epistémica, que permita relacionar as diferentes formas de saberes, produzindo inter-conhecimentos, ou seja, tratando o debate sobre o saber como uma questão de justiça social. Este processo só será possível trabalhando com as comunidade, locais e com os povos indígenas do mundo, promovendo formas de protecção do seu saber de forma mundialmente consensual[28]. O retorno a uma atitude de questionamento e debate permanente e aberto sobre o sentido e a aplicação destes diferentes saberes é, pois, uma necessidade cada vez mais urgente. Esta atitude exige uma abertura a outro tipo de questionamento e participação através das experiências e dos conhecimentos técnicos, por forma a constituir uma rede de intervenção onde todas as formas de conhecimento e múltiplos actores possam construtivamente participar.

O estudo de África e sobre África é um espaço de contestação teórica, onde convergem as complexas relações entre África e o 'resto' do mundo. A produção de conhecimento não é uma mera questão académica, mas sim uma atitude política, onde se debatem as várias tendências sobre o que África deve ou não deve ser[29]. O ignorar da reflexão académica em África por parte do 'Norte', as atitudes paternalistas sobre estes temas, as referências sobre a ignorância da contraparte e sobre a relevância de determinados temas são apenas algumas das formas da perpetuação da desqualificação por parte do 'Norte' (que frequentemente é parte do 'Sul'). A exigência é contra a perpetuação do uso de 'África' como um caso de estudo, dentro de um campo teórico produzido pelo Norte, para justificar a posição hegemónica de uma determinada construção analítica. É preciso aprender a partir do sul e com o sul. É neste sentido que Santos defende que uma epistemologia do sul deve assentar em três orientações: aprender que existe o sul; aprender a ir para o sul; aprender a partir do sul e com o sul (2000:342). Precisamos de aprender a trabalhar na mesma direcção e em conjunto, o que não significa, de modo algum, que trabalhemos em uníssono. O exercício de 'descolonização' terá de afectar ambos os lados: os investigadores africanos não podem continuar a ser os informadores privilegiados dos colegas do 'Norte' (estereotipado na famosa 'biblioteca colonial'), e os investigadores externos têm de aceitar as relações horizontais dentro das equipas de trabalho, convergindo as perspectivas críticas de análise. Só assim será possível iludir a cortina de invisibilidade que pesa sobre a academia africana[30]. É altura de ultrapassar o preconceito de que os nativos não sabem, apenas fornecem informação ao norte académico. Mas a construção deste novo paradigma passa, necessariamente, por várias lutas, a primeira das quais consiste no ultrapassar de um complexo de inferioridade em relação ao saber 'do norte'. Este processo encerra em si uma dupla ruptura epistémica: com o complexo de inferioridade reflexo da colonialidade do poder, e com a força hegemónica da ciência moderna, que continua a defender o seu lugar como o veículo por excelência de promoção do progresso, agora rotulado de 'desenvolvimento'.

Em contextos pós-coloniais, a 'universidade' terá de se reinventar como um espaço pluriversal, não apenas na composição dos seus professores (transdisciplinaridade) mas também na abertura a todos os saberes, ao facto de ser um local de abertura a novos saberes, a novas aprendizagens. A autonomia e a liberdade são factores essenciais à ideia de universidade, mas não como noções desposadas de deveres e obrigações. O processo de saber-acção realizado pela universidade tem de ser parte activa de um processo amplo identitário, fruto de uma relação mais próxima com o governo a sociedade civil, justificando a sua existência e as exigências que coloca à sociedade.

A actual geração de graduados, formados em instituições do continente e predominantemente por investigadores africanos, parece cada vez mais decidida a interpretar a 'endogeneização' da universidade no cruzamento de uma perspectiva interna, com os resultados de processos semelhantes ocorridos noutras regiões do mundo. Nos 30 anos que passaram desde o início do grande movimento pela independência política do país, várias são as mudanças visíveis no ambiente universitário. A nova geração, por exemplo, é mais cuidadosa no questionamento da responsabilidade da crise africana a factores unicamente externos, procurando identificar os estrangulamentos e limitações ao desenvolvimento, assumindo uma atitude crítica e alerta face às imposições externas. Esta posição surge como antídoto a uma posição estruturalista rígida imposta pela análise externa sobre as dinâmicas subjacentes às mudanças sociais, embora também não seja isenta de problemas.

Em suma, uma universidade cada vez mais moçambicana terá de ser uma instituição que pesquise temas de interesse particular ao país, que desenvolva redes e paradigma, conceptuais a partir da realidade da região e que promova a inovação nas metodologias de pesquisa (Macamo 2004). O saber necessário ao crescimento e desenvolvimento tem de estar ancorado em múltiplas realidades, no reconhecimento de uma pluralidade de saberes que importa respeitar e interligar, ao mesmo tempo que se combate qualquer tendência hegemónica. Só este tipo de saber será verdadeiramente autêntico, porque assente e possuído por quem dele necessita, num processo em que, em simultâneo, actuam vários conhecimentos.

Notas

1. O questionamento do papel hegemónico da ciência moderna, numa perspectiva multicultural, tem ocorrido a dois níveis: quer a partir de dentro da própria ciência, através, por exemplo, dos estudos culturais da ciência e das perspectivas feministas; quer a partir dos fluxos e refluxos do relacionamento entre a ciência e outros saberes, ou seja, a partir da 'periferia' da ciência (Mama, 2004; Santos, Meneses e Arriscado Nunes, 2004). Esta última posição tem conhecido um desenvolvimento significativo, em contextos pós-coloniais, em torno da dicotomia 'tradicional-moderno'.

2. O 'Sul' exprime todas as formas de subordinação a que o sistema capitalista mundial deu origem: expropriação, supressão, silenciamento, diferenciação desigualdade, etc. O 'Sul' significa a forma de sofrimento humano causado pela modernidade capitalista (Santos 2000:341), incluindo, por isso, toda a experiência histórica subalternizada dentro do próprio mundo Ocidental.

3. O Norte é aqui usado como símbolo de uma construção imperial.

4. Parte significativa dos debates filosóficos no campo das ciências sociais tem sido conduzida como resultado de uma oposição entre a ciência—enquanto conhecimento dominante—e os conhecimentos periféricos, activos, marginais, em Moçambique, normalmente apelidados de tradicionais pela ciência hegemónica.

5. Mais do que qualquer outra instituição, o estado pós-colonial africano contribuiu decisivamente para a criação de universidades públicas onde ainda hoje se desenvolve grande parte da pesquisa e do ensino. A história da pesquisa em África está intimamente ligada à emergência destas universidades que são, elas próprias, um produto do processo de independência nacionalista. Se no sub-continente africano existiam menos de 10 universidades nos anos 60, hoje este número ultrapassa as 300 (em 1996 a região sub-sahariana contava com 120 universidades, correspondendo a um universo frequentado por 3 a 4 milhões de estudantes; tendo em atenção as universidades sul-africanas, algumas das quais foram criadas ainda no séc. XIX), trata-se de uma cifra expressiva (Teferra e Altbach 2003). Todavia, convém referir que quase metade das universidades centrais africanas estão concentradas na Nigéria, África do Sul e Egipto (Sall 2003). Moçambique, à época da independência, contava com uma universidade apenas, frequentada principalmente por filhos de colonos. Hoje, Moçambique conta com mais de 10 instituições de ensino superior. Todavia o sistema de educação terciária em África, apesar desta mudança, é apenas frequentado por cerca de 3% dos que poderiam ter acesso a este nível de educação, uma situação que merece reflexão por forma a ser modificada.

6. Moçambique assumiu, logo após a independência, a luta contra o regime minoritário da Rodésia do Sul (actual Zimbabwe), bem como contra o sistema de apartheid sul-africano. A campanha de desestabilização dirigida por estes países contra Moçambique resultou em profundos gastos humanos e económicos.

7. Criada no início da década de 60, esta universidade seria designada inicialmente de Estudos Gerais e mais tarde de Universidade de Lourenço Marques. No pós-

independência seria renomeada em honra do primeiro presidente da Frelimo, movimento nacionalista que levou a cabo a luta pela independência nacional.

8. Altura em que, devido a um golpe de estado, o governo colonial-fascista português foi derrubado.

9. Apesar das repetidas declarações do Estado português sobre a sua especificidade não-racista e de assimilação, assistia-se a uma prática efectiva de políticas de discriminação cultural. Em Moçambique, no campo da educação, só uma pequena minoria de africanos negros tinha acesso à Universidade à época da independência do país.

10. Na mesma altura funcionou na Universidade uma Faculdade de Marxismo-Leninismo, criada para assegurar a formação 'ideológica' dos estudantes; posteriormente seria aberta uma Faculdade de Educação visando a formação de pessoal docente para todo o país. Foi também criada uma outra faculdade, a dos Antigos Combatentes e Trabalhadores de Vanguarda, cujo objectivo central era a formação de quadros para o partido. Estas faculdades seriam extintas na década de 90, com a reestruturação da Universidade. Outras instâncias, anteriormente independentes, como o Arquivo Histórico, o Museu de História Natural, etc. seriam integrados na estrutura da Universidade.

11. Convém referir que só se considerava ciência a área das ciências aplicadas. As ciências sociais pouco tinham a contribuir por este processo, reduzindo-se o seu papel à formação de professores, elemento central na formação do 'homem novo'.

12. Moçambique integra o grupo dos países mais pobres do mundo.

13. O grande desafio a esta situação, e que se poderá considerar o grande momento pan-africano no afirmar das ciências sociais no continente é marcado pela formação do CODESRIA (Conselho para o desenvolvimento da pesquisa em ciências sociais em África) em 1973.

14. Complexo Agro-Industrial do Limpopo.

15. Instalação de um complexo industrial dedicado à produção de alumínio na zona do grande Maputo.

16. Numa situação em que o maior 'empregador' de quadros com formação superior é o estado, o diploma funciona, de facto, como um capital de promoção política. Em simultâneo, funciona também como vector de exclusão face às posições dissonantes. Com efeito, são inúmeras as referências pouco abonatórias aos académicos africanos, acusando-os de serem os 'cavalos de Tróia do ocidente' (Verhaegen 1995).

17. Este regime de repressão académica viria a produzir uma 'cultura de silêncio', que apenas começaria a ceder em meados da década de 90. Dos vários factores que possibilitaram esta mudança (abertura multipartidária, nova vaga de intelectuais doutorados formados no continente, etc.) é de referir o facto de o CODESRIA publicar anualmente (desde 1989) um relatório anual sobre o 'estatuto da liberdade académica' em África. Finalmente, é de referir a 'Declaração de Kampala sobre a liberdade académica', manifesto do movimento africano universitário como recusa a um papel de 'neutralidade'.

18. A situação de guerra civil que o país conheceu até 1992 castigou duramente o sector educativo a todos os níveis: não só imensas escolas tinham sido destruídas, como os custos envolvidos na manutenção do exército levaram a uma depauperação da situação económica do sistema educativo.

19. Os fracos salários praticados pela função pública face aos oferecidos pelos ONGs e pelo sector privado são um dos factores centrais de drenagem de cérebros universitários no interior do país.

20. Em 1990 o país contava com apenas 5 doutorados, sendo 1/3 do corpo docente composto de estrangeiros.

21. Em 1991 havia já no país 3 instituições de ensino superior, todas públicas, frequentadas por cerca de 4.000 alunos; em 2001, a população universitária em Moçambique era já de cerca de 14.500 estudantes (Lind e Igboemeke 2002); actualmente são mais de 17.000 (incluindo esta soma os estudantes universitário do sistema público e do privado).

22. Como solução foram propostas acções afirmativas, com a atribuição de lugares cativos para os estudantes provenientes dessas regiões (sujeitos a uma avaliação diferenciada nos processos de acesso à UEM). De referir que em 2002 surgiu no Kenya a primeira universidade para mulheres (Kiriri Women's University of Science and Technology), justificando-se esta decisão pelo facto de as instituições quenianas de ensino superior não estarem decididamente engajadas numa política que garanta o acesso equitativo das mulheres à universidade.

23. A abertura multipartidária foi concebida como uma multiplicação de espaços de discussão política, reproduzindo o status quo de partido único. Esta criação de inúmeros partidos 'únicos', resultou na extrema fragilização da capacidade de renovação ideológica, inibindo a produção de uma análise política mais profunda e crítica da situação por parte da academia, que retrocedeu em termos de participação política activa.

24. Os custos das propinas nestas instituições são normalmente 5 a 10 vezes superiores aos das universidades públicas.

25. Nalgumas das instituições terciárias privadas, programas orientados para o mercado tendem a pretender substituir matérias disciplinares centrais, ou mesmo a importar currícula cuja importância é quase nula no contexto moçambicano, como é o caso dos cursos de direito que reproduzem a estrutura curricular portuguesa.

26. UDASA Newsletter Fórum, 13

27. O relatório das Nações Unidas (UNDP 1994) refere explicitamente que os custos e a expansão da empresa de consultoria internacional tem conhecido um grande aumento, especialmente em África.

28. Ou seja, tornando possível articular, de forma dialogante, vários regimes de conhecimento.

29. Sejam elas produto de consultores internacionais, de governos nacionais, etc.

30. É paradoxal a análise dos artigos publicados sobre África: na academia do 'Norte', predominam as últimas referências e dados mais antigos; nos trabalhos produzidos

por investigadores a trabalhar nas universidades africanas, as referências são mais antigas, mas os dados são actuais. Além do mais, tal como para o caso da América Latina, uma análise dos trabalhos produzidos sobre a região aponta para a presença de um núcleo de 'especialistas' sobre o tema, na maioria dos casos que nunca lá viveram e pouco lá trabalharam, investigadores estes que conduzem projectos de pesquisa onde o trabalho dos colegas locais é apenas referido e reconhecido em notas de rodapé.

Referências Bibliográficas:

Ake, C., 1993, 'Academic freedom and material base' in M. Diouf e M. Mamdani, eds., *Academic Freedom in Africa*. Dakar, CODESRIA.

Apffel-Marglin, F. e Marglin, S. A., eds., 1990, Dominating Knowledge: Development, *Culture and Resistance*. Oxford, Clarendon Press.

Cabral, A., 1974, *Textos políticos*. Porto, Afrontamento.

Chabal, P., 1997, 'Apocalypse Now? A Post-Colonial Journey into Africa'. Inaugural lecture, delivered on 12 March 1997 in King's College, London. (http://www.kcl.ac.uk/depsta/humanities/pobrst/pcpapers.htm). 10 de Outubro de 2001.

Chachage, C.L.S., 2001, 'Higher education transformation and academic exterminism', *CODESRIA Bulletin*, Vol. 1-2, p. 3-10.

Diouf, M., 1993, 'Les intellectuels africains face à l'entreprise démocratique', *Politique Africaine*, Vol. 51, p. 35-47.

Dussel, E., 1994, 1492: *El encubrimiento del otro, hacia el origen del 'mito de la modernidad'*. La Paz, Plural Editores y Universidad Mayor de San Andrés.

Ekeh, P. P., 1975, 'Colonialism and the two publics in Africa: a theoretical statement', *Comparative Studies in Society and History*, Vol. 17, n° 1, p. 91-112.

Escobar, A., 1995, *Encountering Development*. Princeton, Princeton University Press.

Fry, P. e Utui, R., 1999, Promoting access, quality and capacity building in African Higher Education: the strategic planning experience at the Eduardo Mondlane University. Washington, ADEA Working Group on Higher Education.

Hountondji, P.J., ed., 1994, *Les savoirs endogènes: pistes pour une recherche*. Dakar, CODESRIA.

Kraak, A., ed., 2000, *Changing modes. New knowledge production and its implications for higher education in South Africa*. Pretoria, HSRC.

Lander, E., ed., 2000, *La colonialidad del saber: eurocentrismo y ciencias sociales—perspectivas latinoamericanas*. Buenos Aires, CLACSO.

Lind, A. e Igboemeke, A., 2002, *Overview study of high education subsystem in Mozambique*. Maputo, SIDA/SAREC.

Macamo, E., 2004, 'À procura do ponto de Arquimedes: o descontentamento e a sua modernidade', in B. S. Santos e T. Cruz e Silva, eds., *Moçambique e a Reinvenção da Emancipação Social*, Maputo, CFJJ, p. 267-276.

Machel, S.M., 1981, 'A escola é uma base científica', *Tempo*, n° 549, p. 37-42.

Machel, S. M., 1983, *A Luta contra o subdesenvolvimento*. Maputo, Partido Frelimo.

Mama, A., 2004, *Critical capacities: facing the challenges of intellectual development in Africa*. Inaugural Lecture Prince Claus Chair in Development and Equity, Institute of Social Studies, 28th April 2004. (http://web.uct.ac.za/org/agi/pubs/amina.htm). 17 de Abril de 2005.

Mamdani, M., 1993, 'University crisis and reform: a reflection on the African experience', *Review of African Political Economy*, Vol. 58, p. 7-19.

Mazrui, A., 1992, 'Towards Diagnosing and Treating Cultural Dependency: The Case of African University', *International Journal of Educational Development*, Vol. 12, p. 95-111.

Mehta, L., 2001, 'The World Bank and its emerging knowledge empire', *Human Organization*, Vol. 60, n° 2, p. 189-196.

Meneses, M.P.G., 2003, 'Agentes do conhecimento? A consultoria e a produção do conhecimento em Moçambique', in B.S. Santos, Conhecimento prudente para uma vida decente: 'Um discurso sobre as ciências revisitado'. Porto, Afrontamento, p. 683-715.

Mkandawire, T., 1997, 'The social sciences in Africa: breaking local barriers and negotiating international presence', *African Studies Review*, Vol. 40, n° 2, p. 15-36.

Mondlane, E. C., 1969, *The Struggle for Mozambique*. Harmondsworth, Penguin.

Mudimbe, V.Y., 1988, *The Invention of Africa*. Bloomington, Indiana University Press.

Olukoshi, A. e Zeleza, P.T., 2004, 'Introduction: the struggle for african universities and knowledges', in P.T. Zeleza e A. Olukoshi, eds., *African Universities in the 21st Century*. Dakar, CODESRIA, Vol. 1, p. 1-18.

Quijano, A., 2000, 'Colonialidad del poder y classificacion social', *Journal of World-Systems Research*, Vol 6, n° 2, p. 342-386.

Sall, E., 2003, *The Social Sciences in Africa: Trends, Issues, Capacities and Constraints*. SSRS Working Paper Series, 8. New York, Social Science Research Council.

Santos, B. S., 1999, 'Oriente: Entre diferenças e desencontros', Notícias do Milénio, *Diário de Notícias*, 08.07.1999, p. 44-51.

Santos, B. S., 2000, *A Crítica da Razão Indolente. Contra o Desperdício da Experiência*. Porto, Afrontamento.

Santos, B. S., 2004, *A Universidade no Século XXI: Para uma reforma democrática e emancipatória da Universidade*. São Paulo, Cortez.

Santos, B. S., Meneses, M.P.G. e Arriscado Nunes, J.A., 2004, 'Introdução: para ampliar o cânone da ciência—a diversidade epistemológica do mundo', in B.S. Santos, ed., *Semear Outras Soluções: os caminhos da biodiversidade e dos conhecimentos rivais*. Porto, Afrontamento.

Serequeberhan, T., 1994, *The Hermeneutics of African Philosophy: Horizon and Discourse*. New York, Routledge.

Silva, R. P; Cruz e Silva, T.; Barreto, J.; Bungala, C. e Mbofana, F., 2002, *Estudo sobre os sistemas de investigação científica em Moçambique*. Maputo, MESCT.

Stiglitz, J., 1999, *Public Policy for a Knowledge Economy. Remarks at the Department for Trade and Industry and Center for Economic Policy Research*. (http://www.worldbank.org/html/extdr/extme/jssp01799a.htm). 22 de Janeiro de 1999.

Teferra, D. e Altbach, D., 2003, *African Higher Education: an international reference handbook*. Bloomington, Indiana University Press.

UNDP, 1994, *Human Development Report 1993*. New York, Oxford University Press.

Verhaegen, B., 1992, 'The African University: evolution and perspectives', in V.Y. Mudimbe, ed., *The Surreptitious Speech. Présence Africaine and the Politics of Otherness 1947-1987*. Chicago, The University of Chicago Press, p, 333-343.

Visvanathan, S., 1997, 'A celebration of difference: science and democracy in India', *Science*, Vol. 280, p.42-43.

World Bank, 2001, *Constructing Knowledge Societies: New Challenges for Tertiary Education*. Washington, the World Bank.

Zeleza, P.T., 2004, 'Neo-liberalism and Academic Freedom', in P.T. Zeleza e A. Olukoshi, eds., *African Universities in the 21st Century*. Dakar, CODESRIA, Vol. 1, p. 42-68.

4

Incerteza e Identidade na Descrição da Realidade Social

Elísio Macamo

Resumo

Pretendemos abordar a questão da identidade lusófona partindo de dois pressupostos básicos. O primeiro pressuposto diz respeito à necessidade de tornar explícita a ideia de identidade lusófona implícita na identificação de elementos históricos comuns. O segundo pressuposto é mais concreto e está virado para a articulação de processos sociais e políticos na constituição da realidade social destes países e as possibilidades da democracia.

A abordagem aqui defendida parte do pressuposto segundo o qual o controlo efectivo dos efeitos da natureza bem como da acção social constitui um momento privilegiado da análise da génese de relações de poder. Uma compreensão abrangente e crítica dos desafios da democracia nos PALOP passa necessariamente por uma análise crítica do processo através do qual as relações de poder se constituem. A preponderância de altos níveis de vulnerabilidade natural e social em cada um dos países de língua oficial portuguesa em África sugere que esta abordagem pode proporcionar subsídios importantes para a compreensão dos desafios da democracia.

Introdução

Apesar de os países africanos de língua oficial portuguesa terem sido colonizados pela mesma potência europeia, nomeadamente Portugal, eles não têm a mesma história. Se é verdade que a política colonial portuguesa foi formulada dentro do mesmo contexto institucional e intelectual, não é menos verdade que a sua aplicação prática tomou em conta as especificidades sociais, culturais, económicas e, sobretudo, geográficas de cada uma das colónias. A língua portuguesa bem como o facto de estes países terem alcançado a sua independência muito mais tarde em relação aos outros países africanos confere aos primeiros uma identidade que carece ainda de maior precisão analítica e descritiva.

Pretende-se aqui abordar a questão da identidade lusófona partindo de dois pressupostos básicos. O primeiro pressuposto diz respeito à necessidade de tornar explícita a ideia de identidade lusófona implícita na identificação de elementos históricos comuns. Neste sentido, a pergunta que se coloca é de saber em que medida, e de que maneira, se pode falar duma identidade lusófona partindo da experiência de colonização pela mesma potência europeia? Que processos políticos e sociais ocorridos no seio dos PALOP nos permitem apreender estes países como uma unidade? Até que ponto é que essa unidade se presta a uma abordagem que tenha como base conceitos analíticos e empíricos comuns?

O segundo pressuposto é mais concreto e está virado para a articulação de processos sociais e políticos na constituição da realidade social destes países e as possibilidades da democracia. A ideia por detrás desta articulação consiste na possibilidade de isolar processos sociais e políticos específicos como, por exemplo, as formas de domesticação da incerteza / insegurança e ver até que ponto a partir da institucionalização da prevenção e intervenção se constituem esferas públicas. Dito doutro modo, até que ponto é que a necessidade de domesticar os efeitos da natureza bem como das consequências da acção social produz relações de poder? Que tipo de relações sociais resultam desse processo de domesticação? Como se legitima o controlo por determinados grupos sociais do poder e que relações de dominação e autoridade são daí resultantes?

A abordagem aqui defendida parte do pressuposto segundo o qual o controlo efectivo dos efeitos da natureza bem como da acção social constitui um momento privilegiado da análise da génese de relações de poder. Uma compreensão abrangente e crítica dos desafios da democracia nos PALOP passa necessariamente por uma análise crítica do processo através do qual as relações de poder se constituem. A preponderância de altos níveis de vulnerabilidade natural e social em cada um dos países de língua oficial portuguesa em África sugere que esta abordagem pode proporcionar subsídios importantes para a compreensão dos desafios da democracia.

Os conceitos de incerteza e de insegurança são usados aqui num sentido lato. Não se referem apenas a fenómenos naturais como, por exemplo, seca ou cheias. Referem-se também a processos directamente causados pela intervenção do homem, tais como guerras e má gestão económica. Nesta acepção, é possível olhar para os PALOP como uma unidade de análise, cuja coerência vem da forma como cada um deles procura, a partir da sua própria história colonial com referência portuguesa, domesticar processos naturais e sociais. É das variadas experiências de domesticação destes processos que se pretende ver até que ponto é possível identificar uma identidade lusófona que se constitui na tensão entre processos sociais e constituição duma esfera pública. Esta tensão é de extrema importância, pois ela dá um conteúdo à democracia que vai para além de aspectos formais como, por exemplo, a realização de eleições, e inclui o exercício legítimo de poder.

Contingência e Acção: Alguns Subsídios Sobre a Noção de Incerteza

O encontro entre europeus e a África está cheio de mal-entendidos. As experiências de missionários e exploradores são um belo testemunho desse facto. Um exemplo particularmente fascinante é proporcionado por Arthur Grandjean, um missionário suíço em Moçambique no século XIX. Grandjean não percebe muitas das coisas que os 'indígenas' fazem ou dizem, e eles também não o percebem. Fazem de conta que estão interessados no Evangelho, mas por vezes não conseguem esconder o seu interesse por coisas mais mundanas ler a este propósito o belo relato de Monier (1955). Grandjean reage com a mesma demonstração de incompreensão com que reage o administrador colonial de Wole Soyinka, na sua peça *Death and the King's Horseman* (1978) confundido pela determinação do indígena de se suicidar por uma questão de honra familiar.

Mal entendidos como este são de interesse sociológico. Eles mostram, por um lado, até que ponto a realidade social depende de contextos locais para ser inteligível. Na verdade, a realidade social representa uma ordenação sistemática de experiências locais e, nesse sentido, os fenómenos que lhe dão substância adquirem o seu sentido dentro do contexto duma experiência de base. Os indivíduos são capazes de participar nessa realidade e partilhar os significados que lhe são constitutivos porque, graças à sua própria experiência do quotidiano, eles participam na construção dessa realidade. Por outro lado, mal entendidos são formas úteis de nos recordarmos do facto de darmos muita coisa do quotidiano por adquirido. Esta constatação confirma uma observação fenomenológica sobre a importância da atitude natural para a possibilidade da interacção social. Os indivíduos não se podem permitir ao luxo de ver as coisas da vida como se as vissem pela primeira vez. Uma boa parte da interacção social baseia-se na suposição segundo a qual os indivíduos vêem as coisas da mesma maneira.

No caso dos mal-entendidos aludidos mais acima, eles ocorreram porque os europeus não dispunham duma experiência que teria tornado a realidade social indígena inteligível. Não podiam partilhar de nenhum acervo local de conhecimento e, por essa razão, não estavam em condições de dar sentido ao que viam. É importante a este propósito reter, contudo, a ideia de que apesar da existência—ou mesmo da inevitabilidade—destes mal entendidos, a interacção social não pára. A sociologia convencional parte do pressuposto segundo o qual a vida social constitui uma realidade ordenada. A insistência nesta ideia pode conduzir à convicção de que na ausência de normas, nenhuma interacção social é possível. A sociologia fenomenológica, por sua vez, faz da ausência dum quadro normativo de referência um problema eminentemente sociológico que precisa de ser explicado.

Alfred Schütz e seus seguidores, nomeadamente Peter Berger and Thomas Luckmann, sugerem uma forma bastante útil de colocar o problema. Em sua opinião, os indivíduos traduzem, em tudo quanto fazem no seu dia-a-dia, situações problemáticas em situações não problemáticas. No centro desta preocupação está a ideia de que os indivíduos reflectem a sua situação, tipificando papéis e funções. O problema da ausência de contextos normativos partilhados é ultrapassado com recurso a estratégias comunicativas que têm como fim domesticar a incerteza. A incerteza é, pois, não saber como agir numa determinada situação. É o que em sociologia se convencionou chamar de 'problema da contingência' amplamente discutido por Niklas Luhmann e Talcott Parsons. O problema da contingência alerta-nos, resumidamente, para a fragilidade da interacção social. Em qualquer situação de interacção social há sempre um elemento de incerteza em relação aos seus resultados. Agir socialmente é uma obra imanente, em permanente construção. Agimos até ordens em contrário.

A experiência africana da modernidade é de processos constantes de transformação. Esta transformação impede os indivíduos de darem a sua realidade social por adquirida. Noutros termos, os indivíduos em África experimentam a contingência da vida social como parte constitutiva do seu quotidiano. Em certa medida, portanto, o problema da contingência parece constituir o ponto de partida para qualquer descrição ou análise da realidade social em África.

Este ponto de partida necessita de uma noção de acção social suficientemente abrangente que se refira, por um lado, a respostas directas às acções dos outros e, por outro, à ignorância. No primeiro caso estamos em presença daquilo a que se referia Max Weber quando falava da acção social com significado, enquanto que no segundo pesam aspectos estruturais, isto é, o contexto em que a acção tem lugar sem que os intervenientes tenham dele consciência. Em situações de contingência, os indivíduos recorrem ao contexto para produzirem a interacção. No caso específico do encontro entre europeus e africanos, por exemplo, podemos identificar vários recursos que foram usados para a produção desse contexto. Um recurso importante foi o que alguns, por exemplo, Said (1979), Mudimbe (1988), chamaram de 'poder discursivo'. A forma como os europeus procuraram legitimar a sua presença em África pode ser vista, na verdade, como um momento na produção de contextos de acção com o objectivo primordial de dar sentido ao que os outros faziam e, dessa maneira, reduzir a incerteza na acção. Ver formas africanas de pensamento como manifestações duma mentalidade pré-lógica, como, por exemplo, (Lévy-Bruhl 1963), era uma maneira de integrar os elementos estranhos da acção africana numa historicidade europeia que lhes dava inteligibilidade. Mesmo da parte africana podemos encontrar estratégias mais ou menos semelhantes, cujo sentido reside justamente no esforço de redução da incerteza. Com efeito, não é por acaso que alguns estudiosos defendem a ideia de que muitos aspectos do quotidiano africano são uma resposta à política de poder europeia. Assim, os rumores, por exemplo, são vistos por Louise White como uma crítica da modernidade e pelo casal Comaroff (2001) como crítica contra o capitalismo. Bayart (2000) analisa uma boa parte dos fenómenos sociais africanos como momentos da instrumentalização da dependência, ecoado ligeiramente por Chabal e Daloz (1998) que vêem, pelo contrário, a instrumentalização da desordem.

O objectivo desta breve discussão não é de oferecer uma nova descrição do colonialismo, mas sim de chamar a atenção para um aspecto muito importante da estrutura e conteúdo da interacção social: primeiro, os indivíduos precisam de partilhar um conjunto de entendimentos sobre o social para que a interacção seja possível; a questão que se coloca, contudo, é de saber o que acontece quando estes entendimentos não existem. A descrição sociológica começa justamente aqui. Segundo, não é por falta de entendimentos partilhados que a interacção falha. Neste sentido, a pergunta que se insinua é de saber que estratégias são usadas pelos indivíduos para produzir esses entendimentos. Uma resposta importante dada por certos sectores da sociologia a esta questão é de que, na verdade, o entendimento partilhado não é absolutamente necessário, mas sim os métodos através dos quais os indivíduos ganham a certeza de saber como agir. É através deste processo que os indivíduos ganham uma certa noção de ordem, ordem essa que vem das suas construções resultantes da interacção. Conforme muito bem observaram Zimmerman e Wider (1970:286-290), dois defensores da etnometodologia, a ordem é '... a practical accomplishment of the everyday interactions of members of a group'. Garfinkel coloca a questão de forma ainda mais dramática: a estrutura social, papéis e instituições não são propriedades da realidade social, mas sim 'emergent properties of human interaction', isto é, propriedades emergentes da interacção.

Sociologia do Risco

Quando o sociólogo alemão Ulrich Beck publicou o seu livro sobre a sociedade de risco (1986), tocou em dois nervos extremamente vitais. Primeiro, ele deu eco a um certo mal-estar social em relação aos riscos da tecnologia. Na Alemanha, onde a noção de risco foi debatida com um certo ardor, o livro de Beck encontrou um terreno ideal para se desenvolver, tendo entrado directamente para jornais e departamentos de sociologia como um conceito respeitável. Segundo, Beck articulou, na verdade, um problema sociológico perene, nomeadamente a questão de saber o que faz a coesão de sociedades modernas, assunto que, como é fácil de depreender, está directamente ligado à questão da incerteza. Com efeito, muitos dos clássicos da sociologia, desde Durkheim passando por Simmel até Weber, podem ser lidos como tentativas de resolução deste problema.

A noção de risco parecia adequar-se perfeitamente para encontrar uma resposta a esta questão, uma vez que era vista como uma expressão dum aspecto central duma sociedade moderna. Anthony Giddens, por exemplo, abraçou o conceito de risco e identificou-o com a sociedade moderna, à qual considerou, juntamente com Beck e Lash (1994), sociedade de risco. Antes da adopção da noção de risco, os assuntos que eram abordados nesta perspectiva caíam sob a alçada do conceito de 'insegurança'. O sociólogo alemão Franz-Xaver Kaufmann, por exemplo, escreveu muito sobre a forma como a sociedade moderna lida com a insegurança, tendo identificado os sistemas de segurança social como mecanismos através dos quais isso era feito (1973). Algumas das constatações por ele feitas foram ainda mais elaboradas por François Ewald (1993), que se afastou um pouco da ideia de lidar com a insegurança e identificou o estado previdência com poder, controlo e disciplina. Nos anos oitenta, Helga Nowotny (1989) olhou para a apropriação racional da natureza através da ciência como a estratégia dominante de lidar com a insegurança.

Deborah Lupton (1999) identificou três abordagens no estudo do risco que nos parecem cobrir este campo perfeitamente. São elas (a) a realista, (b) o construcionismo fraco e (c) o construcionismo forte (p.35). Trata-se de abordagens epistemológicas no estudo da natureza do risco e como as sociedades lidam com ele. Enquanto que as abordagens realistas partem do princípio de que riscos existem de forma objectiva na natureza, as abordagens construcionistas defendem a ideia de que os riscos existem apenas na forma como são apreendidos pelas sociedades. As abordagens construcionistas fracas aceitam, tal como as abordagens realistas, que os riscos existem objectivamente, mas defendem a ideia de que debates sociais e culturais assim como conflitos sobre a natureza de perigos constituem-nos como realidades objectivas e tornam-nas visíveis ao cientista social. As abordagens construcionistas fortes, pelo contrário, argumentam que não há nada objectivo em relação aos riscos uma vez que estes são uma função da forma como as sociedades articulam ansiedades e preocupações.

As abordagens construcionistas são de relevância directa para esta contribucâo, em dois sentidos. Primeiro, o risco pode ser visto como uma construção social. Neste sentido, o risco surge como objectivação de ameaças à vida humana que ganham contorno em debates sociais. Niklas Luhmann (1995) enfatizou este ponto com força na distinção analítica que faz entre perigo e risco. Trata-se duma distinção que tem a ver com a estrutura de decisões. Perigo, é para Luhmann, referente a fenómenos que ocorrem sem agenciamento humano consciente enquanto que o risco implica cálculo da parte dos actores sociais. Dito doutro modo, os riscos são socialmente construídos na medida em que se trata de perigos socialmente calculados. Acidentes nucleares, por exemplo, são no contexto duma sociedade tecnologicamente avançada riscos no sentido de Luhmann porque a decisão de usar energia nuclear toma em consideração a ocorrência potencial de desastres dessa natureza e a consciência dessa possibilidade obriga os actores sociais a tomarem medidas que procuram reduzir os efeitos ao mínimo possível. A utilidade desta distinção que Luhmann faz está na ênfase que ele coloca sobre a acção social. Na verdade, ele convida-nos a ver riscos numa perspectiva dinâmica como a intervenção de actores ou sociedades na natureza para a tradução de perigos. Dito doutro modo, Luhmann defende a ideia de que o risco deve ser visto numa perspectiva positiva como algo que as pessoas produzem conscientemente com vista a tornar a vida possível. Conforme a etnometodologia ou mesmo o interaccionismo simbólico já demonstraram (vide Garfinkel 1967; Blumer 1986), uma boa parte da vida social é contingente. A produção de risco ajuda-nos a lidar com esta contingência.

O segundo aspecto relevante da abordagem construcionista é a ideia de que o risco é algo específico a um certo tipo de sociedade. Enquanto Mary Douglas, por exemplo, partia do princípio de que arriscar era uma condição antropológica geral (vide Douglas 1992; Douglas & Widavsky 1982), a sociologia do risco tem a tendência de identificar o risco com a sociedade moderna. Wolfgang Bonss (1995), por exemplo, é de opinião que o reconhecimento do risco depende do conhecimento científico. Onde esse conhecimento não existe, não pode haver risco. Com efeito, ele distingue entre insegurança e incerteza e argumenta que o risco é uma resposta à insegurança, enquanto que a magia é uma resposta à incerteza.

Ulrich Beck e Anthony Giddens trilham as mesmas avenidas conceptuais. Na sua discussão sobre a mundialização de riscos eles postulam que as sociedades em desenvolvimento são vítimas de riscos produzidos no mundo desenvolvido. Ademais, eles dão a impressão de reservarem este conceito aos efeitos sociais duma sociedade tecnológica, ao mesmo tempo que partem do princípio de que estes efeitos podem ser sentidos em todo o globo. A ideia de que o risco é um fenómeno moderno na sua natureza tem muitos defensores, sobretudo em disciplinas onde o assunto do risco tem sido frequentemente debatido. O livro de Peter Bernstein, Against the Gods (1996) constitui um exemplo paradigmático. Tal como Bonss ele enfatiza muito a necessidade da existência de conhecimento científico para que haja risco. Uma abordagem ligeiramente diferente é defendida pelo filósofo Ian Hacking, o qual, na sua história da probabilidade, identifica a construção do estado e a burocracia como quadros importantes para o desenvolvimento do risco (vide Hacking 1990).

No que se segue gostaria de defender duas ideias. Primeiro, gostaria de defender a ideia de que a tradução de perigo em risco constitui uma constante antropológica ao mesmo tempo que vou tentar articular a acção social com a questão da contingência. A ideia é de mostrar que o risco é um conceito analítico extremamente útil que as ciências sociais podem usar para perceber e descrever a realidade social, sobretudo a realidade social africana cuja trajectória constitutiva é profundamente caracterizada pela precariedade. Na verdade, reduzir a utilidade do conceito de risco à caracterização da sociedade moderna impede-nos de ganhar novas perspectivas sobre a constituição, pela acção, da realidade social, sobretudo em África, onde a questão da contingência se colocou, historicamente—colonialismo, capitalismo—e se coloca—formação de estado, ajustamento estrutural—de forma bastante premente.

Existem quatro áreas que me parecem particularmente úteis para uma reflexão neste sentido, sobretudo tendo em atenção a descrição e análise do espaço identitário lusófono. Com efeito, é na articulação entre a acção e a precariedade do contexto em que os indivíduos agem que os espaços políticos se constituíram, se constituem e, provavelmente, se constituirão na África lusófona. A primeira área é a violência, cujo potencial de perturbação da ordem e produção da incerteza no quotidiano constitui um momento privilegiado de legitimação de protagonismo político. Em Angola, Moçambique e na Guiné Bissau—e, em certa medida, em São Tomé e Príncipe também—a esfera pública constitui-se nos espaços demarcados pela incerteza produzida pela violência. Tem sido na negociação quotidiana de formas de convivência social que a regulação social produz novos espaços políticos. Dependendo da história específica de cada país, a regulação social assume características também específicas que podem ser descritas com maior detalhe em estudos individuais. Um dos elementos que vai sobressair desses estudos individuais será certamente a importância da violência—muito mais do que a orientação ideológica—como elemento estruturante da esfera pública lusófona.

A segunda área é a das calamidades naturais, cujas formas de tratamento estão na origem da emergência do político. O problema da seca em Cabo Verde, por exemplo, está, na opinião de Correia e Silva (2001), na base da emergência do Estado moderno cabo-verdiano. Trabalhos sobre Moçambique, por exemplo (vide Borges Coelho 2004) sugerem a importância que as calamidades naturais têm para a constituição da relação entre o Estado e a sociedade, e, por via disso, para a emergência de espaços de regulação social.

A terceira área é a que os geógrafos chamam de vulnerabilidade. Nos países lusófonos é característica a situação de São Tomé e Príncipe, da Guiné Bissau, Cabo Verde e de Moçambique, onde as condições naturais entram em conluio para tornar o quotidiano imprevisível. É de supor que esta situação de vulnerabilidade informe os esforços de regulação social com consequências na forma como se organiza a esfera pública.

Finalmente, temos a área da intervenção humanitária. Esta é mais forte em Moçambique e Angola, mas tem vindo a registar um certo aumento na Guiné Bissau. Está intrinsecamente ligada à forte dependência do país do exterior, mais particularmente do auxílio ao desenvolvimento. O efeito imediato da intervenção humanitária é de trivializar a política, isto é, de subordinar o debate interno à procura de respostas para as perguntas que são colocadas pelo humanitarianismo.

Estas quatro áreas proporcionam, nos termos da proposta teórica e analítica sugerida pela noção de incerteza e insegurança, elementos para uma reflexão sobre os países africanos de língua africana como uma unidade de análise para além dos aspectos meramente políticos e históricos. Na verdade, o que mais caracteriza estes países é o papel central da insegurança e da incerteza nas suas condições de possibilidade como entidades políticas. A sociologia do risco tem uma contribuição muito importante a dar neste sentido.

Conclusão

A sociologia do risco proporciona aos estudos africanos novas abordagens. Em certa medida, o desenvolvimento das ciências sociais em África pode ser descrito como a procura duma linguagem para a descrição e análise da realidade social africana. As ciências sociais estão à procura duma teoria social capaz de proporcionar descrições da realidade social do continente que não a apresentem como uma patologia. Com efeito, a preocupação da sociologia geral, sobretudo na sua versão ocidental, com o problema da ordem, tem a tendência de produzir descrições da realidade social africana que fazem de aspectos centrais dela formas de desvio ou disfunção. Daí, invariavelmente, a tendência normativa e prescritiva dos estudos africanos, sobretudo a preocupação em oferecer sugestões para a regeneração moral e social de África.

Sendo a experiência histórica africana essencialmente caracterizada pela precariedade resultante do ritmo acelerado e desconcertante ao nível individual da transformação social, a teoria social que se impõe para a descrição e análise do continente tem que recuperar esta experiência. O conceito de incerteza sugerido pela sociologia do risco parece adequado para tornar isso possível. A trajectória histórica dos Países Africanos de Língua Oficial Portuguesa, por exemplo, proporciona a uma teoria social concebida nestes moldes não só um campo fértil para sua melhor formulação como também uma unidade de análise que se funda não só numa suposta identidade política e cultural, mas sim na coerência dos seus processos sociais.

Referências Bibliográficas

Bayart, J.-F., 1993, *The State in Africa : The politics of the belly*. Londres. Longman

Beck, Ulrich, 1992, *Risk Society: Towards a New Modernity*. London: Sage.

Beck, Ulrich, Giddens, Anthony, Lash, Scott, 1994, *Reflexive Modernization: Politics, Tradition and Aesthetics in the Modern Social Order*. Cambridge: Polity.

Bernstein, Peter, 1996, *Against the Gods: The Remarkable Story of Risk*. New York: John Wiley.

Blumer, Harold, 1986, *Symbolic Interactionism—Perspective and Method*. Berkeley: University of California Press.

Bonss, Wolfgang, 1995, Vom Risiko—Unsicherheit und Ungewissheit in der Moderne. Hamburg: Hamburger Edition.

Chabal, Patrick e Daloz, Jean-Pascal, 1998, *Africa Works—Disorder as Political Instrument.* Londres: James Currey.

Coelho, João Paulo Borges, 2004, 'Estado, comunidades e calamidades naturais no Moçambique Rural' in: Boaventura de Sousa Santos e Teresa Cruz e Silva (org.) Moçambique e a Reinvenção da Emancipação Social. Maputo: Centro de Formação Jurídica e Judiciária.

Comaroff, Jean e Comaroff, Joan (org.), 2001, *Millenial Capitalism and the Culture of Neoliberalism.* Durham: Duke University Press.

Correia e Silva, António, 2001, 'O nascimento do Leviatã crioulo—Esboços de uma sociologia política' in: *Caderno de Estudos Africanos,* N°1, Julho/Dezembro, p.53-68.

Douglas, Mary, 1992, *Risk and Blame: Essays in Cultural Theory.* London: Routledge.

Douglas, Mary and Wildavski, Aaron, 1982, *Risk and Culture: An Essay on the Selection of Technological and Environmental Dangers.* Berkeley, CA: University of California Press.

Ewald, François, 1993, Der Vorsorgestaat. Frankfurt am Main: Suhrkamp.

Garfinkel, Harold, 1967, *Studies in Ethnomethodology.* Englewood Cliffs: Prentice Hall.

Garfinkel, Harold and Sachs, Harvey, 1970, 'On Formal Structures of Practical Actions' In: J.C. McKinney and E.A. Tiryakian (eds.) *Theoretical Sociology.* New York.

Giddens, Anthony, 1990, *The Consequences of Modernity.* Cambridge: Polity.

Hacking, Ian, 1990, *The Taming of Chance.* Cambridge: Cambridge University Press.

Kaufmann, Franz-Xaver, 1973, *Sicherheit als soziologisches und sozialpolitisches Problem. Untersuchungen zu einer Wertidee hochdifferenzierter Gesellschaften.* Stuttgart: Enke.

Levy-Bruhl, Lucien, 1963: *L'Âme primitive.* Paris.

Luhmann, Niklas, 1995, *Die Soziologie des Risikos.* Berlin: De Gruyter.

Lupton, Deborah, 1999, *Risk. London:* Routledge.

Monier Nicolas, 1995, 'Stragtegie missionaire et tactiques d'appropriation indigènes: la mission romande au Mozambique 1888-1896?' in *Le fait missionaire, Cahiers N°2.*

Mudimbe, Valentin Y., 1988, *The Invention of Africa—Gnosis, Philosophy and the Order of Knowledge.* London: James Currey.

Nowotny, Helga, 1989, 'Sicherheit und Komplexität: Über den Umgang mit Unsicherheit' In: Zeitschrift für Wissenschaftsforschung 5:3-12.

Said, Edward, 1978, *Orientalism.* London: Routledge & Kegan Paul.

Schuetz, Alfred and Luckmann, Thomas (1979) Die Strukturen der Lebenswelt. Frankfurt: Suhrkamp.

Soyinka, Wole, 1978, *Death and the King's Horseman.* London: Methuen.

Weber, Max, 1972, Wirtschaft und Gesellschaft. Tübingen: J.C.B. Mohr.

Parte III

5

Famílias na Periferia de Luanda e Maputo: História e Percursos nas Estratégias Actuais

Ana Bénard da Costa

Resumo

Tendo concluído em investigações anteriores que os processos subjacentes ao desenvolvimento das estratégias de sobrevivência e reprodução social das famílias das periferias de Maputo e Luanda implicam interpretações criativas de normas ancestrais e articulações complexas entre os diferentes referentes culturais, pretende-se neste artigo reflectir sobre este processo, analisando comparativamente diferentes percursos e estratégias familiares. Após introduzir o texto com uma caracterização comparativa das cidades estudadas e das estratégias desenvolvidas em ambos os contextos, a reflexão incide sobre os processos diferenciados de mudança social, cultural e económica que em ambos os países influenciaram as transformações nas estruturas e relações familiares. Na análise desses processos privilegia-se uma abordagem simultaneamente diacrónica, comparativa e contextualizada, que permita determinar parâmetros de referência temporais (tipos de famílias existentes no passado e tipos de famílias existentes no presente em ambos os contextos) que contribuam para a clarificação das diferenças entre processos de transformação de estruturas familiares e processos de desestruturação da família enquanto unidade social.

Introdução

Entre os anos de 1998 e 2002 fiz parte de uma equipa de investigadores que desenvolveu um projecto interdisciplinar em bairros periféricos de Luanda e Maputo1. Competia-me a mim e à minha colega antropóloga Cristina Rodrigues analisar as estratégias de sobrevivência e reprodução social das famílias residentes nos bairros estudados (Bénard da Costa & Rodrigues 2003), articulando essa análise com as investigações que os colegas de outras áreas disciplinares realizavam em simultâneo e nos mesmos contextos sociais. A investigação referente às estratégias familiares em ambas as cidades partiu de pressupostos teóricos, metodologias e grelhas de análise comuns. Porém, a pesquisa de terreno realizou-se em tempos distintos e tendo cada uma de nós trabalhado apenas numa cidade. A minha colega realizou o trabalho de campo nos bairros 11 de Novembro, Rocha Pinto e Boa Esperança em Luanda e eu realizei-o nos bairros de Mafalala, Polana Caniço A e Hulene B em Maputo. À parte dessa divisão 'presencial', ambas partilhamos todos os dados empíricos que o projecto produziu ou aos quais teve acesso. Da mesma forma, os resultados do projecto são fruto de uma intensa partilha e discussão de informação que se desenvolveu entre toda a equipa.

Na presente comunicação, após uma breve análise comparativa da evolução das duas cidades, pretende-se fazer uma releitura do texto comparativo sobre as estratégias de sobrevivência e reprodução social de famílias dos bairros periféricos de Luanda e Maputo, realçando alguns dos aspectos mais significativos que, em termos das estruturas, relações e estratégias familiares se relacionam com passados, memórias, tradição e patrimónios (entendendo este termo no sentido mais amplo possível).

Luanda e Maputo—o Desafio da Comparação

Vários factores de características semelhantes marcaram a evolução de Luanda e Maputo. Ambas as cidades nasceram no tempo colonial e durante essa época foram escolhidas, entre outros centros urbanos, para serem as capitais das colónias portuguesas onde se inseriam. Estes factos marcaram profundamente a configuração espacial, económica e social destas cidades que continua a persistir na actualidade apesar das enormes e profundas mudanças entretanto ocorridas. Ambas as cidades se mantiveram como capitais após as independências e em ambas as cidades persiste uma estrutura dualista herdada do colonialismo. Essa estrutura permite distinguir em termos espaciais, económicos, e sociais dois núcleos: a chamada 'cidade de asfalto' em Luanda e 'cidade de cimento' em Maputo, outrora a 'cidade dos brancos', com construções planeadas, ruas asfaltadas, água canalizada, electricidade e reunindo um conjunto significativo de infra-estruturas sociais e de serviços, e os Musseques (Luanda) ou Bairros de Caniço (Maputo) onde, na época colonial, residia a chamada população indígena e onde hoje reside a grande maioria da população urbana excluída dos centros do poder. A maioria destes bairros não sofreu qualquer processo significativo de urbanização planificado, os serviços de apoio social são escassos, as ruas asfaltadas raras, o saneamento básico praticamente inexistente e a maior parte das habitações não possui água canalizada nem energia eléctrica.

Para além desta herança comum do colonialismo, o crescimento acelerado de Maputo e Luanda foi marcado no último quarto do milénio por acontecimentos que ocorreram com algum paralelismo nos dois países: a conquista da independência em meados dos anos 70; a adopção do discurso marxista-leninista e de uma economia de planificação centralizada nos primeiros anos dos novos governos; a guerra civil mais longa em Angola, mas igualmente arrasadora em Moçambique; a abertura à economia de mercado na segunda metade dos anos 80, conduzindo à adopção de programas de estabilização e ajustamento estrutural apadrinhados pelo FMI e Banco Mundial, apenas implementados neste último país; a abertura ao sistema multipartidário; e os acordos de paz no início dos anos 90, rapidamente frustrado o de Angola, que mergulhou na última década num conflito intermitente especialmente violento e atingindo também as áreas urbanas e que só terminou em 2002.

Apesar de existirem inúmeras diferenças tanto entre as cidades e as suas respectivas periferias, como entre os bairros estudados em cada um destes centros urbanos em termos de proximidade em relação ao centro, dimensão e densidade populacional ou origem dos seus habitantes, todos eles partilham entre si e com os restantes bairros de ambas as periferias, uma grande precariedade de infra-estruturas urbanas e de serviços sociais, elevados índices de 'pobreza' e de desemprego formal.

A estas características aliam-se outras, tais como o facto de nestes bairros se concentrar a grande maioria da população que, nas últimas duas décadas, emigrou para estas capitais, ou de neles residir uma percentagem significativa de mulheres e de jovens que acentuam, por várias razões—as mulheres têm maior dificuldade em encontrar emprego formal e os jovens são na teoria dependentes improdutivos -, as diferenças socioeconómicas herdadas do tempo colonial en-tre os chamados musseques ou bairros de caniço e as respectivas cidades de asfalto ou cimento.

Qualquer destes factores estruturantes—colonialismo, guerras, liberalismo económico, democracia—assumiu configurações específicas em cada país, como específicas são a história, as características territoriais, as diferentes populações que aí habitaram e habitam, as intervenções públicas e privadas e as respostas dos actores sociais em cada uma das capitais.

Assinalando algumas diferenças podemos mencionar o facto de, em termos populacionais, o número total de habitantes em Luanda ser muito superior ao de Maputo[2] (Luanda tem cerca de três milhões e meio de habitantes e Maputo cerca de um milhão de habitantes). Estas diferenças produzem ainda realidades urbanas distintas em termos de distribuição populacional[3].

Outra diferença que nos pareceu ter uma importância significativa, mas sobre a qual não nos debruçamos com a necessária profundidade, relaciona-se com a língua portuguesa. Assim, se em Luanda durante o trabalho de campo, não foi necessário recorrer a intérpretes, em Maputo tal não aconteceu. Inúmeros informantes dos bairros periféricos de Maputo expressavam-se com muita dificuldade na língua portuguesa ou não a falavam. As línguas changana e ronga continuam nesta cidade a ser utilizadas por grande parte da população, independentemente de serem ou não provenientes das regiões onde estas línguas são faladas[4]. As explicações para esta diferença serão certamente múltiplas, desde aspectos relacionados com o poder político, a aspectos históricos e a outros que se prendem com a origem geográfica dos habitantes das respectivas capitais e as suas respectivas línguas maternas. O que não parece, no entanto, é que essas explicações se possam encontrar exclusivamente em diferenças nas políticas de ensino dos dois países, embora indirectamente a situação dos estudantes de Luanda surja como vantajosa, pois o conhecimento de português dos seus professores será, à partida, maior do que o dos seus colegas moçambicanos.

Ainda sob a óptica comparativa, o crescimento da população tem, nas duas cidades, uma relação muito estreita com dois factores principais: a procura, por parte dos migrantes, de melhores condições de vida e de trabalho (que caracterizou essencialmente a fase colonial, mas não só) e as guerras que assolaram os dois países e que constituíram as principais causas de migração para as cidades em períodos relativamente próximos nos dois casos, sendo que, em Angola, a guerra só terminou recentemente. Ambas as cidades experienciaram, especialmente com as independências e com as guerras, um crescimento e adensamento populacionais significativos que culminaram em situações de sobrepopulação e que condicionaram as estratégias das famílias.

A chegada de migrantes às duas capitais implicou, em momentos diferentes, transformações sociais e adaptações dos modos de vida rurais às novas formas de vida urbanas. O processo de fixação na cidade e nos bairros, em épocas mais remotas e recentemente, está frequentemente relacionado com o acolhimento por parte de familiares que servem de suporte à fixação dos recém-chegados. Este acolhimento preferencialmente familiar implica em termos espaciais, em fases determinadas e consoante os bairros, primeiro um adensamento populacional, seguido de uma expansão dos bairros através da edificação de novas construções[5]. Este processo é longo e depende dos recursos das famílias e das oportunidades que se apresentam.

Relativamente à comparação da composição populacional das duas cidades e no que respeita à sua origem, a maioria da população migrante desloca-se das zonas próximas das duas cidades: em Maputo as principais zonas de origem são as do sul de Moçambique (distritos de Gaza, Inhambane e Maputo) enquanto que em Luanda são as do norte de Angola (Zaire, Uíge, Bengo e Kwanza Norte). Apesar deste predomínio, é, no entanto, clara a possibilidade da intensificação das relações entre pessoas de diversas origens (mesmo que provenientes de zonas próximas) que a cidade tem vindo a proporcionar ao longo dos anos e que se acelerou nos últimos.

Em ambas as cidades, as implicações do crescimento populacional são, todavia, evidentes. O afluxo rápido da população às duas capitais e a falta de capacidade de resposta do Estado e das estruturas e autoridades municipais à nova realidade, provocou uma visível insuficiência de infra-estruturas e serviços sociais em relação às necessidades da população. Acrescente-se a estas situações de precariedade, toda uma estrutura económica, também ela em rápida transformação e que atravessa sucessivas crises, o que se traduz numa insuficiência de empregos formais e numa dificuldade de geração de rendimentos por parte da população em geral e das famílias, em particular.

No entanto, e apesar de tudo, as famílias sobrevivem e reproduzem-se socialmente, desenvolvendo todo um conjunto de práticas articuladas de que resultam as estratégias que podemos analisar. E uma das primeiras evidencias que constatamos foi que estas estratégias implicam o desenvolvimento de relações familiares que envolvem múltiplas dimensões (material, simbólica, afectiva), que não são necessariamente regulares e que implicam trocas (contribuições, retribuições e redistribuições) de diversa ordem e sentidos contraditórios (liberdade e obrigatoriedade, espontaneidade e normas, fidelidades e jogos de interesses). Estas trocas entre os diferentes membros da família englobam simultaneamente bens, símbolos, pessoas e afectos. Em virtude deste facto, as referidas estratégias, em qualquer das cidades estudadas, só se podem compreender se fizermos apelo a uma unidade de análise que integre os diferentes actores que as desenvolvem. Estas unidades sociais em Luanda e em Maputo são as famílias.[6] A maioria dessas famílias são compostas por várias pessoas, de várias gerações, que não vivem necessariamente sob o mesmo tecto, nem na mesma região, mas que partilham entre si uma identidade familiar processual, dinâmica e continuada (Pina Cabral 1991:178-181) que só se compreende se recuarmos no tempo e integrarmos, na análise, os seus antepassados. Os membros de uma mesma família estabelecem entre si relações de poder complexas que se alteram no tempo, no espaço e perante diferentes situações. Reciprocidades, dependências de vária ordem, deveres e direitos, situam uns em relação aos outros, num processo dinâmico em que os papéis sociais se vão alterando.

Transformações nas Estruturas Familiares

Perante uma situação de aumento e intensificação populacional, pobreza generalizada e escassez de emprego formal, como é que sobrevivem as famílias das periferias de Luanda e Maputo? Para responder a esta questão é necessário não só analisar as condições sociais, económicas e políticas do presente e as actividades desenvolvidas pelas famílias, como também recuar no tempo, pois no desenvolvimento das suas estratégias as famílias transportam consigo a sua história, recriando memórias e tradições que se articulam de forma complexa com as experiências mais recentes da 'modernidade'. As estratégias familiares da actualidade resultam, assim, de um 'saber' adquirido que se foi construindo e recriando através de processos complexos e dinâmicos ao longo de gerações e de uma experiência que influencia e explica as opções que actualmente fazem e que condicionam o seu futuro.

Uma perspectiva possível para analisar as estratégias de sobrevivência e reprodução social das famílias das periferias e para entender eventuais processos de mudança societal pode ser fornecida pelo tipo de família em presença, relacionando-a quer com o tempo de permanência na cidade quer com eventuais transformações sofridas pela mesma família ao longo do tempo, no mesmo espaço ou em espaços diferentes.

Em relação ao universo em análise, o tipo de estrutura familiar predominante, tanto entre as famílias de Luanda como as de Maputo é o da 'família alargada'[7]. Este tipo de famílias surge como alternativa à família extensa 'tradicional'— predominantemente patrilinear no caso de Maputo onde a grande maioria das famílias é originária das regiões do sul de Moçambique e predominantemente matrilinear no caso de Luanda—na impossibilidade de se cumprirem as regras de parentesco e de proximidade territorial que sustentavam esta última e na sua desadequação ao contexto presente. A família alargada, estruturalmente muito mais flexível do que a família extensa tradicional ou do que as famílias nucleares ('modernas' e 'urbanas'), pode reunir elementos dos dois ramos de descendência, não se articula necessariamente em torno dos 'mais velhos' e não se limita ao grupo restrito composto de 'pais e filhos', possibilitando, por isso, o desenvolvimento de relações de dependência entre várias pessoas dos dois sexos, de diferentes faixas etárias e dos dois ramos de descendência .

As explicações para a predominância de famílias alargadas são várias e não se limitam ao momento presente. Para entender as famílias concretas que estudámos e as mudanças que nestas ocorreram, é necessária uma abordagem diacrónica que permita relacionar estas famílias com o contexto de onde são originárias e com os processos de mudança cultural e social. Importa igualmente compreender se a história recente de Angola ou Moçambique provocou alterações profundas nos tipos de famílias ditos 'tradicionais', característicos dos diferentes grupos sociais deste país ou se as alterações verificadas se têm sucedido de forma gradual e ao longo do tempo, acelerando-se desde o início do colonialismo.

A resposta a esta questão não é simples e perante aqueles que defendem que o colonialismo se afirmou através de uma sistema específico de exploração económica que mantinha no essencial as estruturas sociais e familiares tradicionais, importa relembrar que este sistema não se processou de forma indiferenciada ao longo do tempo nas duas colónias e dentro destas nas diferentes regiões e face aos diversos grupos sociais. Simultaneamente, o termo 'tradicionais' abarca diferentes tipos de culturas e de formas de organização social que se foram transformando ao longo do tempo, tendo as respectivas formações sociais conhecido formas díspares de integração na sociedade colonial e pós-colonial. Dentro dessas formações sociais, os diferentes grupos, famílias e indivíduos têm uma história particular e diferenciada que não permite generalizações excessivas.

A pluralidade de culturas em presença dificulta a análise quando se quer perceber quais as transformações sofridas ao nível das estruturas familiares. Não estamos apenas a lidar com um modelo cultural que se transformou e adaptou a um novo contexto, mas com uma pluralidade de modelos sociais e culturais que se foram transformando ao longo do tempo e que, em alguns casos, convivem entre si há anos, influenciando-se mutuamente nesse processo de mudança.

Por exemplo, entre as diferentes etnias, não só podem existir diferenças de língua (ou dialectos) entre os termos que designam a família, o parentesco, a casa ou a linhagem, como esses termos podem designar realidades distintas, correspondentes às diferentes formas de organização social e económica.

De uma forma geral, e reportando-nos às famílias estudadas, todo o processo diferenciado de mudança em que estiveram envolvidas de uma forma dinâmica— mais concretamente, as migrações para a cidade e as transformações sociais e económicas e de tipos de habitat daí decorrentes—implicaram ou que esses termos deixassem de ser utilizados, porque as realidades que designavam já não existem, ou que, sendo utilizados, designem realidades diferentes daquelas que noutro contexto e época traduziam.

Quer se considere este processo de mudança das estruturas familiares como contínuo, quer se defenda que se desenvolve sobretudo após as independências, (motivado pelo deslocamento em massa das populações fugidas das guerras e consequente dispersão das famílias, por crises económicas do meio rural e migrações para os centros urbanos) o que importa reter é que este aconteceu e que as famílias que encontramos diferem, nas suas formas de organização, dos diferentes tipos de famílias referenciados como tradicionais. No entanto, e como podemos constatar, essas transformações não implicaram rupturas totais com os modelos culturais das diferentes formações sociais angolanas ou moçambicanas e, por isso, não é possível compreender as famílias, ao nível das suas estratégias de sobrevivência e reprodução social, sem a referência constante aos 'modelos culturais tradicionais' respectivos. Mas a 'referência' a um modelo cultural não significa a manutenção desse modelo. E este 'modelo cultural tradicional' não é, por si só, suficiente, em nenhum dos casos estudados, para esclarecer os comportamentos, as atitudes ou as dinâmicas sociais das famílias que aí residem.

É na articulação entre quadros de referência e representações sociais que emanam de diferentes modelos culturais que devemos situar-nos e é este tipo de articulação que explica a flexibilidade e o dinamismo das famílias estudadas e que designamos por alargadas.

Dispersão de Recursos, Recriações Identitárias e a Articulação de Valores

As famílias das periferias de Luanda e Maputo, à semelhança do que tem sido constatado em inúmeros estudos sobre os designados países 'em vias de desenvolvimento'[8], para sobreviverem e para se reproduzirem socialmente, em situação de crise económica e social, de salários baixos, desemprego, ausência e/ ou precariedade das estruturas estatais de protecção social, desenvolveram estratégias que passam, essencialmente, por uma diversificação de rendimentos e recursos e que pressupõem, entre outras coisas, a afectação dos diferentes membros da família a diferentes actividades produtivas que se desenvolvem nos diferentes sectores da economia (formal e informal, primário, secundário e terciário) e, por vezes, em diferentes zonas geográficas. A pluriactividade e a inserção em diferentes redes sociais constituem igualmente estratégias recorrentes.

Através desta dispersão, a família (ou cada um dos membros individualmente) tem mais possibilidades de garantir a sua sobrevivência e reprodução social, quando consegue manter no grupo um elevado número de membros a realizar tarefas distintas[9]. Mas o número de membros afectos a diferentes actividades económicas não constitui o único factor que determina a possibilidade de desenvolvimento deste tipo de estratégias, sendo igualmente importante ter em consideração os recursos disponíveis e as diferentes capacidades (idades, 'saberes', relações sociais) que os membros das famílias possuem para os gerar, mobilizar e defender (Bénard da Costa & Rodrigues 2003; Rocha & Grinspun 2001; Bebbington 1999).

A dispersão que caracteriza as estratégias familiares comporta inerentes riscos de desagregação e uma das formas de os atenuar prende-se com a capacidade que a família tem de se modificar estruturalmente, cooptando novos membros e/ou prescindindo de outros sem perder, no entanto, a sua identidade essencial. Esta identidade familiar, como qualquer outra identidade, legitima-se no passado e é o processo de interpretação desse passado que confere um carácter dinâmico a este processo identitário familiar. Por isso, as normas e regras tradicionais de parentesco, recriadas e reinterpretadas, no presente social, continuam a ser uma referência fundamental a que as famílias fazem apelo no quadro do desenvolvimento das suas estratégias. É a consonância entre processos dinâmicos e extremamente flexíveis de identidade familiar e necessidades materiais concretas que permite o desenvolvimento de estratégias de sobrevivência e de reprodução social ao nível das famílias. Estas últimas articulam múltiplos interesses materiais com fidelidades de grupo, face a escassos recursos num jogo complexo onde intervêm diferentes níveis e relações de poder.

Esta situação permite a manutenção de identidades familiares, pois as regras e as normas tradicionais (reinterpretadas, adaptadas, recriadas...) continuam a existir como referentes geradores de coesão e, simultaneamente, possibilitam a atenuação dos riscos inerentes à dispersão: se existem elementos da família que se autonomizam, existem outros que podem ser incorporados; se existem relações familiares que se quebram, existem outras que podem ser desenvolvidas; se esse tipo de relações não está de acordo com as regras tradicionais, subvertem-se ou ignoram-se essas regras. Todas estas hipóteses são possíveis e esta flexibilização pressupõe uma dinâmica relacional extremamente complexa que possibilita o desenvolvimento de estratégias de sobrevivência e reprodução social num contexto (urbano) de grande instabilidade, extrema escassez de recursos e insegurança face a resultados.

Neste contexto, os rendimentos ou produtos resultantes das actividades económicas são, na maioria dos casos, imprevisíveis e não estão garantidos a priori. Muitas das actividades desenvolvidas implicam 'negócios', um conhecimento da 'procura' e uma capacidade de antecipação e imaginação que garanta, face à 'concorrência', um mínimo de possibilidades de sucesso. Muitas destas actividades dependem de relações sociais, de conhecimentos, de trocas de favores, e uma intensificação crescente daquilo que em língua inglesa é designado como bargain (Trefon 2002:6)[10]. Outras ainda, como a produção agrícola, dependem do clima e baseiam-se em conhecimentos ancestrais que incluem a consciência do risco e da insegurança. Consequentemente, a imprevisibilidade e a insegurança que caracterizam o contexto urbano não constitui uma inovação. Pelo contrário, na cidade existe a possibilidade de 'jogar' em várias frentes, sendo o leque de oportunidades potencialmente acrescido.

Todavia, as potencialidades só se concretizam na conjugação de diferentes actividades e no desenvolvimento simultâneo das relações sociais que estas pressupõem. Por sua vez, nas relações sociais e familiares que desenvolvem, os actores exprimem comportamentos e valores que, em função de diferentes circunstâncias e interesses, podem ser essencialmente contraditórios entre si: a confiança, a verdade e a solidariedade a par com o cálculo, a desconfiança, a mentira e o puro interesse material (monetário).[11]

Por conseguinte, são estas múltiplas articulações e inter-relações entre diferentes actividades geradoras de rendimentos ou produtos, diferentes tipos e níveis de relações sociais e diferentes comportamentos regidos por valores às vezes contraditórios que constituem as características fundamentais do contexto em análise.

A conjugação destas atitudes, aparentemente díspares mas interdependentes, gera nos actores contradições que são visíveis quando se comparam diferentes discursos onde estão patentes representações de ideais normativos de distintos modelos culturais de referência (muitas vezes em contradição com as práticas dos actores que os enunciam). As contradições também transparecem quando se analisa a gestão e a coordenação das actividades geradoras de rendimentos e produtos que se processam no interior das famílias.

Da mesma forma, este processo de pluralidade e mudança normativa onde se articulam diferentes códigos culturais e práticas inovadoras nem sempre se desenvolve com sucesso, tendo, por vezes, consequências trágicas (isolamento, loucura). Mas este 'jogo' pode também repetir-se num processo circular, dando origem a 'grupos de interesse' efémeros e, consequentemente, a uma ainda maior insegurança (Bénard da Costa 2003).

Estratégias Matrimoniais em Transformação[12]

As diferentes estratégias familiares que analisámos nas duas cidades articulam e recriam múltiplos referentes de diferentes modelos culturais, sendo que uns imanam das diferentes culturas tradicionais, outros foram introduzidos pelo colonialismo, outros foram veiculados no período socialista e outros ainda reportam-se à época actual e relacionam-se com a designada 'globalização'. Em alguns casos, estes diferentes referentes coexistem sem se confundirem numa mesma estratégia; noutros casos, a 'fusão' é total e noutros ainda é possível detectar a predominância que uns adquirem sobre outros. O dinamismo que todo este processo de articulação implica, as contradições que gera e as soluções que permite em termos de uma possibilidade de vivência do quotidiano e de projecção de futuros, ficou patente na investigação que realizámos. Na impossibilidade de apresentarmos aqui as análises detalhadas das diferentes estratégias familiares, limitamo-nos a resumir as características diversificadas que esta articulação assume nas estratégias matrimoniais, procurando compreender se as transformações verificadas tendem para uma desagregação das famílias ou se, pelo contrário, se traduzem em respostas que exprimem adaptações a uma realidade social simultaneamente dada, construída e em permanente recriação (Rosaldo 1980; Ortner 1984).

No contexto em análise, coexistem diferentes processos possíveis de formalização das uniões conjugais que não são exclusivos entre si. Desta forma, quando os actores sociais se afirmam 'casados' podem estar a referir-se a inúmeros tipos de casamento. Há uniões formalizadas simultaneamente no Registo Civil, na Igreja Católica e através do alembamento (Luanda) e lobolo (Maputo); há casais que só cumpriram parcialmente as diferentes cerimónias e prestações implicadas nestas práticas tradicionais; há famílias poligâmicas, em que cada uma das mulheres é casada de forma diferente com o marido e há 'uniões de facto' que não envolveram qualquer formalização.

A diversidade de tipos de uniões matrimoniais é significativa. Formalizar de algum modo uma união implica, pelo menos ao nível das representações, uma intenção de compromisso, não só entre o casal e entre as duas famílias que assim se unem, mas também entre estas e o (s) modelo (s) social (is) de onde emanam os ritos ou as leis através dos quais esse casamento se realiza.

Não formalizar uma união num contexto onde se cruzam diferentes sistemas matrimoniais—criando diferentes tipos de relações familiares—pode ter múltiplos significados: 1) uma diminuição da importância do casamento dentro da estrutura familiar, por já não serem importantes as alianças entre famílias, por exemplo; 2) a desadequação dos diferentes sistemas matrimoniais ao contexto peri-urbano actual (e muitos referiram o crescente peso financeiro das prestações matrimoniais como factor impeditivo da formalização da sua união); 3) mudanças estruturais nas relações familiares que se estabelecem através das alianças matrimoniais e cuja dinâmica não se coaduna com o 'compromisso' de 'longo prazo' que os diferentes sistemas criam. E, por último, pode significar alterações substantivas nas relações de género e de poder que implicam rupturas profundas com os modelos matrimoniais prevalecentes e com os papéis que os respectivos cônjuges supostamente assumem dentro na união conjugal.

A pluralidade de formas possíveis de formalizar uma união conjugal e a circunstância de existirem uniões de facto em que o casal se considera e é considerado socialmente casado, dificulta a análise das diferentes situações, nomeadamente no que se refere às uniões poligâmicas. A pluralidade de normas possibilita, assim, a existência de diversos tipos de famílias poligâmicas onde cada uma das mulheres é 'casada' de forma diferente com o marido. Em algumas destas famílias não foi possível precisar o estatuto das diferentes mulheres, podendo algumas destas ser consideradas 'amantes'.

A propósito da poligamia importa ainda referir que em meios urbanos—em Luanda, Maputo ou noutras cidades da África subsariana—a poligamia não implica necessariamente a co-residência das diferentes esposas (Loforte 2003; Hasseling & Lauras-Locoh 1997). Esta co-residência tem um significado diferente no meio rural, já que cada uma das mulheres possui a sua palhota e não tem de partilhar o mesmo espaço físico de habitação com as outras. Na cidade, a exiguidade da maior parte dos talhões associa-se a um modelo 'moderno' de construção que tende a concentrar, cada vez mais, sob o mesmo tecto, as diversas 'divisões'. Este modelo 'moderno' é visível nas casas mais recentes e aparentemente mais 'ricas' e contrapõe-se a um outro modelo em que as diferentes divisões se distribuem pelo talhão de forma independente.

O modelo 'moderno' e 'urbano' de concentração espacial, aliado ao facto de muitas casas terem poucos quartos, torna ainda mais problemática a poligamia. E, eventualmente, a tendência para a dispersão residencial das diferentes esposas em meio urbano explica-se mais por esta última razão do que por uma autonomia feminina previamente conquistada.

A coexistência de diversas modalidades de casamentos possibilita diferentes tipos de 'combinações' e origina situações dúbias espelhadas em frases do tipo: 'Tenho mulher, mas não sou casado...' (Luanda). 'Sou solteira com marido...' (Maputo).

As contradições geradas pela coexistência de diferentes modelos culturais e as transformações ocorridas ao nível das relações de aliança têm implicações ao nível das representações sociais que se reportam a relações de género e de poder. As palavras de uma informante de Maputo testemunham essas contradições:

> Minha mãe não quis casar com o cunhado e por isso mandaram-na embora, [...] faziam isso antigamente, quando morre o marido eles arrancam todas as coisas da mulher. A família do marido leva todos os bens da senhora [...] podem até levar os filhos, mas como eles sabem que os filhos são despesas, não levam os filhos, deixam a viúva com os filhos [...] sem nada [...] e a mulher volta para casa dos pais [...] e ela engravida, mais outra vez, tem outro filho, e assim sucessivamente.

Estão nascendo os filhos com muitos pais e ela sem nenhum marido e então chamamos de 'mães solteiras' e ela não tem marido e não tem ninguém que lhe ajude [...] Mas quem ajuda normalmente é a mãe dela [...] mas também as mães ficam saturadas [...] ela sai, fica sozinha com os filhos, [...] mas ela trabalha, ou vender, ou o que ela faz. Ou arranja um amigo que lhe dá qualquer coisa para poder sustentar os filhos.

Posteriormente referiu:

> Porque a mulher, antes, ela estava muito fechada [...] eu caso, vou viver com aquela família definitivamente porque me lobolaram [...] e a mulher era como tipo mão-de-obra [...] Depois a Frelimo, com a independência, então deu a liberdade à mulher. [...] A mulher tem direito de falar, tem direito de trabalhar como homem, tem todos os direitos iguais aos do homem. Só que a diferença deve haver porque da mulher nasce bebé [...].

As transformações verificadas ao nível das relações de aliança—instabilidade das uniões matrimoniais verificada sobretudo entre os membros da geração mais nova e a pluralidade de tipos possíveis de uniões conjugais —reflectem a dinâmica das estratégias de sobrevivência e reprodução social que articulam de forma ambígua valores contraditórios. Por outras palavras, os indivíduos para sobreviverem e se reproduzirem necessitam de estar inseridos em redes sociais de solidariedade, sendo a família uma das mais importantes; simultaneamente, não sobrevivem se não desenvolverem práticas 'egoístas' que lhes permitam satisfazer as suas necessidades materiais. Essas práticas podem gerar a quebra de alguns dos compromissos sociais em que se baseiam as referidas redes (neste caso, as famílias) e, por conseguinte, quebram-se as alianças (neste caso, matrimoniais) que tenderiam a perpetuar essas unidades sociais. No entanto, existe sempre a possibilidade de 'circulação' entre redes de solidariedade e, por isso, é possível aos indivíduos e às famílias estabelecerem novas alianças com outras unidades sociais (novas uniões matrimoniais) e desenvolverem processos dinâmicos e versáteis de reprodução social[13]. Uma das soluções possíveis passa pela aceitação e criação de condições que transformem as cerimónias matrimoniais em processos em permanente construção que podem, a qualquer altura, ser interrompidos. Desta forma, as famílias desenvolvem uma estratégia pela qual tentam conciliar a instabilidade das relações de aliança com as necessidades de coesão interna, continuidade e reprodução social.

Concluindo, a fragilidade dos laços matrimoniais não significou a desestruturação da família. Pelo contrário, a flexibilidade desta unidade social permitiu o desenvolvimento de estratégias de reprodução social adaptadas a um contexto social e económico que exige uma grande versatilidade de práticas e a articulação permanente de valores opostos. A especificidade deste contexto social não lhe advém, contudo, desta articulação que é sentida por todos os homens, independentemente da sociedade a que pertencem (Casal 2001:123). Advém sim da forma particularmente dinâmica de que se revestem as articulações entre valores opostos nos contextos urbanos em que decorreu esta investigação.

Notas

1. Este projecto intitulado Urbanização acelerada em Luanda e Maputo: impacto da guerra e das transformações sócio—económicas nas décadas de 80 e 90, foi realizado pelo CESA (Centro de Estudos sobre África e do Desenvolvimento) do Instituto Superior de Economia e Gestão da Universidade Técnica de Lisboa, coordenado pelo professor Jochen Oppenheimer e contou com a participação de uma equipa de onze investigadores portugueses de diferentes áreas académicas (sociólogos, antropólogos, economistas e arquitectos urbanistas) e com a colaboração de investigadores de ambos os países africanos. Ambas as investigações foram realizadas com o apoio financeiro da Fundação da Ciência e Tecnologia (Programa PRAXIS XXI e POCTI).

2. Não sendo aqui discutida a representatividade dos dados obtidos, foram realizados inquéritos e entrevistas em número aproximado nas duas cidades (557 inquéritos e 80 entrevistas a famílias em Luanda e 720 inquéritos e 81 entrevistas em Maputo), resulta que a informação recolhida para Maputo é proporcionalmente superior se tivermos em conta as diferenças relativas ao número total de habitantes das duas capitais.

3. A densidade populacional (desigual segundo áreas e bairros em ambas as cidades) varia, na cidade de Luanda, entre os 500 e os 1.000 habitantes por hectare e em Maputo, de acordo com os dados do censo de 1997, entre os 126 e 237 habitantes por hectare.

4. De acordo com informações recentes, existe mesmo uma 'língua' em Maputo de criação relativamente recente o xilato que é uma mistura de ronga, changana e português.

5. Estas são edificadas essencialmente através da auto-construção, na medida em que a construção fomentada por ambos os Estados ou por agentes privados tem sido e continua a ser residual.

6. O que não corresponde à noção de agregado familiar, mas sim a grupos mais amplos que ultrapassam o critério da coabitação.

7. Em Maputo e em Luanda, a maioria dos agregados familiares são alargados (Bénard da Costa & Rodrigues 2002:50), segundo o Censo de 1997; segundo as entrevistas, 81 por cento.

8. Salientam-se, entre outros, os estudos realizados no âmbito do programa Poverty Strategies Initiative (PSI) das Nações Unidas (González de la Rocha e Grinspun 2001), os estudos realizados no âmbito do programa Poverty Reduction Strategy do Banco Mundial (World Bank 1998 e 1999), e outros estudos realizados à margem destas instituições (Livi-Bacci & Santis 1998; Oppenheimer & Raposo 2002; Sahn & Younger 2004).

9. A articulação de fontes de rendimento diversificadas não é 'apanágio' das estratégias de sobrevivência e de reprodução social de famílias africanas. Gerald Creed referencia vários autores que assinalaram esta estratégia em vários continentes—incluindo a América do Norte—e argumenta: 'o surgimento de pequenos negócios familiares está relacionado com o surgimento de uma economia global flexível e o trabalho doméstico é talvez mais atractivo pelas mesmas razões [...] Em muitos contextos, estas pequenas empresas familiares fazem parte de uma estratégia económica diversificada' (2000: 9). Entre os vários autores cita Sick que trabalhou na Costa Rica: 'Para muitos agregados camponeses, uma estratégia diversificada, envolvendo a combinação do cultivo agrícola, trabalho assalariado, artesanato, migração e o emprego no sector formal (quando possível) tornou-se a norma' (Sick 1999:17). Conclui Creed: 'O argumento é que as forças económicas globais diversificadas nos anos 90—desde a flexibilidade capitalista à transição socialista—fazem da família um espaço de interacção mais importante do que nunca [...] as dinâmicas capitalistas relacionadas fizeram da família, reformulada ou não, mais essencial economicamente para muitas pessoas. Elas necessitam de rendimentos múltiplos, de fontes múltiplas, com múltiplas possibilidades de refúgio; a família fornece esta síntese' (2000: 9).

10. O campo semântico a que se refere este termo é, em Angola e Moçambique, muitas vezes evocado pela palavra 'desenrascar', embora nestes países adquira um significado muito mais abrangente do que o termo bargain tem em inglês.

11. Peter Geschiere desenvolve uma interessante análise sobre as articulações que se processam entre as relações de parentesco/reciprocidade e as relações de mercado/ monetarizadas e afirma: 'É especialmente para garantir a sua posição na esfera da 'afeição' que um homem é obrigado a ganhar dinheiro. Sem dinheiro ele não pode prestar provas nas negociações que constituem o ponto culminante dos ritos de parentesco' (1994: 91).

12. Uma versão desenvolvida deste capítulo será brevemente publicada em artigo na revista Lusotopie, sob o título: Género e poder nas famílias da periferia de Maputo.
13. A intensa circulação dos actores sociais por diferentes redes de solidariedade foi igualmente verificada em relação aos diferentes cultos religiosos e igrejas.

Referências

Bebbington, A., 1999 'Capitals and Capabilities: A Framework for Analyzing Peasant Viability, Rural Livelihoods and Poverty', *World Development,* Vol. 27, N°12, p. 2021-2024

Bénard da Costa, A., 2003, 'Estratégias de sobrevivência e reprodução social de famílias na periferia de Maputo'. Lisboa, Dissertação de Doutoramento em Estudos Africanos interdisciplinares em Ciências Sociais no Instituto Superior de Ciências do Trabalho e da Empresa (ISCTE) (mimeo).

Bénard da Costa, A., & Rodrigues, C., 2003, 'Estratégias de sobrevivência e reprodução social de famílias nas periferias de Luanda e Maputo'. In: Oppenheimer, J., et al., 2003, *Urbanização Acelerada em Luanda e Maputo: Impacto da Guerra e das Transformações Sócio-económicas (Décadas de 80 e 90),* Lisboa, Centro de Estudos sobre África e do Desenvolvimento, Instituto Superior de Economia e Gestão, Universidade Técnica de Lisboa, Fundação Para a Ciência e Tecnologia. Relatório final (mimeo).

Casal, A. Y., 2001, 'O Valor dos Homens e das Coisas', *Cadernos de Estudos Africanos,* 1, p.99-124.

Creed, G. W., 2000, ''Family values' and domestic economies', *Annual Review of Anthropology,* Vol. 29, p. 329-355

Hesseling, G., Lauras-Locoh, T., 1997, 'Femmes, pouvoir, sociétés', *Politique Africaine,* 65, p. 3-20.

Livi-Bacci, M., G. De Santis (orgs), 1998, *Population and Poverty in the Developing World,* Oxford: Clarendon Press.

Loforte, A. M, 2003, *Género e Poder entre os Tsonga de Moçambique,* Lisboa, Ela por Ela.

Ortner, S., 1984, 'Theory in Anthropology since the Sixties', *Comparative Studies in Society and History,* 26 (1), p.126-166.

Pina Cabral, J., 1991, *Os contextos da Antropologia,* Lisboa, Difel

Rocha, M. G., Grinspun, A., 2001, 'Private Adjustments: households, crises and work', in *Choices for the poor: Lessons from National poverty strategies,*UNDP,(http://www.undp.org/dpa/publications/choicesforpoor/English/ChapO3.PDF) 21 Novembro 2001

Rosaldo, R.,1980, *Ilongot Headhunting 1883-1974,* Stanford, Stanford University Press.

Sahn, D. E., Stephen D. Y., 2004, 'Growth and Poverty Reduction in Sub-Saharan Africa: Macroeconomic Adjustment and Beyond' *Journal of African Economies,* Volume 13, Number 90001, i66-i95

Sick, D., 1999, *Farmers of the Golden Bean: Costa Rican households and global coffee economy,* Dekalb, North Illinois University Press

Trefon, T., 2002, 'The Political Economy of Sacrifice: Kinois and the State', Lisboa: Centro de Estudos Africanos, Instituto Superior de Ciências do Trabalho e da Empresa, comunicação apresentada no Seminário Internacional 'Dinâmicas Políticas na África Contemporânea' (mimeo).

World Bank, 1998, *Nutritional Status and Poverty in Sub-Saharan Africa*, Findings Africa Region n°108, April, Washington D.C.: World Bank.

World Bank, 1999, *Global Synthesis: Consultations with the Poor*, draft for discussion, Poverty Group, World Bank, Washington.

6

A Construção da Nação e o Fim dos Projetos Crioulos: Os Casos de Cabo Verde e da Guiné-Bissau[1]

Wilson Trajano Filho

Resumo

Argumento neste trabalho que a construção da nação esteve associada, nos casos da Guiné-Bissau e de Cabo Verde, à crioulização, um processo de mudança sócio-cultural mais antigo e mais amplo que a questão da nacionalidade. Argumento ainda que o tempo pós-colonial carrega consigo uma ambigüidade e uma tensão. Tanto em Cabo Verde como em Guiné-Bissau, por razões diferentes, o processo de construção nacional tem avançado após as independências políticas a despeito da sociedade crioula. Em Guiné, cada vez mais a nação deixa de ser um projeto crioulo, competindo com outros projetos identitários. Na realidade, a sociedade crioula na Guiné enfrenta atualmente o desafio básico de se reproduzir enquanto uma formação social própria, que não se confunde integralmente nem com o mundo lusitanizado e cristianizado que prevaleceu durante os últimos decênios do regime colonial, nem com o universo cultural das sociedades africanas tradicionais que envolviam as praças crioulas. Em Cabo Verde, a nação antecede o estado. Após a independência, a urgência foi posta na construção das estruturas estatais numa sociedade que se descrioula e que cada vez menos se defronta com o dilema cultural que a assolava no período colonial entre ser lusitana e ser africana. Na atualidade, nos dois casos, parece que para a nação florescer é preciso que a sociedade crioula desapareça.

Introdução

A sociedade crioula que emergiu nas vilas fortificadas às margens dos rios da Guiné-Bissau e nas ilhas de Cabo Verde tem assumido formas identitárias diferenciadas ao longo do tempo. Na Guiné, durante a primeira metade do século XIX, tinha o formato de um conjunto de casas patrimoniais—as Gãs— minimamente articuladas umas às outras; com o fim do tráfico de escravos e o desenvolvimento de uma economia agrícola exportadora a partir da segunda metade do século XIX, tomou a forma de uma elite lusitanizada; depois da segunda guerra mundial, a forma de um projeto nacional. Estas três formas identitárias gerais também prevaleceram em Cabo Verde, apesar de diferenças de ênfase e do momento histórico em que cada forma vigorou.

Segundo este modelo sucinto, a construção da nação, que é um processo político de integração de grupos sociais díspares, esteve associada nesses dois países ao processo de crioulização, um processo cultural mais antigo e mais amplo. As evidências da relação entre crioulização e construção da nação são várias, indo desde o projeto dos protonacionalistas literários em Cabo Verde que começou a se conformar no final do século XIX, até os movimentos protonacionalistas de várias associações voluntárias na Guiné desde 1910. No entanto, a melhor evidência dessa relação encontra-se no fato de que a fonte que formulou, veiculou e implementou com originalidade e eficácia um projeto nacional para a Guiné e Cabo Verde foi o PAIGC, uma instituição cujos primeiros fundadores eram todos oriundos do universo crioulizado dos aglomerados urbanos guineenses, com fortes vínculos com Cabo Verde.

Argumento neste trabalho que o tempo pós-colonial carrega consigo uma ambigüidade e uma tensão. Tanto em Cabo Verde como em Guiné-Bissau, por razões diferentes, o processo de construção nacional pode até ter avançado após as independências políticas, mas o fez a despeito da sociedade crioula. Em Guiné, cada vez mais a nação deixa de ser um projeto crioulo e enfrenta crescentemente os obstáculos próprios dos particularismos étnicos e de uma outra forma de compromisso que chamei em outra ocasião (Trajano Filho 2003) de crioulização primária. Na realidade, a sociedade crioula na Guiné enfrenta atualmente o desafio básico de se reproduzir enquanto uma formação social própria que não se confunde integralmente nem com o mundo lusitanizado e cristianizado que prevaleceu durante os últimos decênios do regime colonial nem com o universo cultural das sociedades africanas tradicionais que envolviam as praças crioulas. Em Cabo Verde, a nação antecedeu o estado. Após os primeiros anos da independência, a urgência foi posta na construção das estruturas estatais numa sociedade que se descrioliza e que cada vez menos se defronta com o dilema cultural que a assolava no período colonial e mais intensamente durante o regime do PAICV entre ser lusitana e ser africana. Na atualidade, nos dois casos parece que para a nação florescer é preciso que a sociedade crioula desapareça.

De modo a tornar meu argumento claro, passo em revista os contornos gerais da teoria da construção nacional. A seguir exponho os meus pontos de vista acerca das sociedades crioulas e sua especificidade estrutural. Uma terceira seção aborda os movimentos protonacionalistas na Guiné e em Cabo Verde. A última parte expõe o que entendo ser os impasses da descrioulização em Cabo Verde e as crises da sociedade crioula da Guiné-Bissau no que toca a sua capacidade de incorporação de gente, valores e símbolos, mostrando que eles estão na raiz das dificuldades enfrentadas nos dois países para levar adiante um projeto crioulo de construção nacional.

Construção Nacional

O significado veiculado pela palavra 'nação' no nosso tempo é resultado de uma série de flutuações semânticas ocorridas no contexto de seu uso ao longo do processo histórico de formação estatal na Europa (Elias 1972). Nesse processo, o termo 'nação' gradualmente deixou de se referir descritivamente às pessoas e grupos que compartilham uma similaridade de nascimento e passou a expressar um valor cultural e político. Tornou-se então o valor central da poderosa ideologia que desde o século XIX tem transformado a maneira das sociedades se organizarem em todo o mundo—o nacionalismo. Como valor cultural, a nação é uma comunidade socialmente diferenciada, mas que se percebe e se representa como compartilhando atributos culturais comuns (língua, costumes, religião, etc). Conforme já mostrava Weber (1979:201-210) no começo do século XX, os atributos culturais comuns funcionam como um elo a unificar as diferenças sociais entre as pessoas e grupos da comunidade, mas não há nenhuma necessidade objetiva de que sejam estes e não aqueles os traços compartilhados para se constituir uma nação. Historicamente se observa que, em certos casos, a língua comum é o traço a partir do qual emerge o sentimento nacional, em outros é a convicção religiosa, em outros ainda, a descendência comum. Tudo isso está a indicar que a nação não é uma comunidade cultural, mas, antes, uma comunidade de sentimentos que se objetifica pela afirmação da superioridade dos valores culturais que conferem distinção e exclusividade ao grupo. Decorre disto uma associação estreita entre cultura e poder, pois a afirmação do poder ou prestígio da cultura requer um sujeito social com poder para convencer. E é esse poder que transforma o que é sentimento e vontade numa meta ou ideal político que se apresenta como natural, o que é sentimento de um grupo no interior da comunidade em sentimento difuso e compartido. A idéia de nação em nosso tempo é polissêmica, tendo o sentido de unidade natural da história e de ideal político a ser alcançado (Smith 1979:167-169). É a sua aparência de unidade natural que confere autoridade e que justifica o seu caráter de ideal político. Assim politizada, a constituição do campo semântico da nação implica a introdução de uma vontade política por autonomia, auto-realização, autodeterminação e participação. O orientador e balizador dessa vontade, a metade que vai completá-la como meta política tem sido historicamente o estado. Weber dizia que a 'nação é uma comunidade que normalmente tende a produzir um Estado próprio' (1979:207). Em termos mais precisos, o nacionalismo ou a vontade política que lhe é subjacente transforma a nação em estado-nação (Smith 1979).[2]

Por fim, a nação, especialmente a modalidade histórica do estado-nação, é também um conceito que foi incorporado ao vocabulário das Ciências Sociais por meio de uma espécie de contrabando intelectual que o pinçou de seu habitat original, o domínio das doutrinas e ideologias, e o trouxe para o campo reflexivo da teoria. Como um termo de teoria, pretende dar inteligibilidade aos diversos processos empíricos de construção nacional. A grande fonte de evidências a partir da qual se realizou o contrabando e se erigiu o conceito foi a experiência histórica da Europa Ocidental.

Nas Ciências Sociais, os esforços mais bem sucedidos que enfocam o nacionalismo como doutrina constituidora dos estados nacionais mostram que estes começaram a tomar forma na Europa do final do século XVIII, no contexto de um complexo processo de ruptura com as estruturas sociais do antigo regime que envolveu a modernização e a industrialização das sociedades em questão. Entre outras coisas, as doutrinas nacionalistas e os processos de construção dos estados-nação foram concomitantes com a transformação das estruturas de diferenciação social e da divisão social do trabalho, a constituição de unidades econômicas em escala nacional através do desenvolvimento de mercados internos e da criação de moedas nacionais, a emergência de um eficiente sistema de comunicação de massa que tornou possível a implantação dos sistemas de educação nacional[3] e com a racionalização dos sistemas de poder e autoridade que possibilitou a emergência de um novo modo de pertencer à totalidade nacional como cidadão.[4]

Esses esforços bem representam os processos históricos de construção dos estados-nação na Europa Ocidental. No entanto, quando utilizados como modelos para dar inteligibilidade aos casos não europeus, eles deixam entrever uma tensão interna ao conceito 'nação', que se deve ao fato de ele incorporar, como um conceito teórico, parte do sentido e das evocações que caracterizam a idéia de nação nas doutrinas nacionalistas originais. Desse modo, aquilo que é historicamente constituído e, portanto, particular—a nação como uma construção política e ideológica nas ideologias nacionalistas—adquire uma natureza universal—a nação como categoria teórica e analítica. Uma força digna de nota trabalha para tornar efetiva a universalização da idéia de nação, seja enquanto conceito, seja como ideologia. A assimétrica relação entre os grandes estados-nacionais da Europa Ocidental que assumiam a forma de impérios coloniais e as sociedades de outros continentes gerou processos de subordinação política, econômica, cultural e moral que tomaram as formas históricas do colonialismo e do imperialismo. E foi esse sistema de subordinação que permitiu e mesmo exigiu que a forma de organização social, política, econômica, cultural e moral característica do estado-nação europeu fosse exportada, como modelo a ser buscado, para as sociedades subordinadas de boa parcela do planeta.[5]

Os nacionalismos variam em suas táticas e retóricas para alcançar sua meta política, mas em sua estrutura básica eles mantêm entre si uma desconcertante semelhança com as formas surgidas na Europa. Mesmo quando os projetos nacionalistas desenham uma trajetória com potencial de originalidade, sua realização concreta acaba por revelar o quanto o modelo europeu é o seu fundamento. Os casos da Guiné-Bissau e de Cabo Verde são exemplares. Enquanto um movimento de libertação nacional, o Partido Africano da Independência da Guiné e de Cabo Verde (PAIGC) atraiu a atenção de cientistas sociais e de gente da esquerda de toda a Europa porque parecia vislumbrar um tratamento original para a questão da relação entre o partido, o estado e a nação. No entanto, uma vez no poder, as ações políticas do PAIGC na Guiné-Bissau e de seu sucedâneo em Cabo Verde, o PAICV, mostraram uma dramática continuidade com o modelo clássico: a modernização e a industrialização foram o grande esforço e o grande fracasso do regime de Luís Cabral na Guiné e, em menor grau, de Aristides Pereira em Cabo Verde.[6]

O processo de universalização daquilo que é particular tem se mostrado etnocêntrico na maioria dos estudos empíricos sobre a nacionalidade. Os processos históricos de construção nacional nos países africanos saídos do colonialismo nem reproduzem integralmente o modelo europeu nem as versões idealizadas dos nacionalismos locais. Porém, suas trajetórias e, em especial, suas mazelas têm sido analisadas segundo o modelo elaborado para dar conta dos processos de construção nacional e dos nacionalismos europeus. Tudo se passa como se as Ciências Sociais não conseguissem imaginar outras formas de manifestação da nacionalidade, universalizando assim o conceito 'nação'.[7]

A carência de imaginação sociológica por parte de sociólogos, antropólogos e cientistas políticos tem feito com que os estudos sobre a questão da construção do estado-nação em África realcem com uma freqüência instigante a natureza incompleta, a parcialidade, ausência, dificuldade e, entre os mais etnocêntricos, a inviabilidade do processo de construção nacional no continente, numa clara continuidade com as idéias coloniais sobre a inferioridade africana. Observa-se na literatura sobre a África pós-colonial a presença constante do argumento de que o processo de construção nacional enfrenta e enfrentará dificuldades e obstáculos enormes devidas a forças integrativas mais restritivas do que a nação— como a religião, a língua e, a mais debatida de todas, a etnicidade[8]—ou mais amplas—como a globalização. Além da dificuldade ubíqua posta pela etnicidade, outros estudos pretendem mostrar uma ausência, parcialidade ou uma natureza incompleta do processo de construção nacional em África. Assim, Bayart afirma: 'o conceito de sociedade civil parece o mais adequado para explicar—por sua ausência—a existência continuada da autocracia africana' (1986:119). Com relação ao desenvolvimento da sociedade civil na Guiné, um analista ressalta a inadequação do quadro jurídico nacional para o desenvolvimento da vida associativa, que é facilmente instrumentalizada devido às influências dos financiadores. Muitas instituições associativas revelam uma fraca capacidade de concepção e iniciativa, sendo as instituições da sociedade civil freqüentemente usadas para atender a objetivos ilícitos e aventuras personalistas (Koudawo 1996:112-113, grifos meus). Entretanto, não é só a sociedade civil ausente que torna parcial e inacabado o processo de construção nacional em África. Jackson e Rosberg (1985) argumentam que a maioria dos novos estados africanos deriva sua condição estatal mais pelo reconhecimento internacional por outros estados do que pelos atributos empíricos e universais do estado. São estados marginais, com pouca legitimidade interna e com meios organizacionais limitados e não confiáveis, aos quais não se aplica a clássica definição weberiana, pois eles não possuem o monopólio efetivo do uso da força sobre o território e a população. São, portanto, uma realidade jurídica do direito internacional, mas são empírica e historicamente incompletos ou parciais. Ao analisar a trajetória do PAIGC, de movimento de libertação ao partido/estado que durante anos exerceu o poder na Guiné-Bissau, Lopes (1987) conclui que houve um desvio ou mesmo uma traição aos princípios socialistas do movimento de libertação. Esse desvio foi resultado da falta de preparação do PAIGC para assumir o poder (1987:94, 109, 115), da falta de formação ideológica sólida no seio do partido e das elites urbanas (pp.147, 158, passim) e da fraqueza das instituições (p.160). Ao analisar, da perspectiva da economia política, o Programa de Ajustamento Estrutural, patrocinado pelo FMI e Banco Mundial, Galli (1990) nota que o estado independente pouco se mobilizou para desenvolver o mercado interno destruído pelo sistema colonial, que incentivava exclusivamente a agricultura de exportação. Ao contrário, expandiu a burocracia e contribuiu para perpetuar o estilo de vida das classes urbanas sem realizar esforços para a integração da massa de camponeses do país, o que inviabiliza ou dificulta, segundo o modelo clássico, a construção da nação.

Um esforço recente de abordar a questão na Guiné-Bissau, realizado por Forrest (2003), parte do pressuposto de um estado frágil ou suave. Procurando compreender as origens dessa condição, Forrest vai procurar pelas linhagens da fragilidade, encontrando assim um contínuo entre o estado colonial e o pós-colonial. Seu argumento geral é o de que um estado fraco como o da Guiné-Bissau, incapaz de implementar sua agenda política (que na realidade mais parece ser uma agenda universal), sem autoridade política soberana em nível nacional (o que sugere pressupor a existência anterior da nação), que se baseia somente na coerção absoluta para construir as instituições e infraestruturas estatais (subestimando a crítica recente acerca do poder sufocante do estado colonial e a da oposição radical entre colonizados e colonizadores) e que fracassa na incorporação da cidadania nas instituições governamentais, emerge onde há estruturas sociais marcadas por elevada fragmentação política e por uma sociedade civil rural forte o bastante para garantir um elevado grau de autonomia local, de modo que a vida social continue a funcionar independentemente das instituições estatais. Em outras palavras, o autor argumenta que a fraqueza das instituições do estado colonial e pós-colonial se deve à vitalidade da sociedade civil rural, que se tem revelado forte e adaptável desde os tempos pré-coloniais. Seu esforço é por mostrar que a fragilidade do estado colonial era tal que a construção das estruturas estatais só foi possível na Guiné graças a uma política deliberada de terror contra as populações nativas, esquecendo-se, no entanto, dos laços de interdependência que sempre ligaram uma porção substancial de agentes estatais com o mundo rural através de práticas matrimoniais, da adoção, da formação de clientelas e aderentes típicas dos estados patrimoniais (ver mais adiante).

Não está em questão aqui se as características empíricas das sociedades africanas reveladas pelos autores citados correspondem ou não à realidade do continente. Relações históricas de dominação econômica, política e cultural têm, de fato, colocado enormes obstáculos para a autodeterminação e autonomia dessas sociedades. O que me interessa é mostrar que a suposta natureza incompleta e a parcialidade da construção nacional em África não são atributos substantivos. São, antes, características relacionais. Elas só se afirmam quando instituições sociais concretas são postas defronte a um modelo teórico-conceitual ou a outras instituições. No caso em questão, as comunidades políticas de sentimento africanas são incompletas e parciais quando referidas ao modelo do estado nacional elaborado pelas Ciências Sociais, que foi proposto originalmente para compreender as formas de organização do poder, do mercado e da sociabilidade que surgiram nas sociedades européias. São também o produto de uma história teleológica, construida do presente para o passado. Uma história que, projetando para o passado o mundo contemporâneo dos estados-nações, acaba por criar uma trilha de dois séculos de inevitabilidades, um caminho obrigatório por onde alguns já passaram e outros ainda irão passar (Cooper 2005:22-97). O contrabando que fez do estado nacional, que é uma experiência européia historicamente determinada, um conceito teórico com pretensão à universalidade é um obstáculo à compreensão do processo de construção das pertenças sociais em África, pois obscurece o olhar para o que não se faz presente no modelo teórico e na experiência histórica européia. Enfocar a questão da nacionalidade em África através da análise do estado nacional é um procedimento que acrescenta pouco e esclarece menos ainda. Não porque o estado africano é incompleto, mas porque as formas de institucionalização da autoridade não se reduzem às formas européias do estado nacional. De fato, uma das questões prementes para qualquer país africano é a construção de um sentimento nacional que integre os diferentes grupos numa comunidade de sentimento. Porém, essa não é uma questão que diz respeito apenas ao estado, não envolve somente a forma de institucionalização da autoridade que ele representa, e não é concretizada somente pelas ideologias nacionalistas. A literatura sobre o estado-nação é rica de exemplos históricos de processos de construção nacional bastante adiantados anteriores aos processos de formação estatal, e sem ou com pouca intervenção de ideologias nacionalistas.[9]

Nos últimos 20 anos, conceitos como hibridização, crioulização, diáspora, mestiçagem, sincretismo e transnacionalismo ganharam uso corrente nas Ciências Sociais para lidar com uma crise referente às unidades básicas de análise da disciplina e que põem um desafio para as teorias estabelecidas do estado e da nação. São termos—e por trás deles, teorias—que competem uns com os outros para melhor representar o que seria uma condição da contemporaneidade: a interpenetração das sociedades e das culturas. O uso de um tal novo arsenal terminológico submeteu esses conceitos a uma revisão. Nesse caso, o alvo preferido foi o estado nacional—a forma histórica que na modernidade se tornou uma espécie de unidade naturalizada das sociedades em escala global. Sugere-se, com a utilização desses termos, que no novo patamar de movimento do mundo esta macro unidade básica de identificação e pertencimento que está cada vez menos ancorada no território. Os fluxos globais freqüentemente conflitam com os interesses do estado weberiano clássico, sugerindo que os estados-nação se interpenetram pela experiência das diásporas e são por elas subvertidos (Clifford 1994:307). A intensidade e a multi-direcionalidade desses fluxos operam de modo a criar espaços francos nos interstícios dos estados nacionais, regiões ambíguas e escorregadias que não oferecem um solo seguro para a ancoragem do poder totalizante do estado. As noções de limite e de fronteira já não mais são portadoras do sentido clássico de separação e obstáculo. Em vez de linhas nítidas a marcar a passagem de um país a outro, a estabelecer descontinuidades entre estados nacionais, argumenta-se que as fronteiras, na contemporaneidade, são espaços de interseções onde se interpenetram vários estados nacionais, são zonas ou regiões onde imperam indistinções e misturas (Hannerz 1997:20).

No mundo crioulizado, híbrido ou mestiço, a migração internacional dá lugar ao transnacionalismo, aos transmigrantes e às comunidades de diáspora. Diferentemente dos imigrantes retratados na literatura clássica da migração internacional, como exemplifica o livro de Carreira (1983) sobre a migração cabo-verdiana, os estudos transnacionais mostram que os novos imigrantes constroem suas relações sociais no interior de uma rede que se estende através das fronteiras dos estados nacionais. É verdade que os estados-nação ainda ancoram identidades, sentimentos de pertencimento e redes de solidariedade e reciprocidade, mas o fazem no ambiente de competição das zonas francas de interpenetração. No mundo das diásporas e dos transmigrantes, as pessoas têm seus pertencimentos diferenciados, se vinculando a mais de um estado-nação (Basch et alli 1994:8). Pelo menos nas suas fases iniciais, os membros das comunidades de diáspora experimentam formas diferentes de consciência de sua situação associadas à participação em redes de relacionamento voltadas para a manutenção do grupo nas sociedades hospedeiras, a continuidade das relações com os países de origem e a manutenção dos laços que transcendem os lugares de acolhimento e de origem (Tambiah 2000:170-173).

Proponho que se tome a questão da nacionalidade pela via da identidade social, e essa se refere ao modo pelo qual pessoas e grupos pertencem a uma totalidade construída enquanto representação. Penso ser essa uma perspectiva mais adequada, pois permite uma ampliação do campo analítico para além das análises do estado e das doutrinas nacionalistas, passando a privilegiar também outras formas de institucionalização da autoridade e outros tipos de discursos sociais. Desse modo, mais do que uma forma de organização política e social e mais do que uma doutrina explícita e consciente, a nação pode ser tomada como um somatório de projetos para a totalidade que variam entre o inconsciente e o consciente, o implícito e o explícito, e entre o difuso e o exato. É uma representação compartilhada sobre a totalidade social que tem grande autoridade, autenticidade e atualidade, embora não seja derivada de uma realidade imediata baseada no conjunto empírico das relações sociais. Para usar uma imagem poderosa e feliz, cunhada por Anderson (1983), a nação é uma comunidade imaginada, embora os processos que historicamente são postos em ação para imaginá-la não sejam sempre os mesmos em todos os lugares.

Sociedades Crioulas

O termo 'crioulização' é usado pelos lingüistas para designar um tipo de mudança lingüística resultante de um compromisso entre as partes envolvidas que se cristaliza numa língua crioula—a língua nativa de uma comunidade de fala que na maior parte das vezes tem um pidgin ou um jargão como ancestral (Kihm 1980; Rougé 1986, 1995; Holm 1988; Couto 1996). Trata-se de um fenômeno sociolingüístico que emerge no decorrer de trocas contínuas e duradouras entre sociedades diferentes. Concomitante com as mudanças na linguagem, o conceito 'crioulização' designa também um processo de mudança extra-lingüística que conduz à emergência de uma terceira entidade: uma unidade sócio-cultural que emerge de um compromisso frágil e instável alcançado pelos grupos que tomaram parte do encontro intersocietário original. Faço uso do termo 'crioulização' para me referir a esse processo de mudança social e cultural envolvendo grupos com diferentes laços de pertencimento. Ele pressupõe um encontro histórico de sociedades diferentes e desiguais, como o que aconteceu entre navegadores e comerciantes portugueses e membros das sociedades costeiras da África Ocidental desde a segunda metade do século XV. Quando a desigualdade não é radical, com o grupo mais forte subordinando tão completamente os grupos mais fracos a ponto de apagar todas as diferenças entre eles, o resultado desse tipo de encontro tem sido uma configuração social caracterizada pela ausência de fronteiras rígidas a separar os grupos que a constituem e por uma heterogeneidade de práticas culturais no seu interior (Caplan 1995:745). Nestas circunstâncias, as pessoas reconfiguram os elementos culturais provenientes dos grupos que participam do encontro, de modo a transmutá-los em atributos próprios da nova configuração, que chamo de sociedade crioula. Tomado dessa forma, o conceito de crioulização tem se mostrado particularmente adequado para lidar com situações em que a idéia de continuidade cultural entre diferentes povos e regiões é mais operativa que a de cultura como entidade discreta e delimitada (cf. Fabian 1978; Drummond 1980; Hannerz 1997; Parkin 1993; Caplan 1995). Por isso, é um conceito muito produtivo para dar inteligibilidade à variabilidade institucional própria de situações caracterizadas por fronteiras porosas, extrema heterogeneidade e esquemas classificatórios conflitantes, como aquelas que encontrei na sociedade crioula da Guiné-Bissau (Trajano Filho 1998).

Faz-se necessária aqui uma qualificação para evitar ser aprisionado pela analogia direta entre língua e sociedade, pelas conclusões generalizantes e, sobretudo, pela universalização da metáfora da crioulização para todas as sociedades contemporâneas, como é tão comum nos estudos sobre a globalização e sobre o mundo pós-colonial. Assim como uma língua crioula não é uma mistura desestruturada (e inferior, como queriam os lingüistas colonialistas) de línguas variadas, mas uma língua natural em estado nascente, uma sociedade crioula não é simplesmente uma sociedade sincrética, formada com traços culturais e instituições sociais provenientes de outras formações sociais. A abertura a influências externas é um atributo próprio de toda sociedade humana. O que estou a chamar de sociedade crioula é uma formação social original (como toda sociedade), diferente das que a constituíram, porém mantendo com elas continuidades e tensões que carecem ser desveladas analiticamente.

A crioulização de base portuguesa que ocorreu na costa da Guiné quando mercadores portugueses e luso-africanos se estabeleceram em vilas fortificadas às margens dos rios, mercadejando com a população local e dando à luz a sociedade crioula da Guiné-Bissau, teve natureza secundária. Ela se deu sobre uma crioulização anterior de base mandinga, de primeira ordem, resultante da expansão dos povos mande do interior da África Ocidental e dos deslocamentos dos povos do Kaabu em direção ao litoral (Trajano Filho 1998, 2003). A crioulização portuguesa tomou na Guiné a forma geral de um pêndulo a oscilar entre duas tendências valorativas: a africanização—segundo a qual a sociedade crioula seria o produto de um processo que reformava o kit cultural oriundo das várias sociedades tradicionais da costa africana, absorvendo-o de modo transmutado como seu—e a lusitanização—segundo a qual a sociedade crioula surgiria a partir de dois processos interligados. De um lado, por uma aproximação sucessiva às formas portuguesas e cristãs de sociabilidade. De outro, pelos projetos políticos que ela mesma tem elaborado para si, como uma elite criada e mantida por uma mística da exclusividade desde o final do século XIX e, a partir dos anos 1950, por meio de um projeto para a nação.[10]

Apesar de estar intimamente relacionada ao processo de crioulização na Guiné-Bissau, a sociedade crioula de Cabo Verde tem suas próprias peculiaridades. O arquipélago era desabitado quando os barcos portugueses ali aportaram pela primeira vez em 1460. Os africanos que vieram posteriormente para as ilhas pertenciam a um grande número de sociedades da costa africana adjacente, com diferenças lingüísticas, religiosas e de formas de organização social e política. Trazidos como escravos, faltavam-lhes as condições políticas para reproduzir integralmente suas comunidades de origem no novo ambiente das ilhas. Por sua vez, a minoria de europeus também não tinha meios econômicos, densidade demográfica e força política para reproduzir integralmente o seu modo de vida original. Dada essa assimetria relativa, desde muito cedo a formação social que surgiu no arquipélago tomou uma forma crioulizada, que estruturalmente compartilhava traços culturais, instituições e formas de organização das vertentes sociais que a constituíram. Ela tem sido menos marcada pela tensão pendular que caracteriza o caso guineense, apesar do debate político contemporâneo sobre os projetos nacionais freqüentemente tomar a forma de uma escolha ou de um dilema entre África e Portugal (Lobban Jr. 1995:146-147).

A produção, por uma variedade de razões, de uma massa de emigrantes é um dos atributos mais característicos da sociedade cabo-verdiana. O comércio ilícito com a costa africana nos séculos XV e XVI, o ciclo econômico baseado no tráfico atlântico de escravos que movimentou as ilhas até a primeira metade do século XIX, o declínio no final do século XIX dos sistemas de propriedade fundiária conhecidos como 'morgadio' e 'capela', as severas secas que têm provocado periodicamente crises de fome de dramáticas proporções, a atual falta de oportunidade econômica nos centros urbanos do país, e um ethos migratório que pode ser apreendido pelo exame de alguns valores centrais da cultura local (o mar, a saudade, a 'terra-longe' e o retorno), tudo isto tem empurrado uma enorme massa de cabo-verdianos para fora de seu chão natal, para a 'terra longe' (Carreira 1972; 1983, 1984; Furtado 1993:64-68; Lesourd 1995:313-317; Lobban Jr. 1995, Silva Andrade 1996). Numa situação em que, por razões culturais e estruturais, a sociedade impele seus membros a procurar um meio de vida fora do país, mas continua necessitando desesperadamente de suas remessas financeiras, o maior dilema que ela enfrenta tem a ver com o gerenciamento da distância social e cultural.

Incapazes de se reproduzir somente por meio de suas relações internas, essas duas sociedades crioulas têm que incorporar valores e práticas sociais exteriores a elas, transformando-os em algo que lhes são verdadeiramente seus. No caso cabo-verdiano, valores e práticas corporificados na experiência diversificada de seus emigrantes. Mas paradoxalmente têm que mantê-los a uma distância mínima necessária que assegure, por um lado, a continuidade do fluxo de remessas financeiras para a terra natal e, por outro, que a incorporação não subverta dramaticamente a estrutura de diferenciação existente no arquipélago. Contudo, a emigração cabo-verdiana tem uma larga gama de destinações—o sudeste da Nova Inglaterra nos Estados Unidos, Lisboa e outros aglomerados urbanos em Portugal, Roterdam, Amsterdam, Dacar, Luanda, São Tomé e Príncipe, Paris e várias cidades italianas. Isto cria uma rede de relacionamentos tão intrincada entre os que ficam e os que partem que torna a incorporação e assimilação de tudo que os emigrados trazem para o lar uma questão de difícil gerenciamento. No caso da Guiné, a sociedade crioula se apropriou e tornou seus valores e práticas das sociedades africanas que, orientados pelo padrão de reciprocidade landlord-strager (Brooks 1993), organizam a vida social das praças: práticas de adoção, casamentos exogâmicos e a transformação de instituições de alocação de poder das sociedades tradicionais em instituições de ajuda mútua no mundo crioulo, como as manjuandadis (cf. Trajano Filho 1998, cap. 4).

O Protonacionalismo na Guiné e em Cabo Verde

Muito antes do PAIGC deslanchar o movimento de libertação nacional no início dos anos 1960, inaugurando a era do nacionalismo político, movimentos protonacionalistas emergiram nas sociedades crioulas dessas duas colônias portuguesas. Diferentes em sua vitalidade, formas de expressão, representatividade social e em sua relação com uma potencial comunidade de sentimentos que é a nação, os protonacionalismos guineense e cabo-verdiano tomaram rumos distintos. O primeiro teve uma continuidade muito tênue com o projeto de nação construído no seio da luta de libertação nacional, indo pouco além da participação de alguns de seus velhos membros, ou seus descendentes, na criação do partido que formulou o nacionalismo político (o PAIGC).[11] O segundo teve papel destacado na construção de um nacionalismo cultural, que está na raiz do estágio relativamente avançado da construção nacional em Cabo Verde quando o PAIGC assumiu o poder na Praia em 1975.

O protonacionalismo guineense emergiu no seio das transformações do que chamei (Trajano Filho 2003) de segundo momento da formação da sociedade crioula na Guiné, cujo contexto político é o da autonomia administrativa da Guiné com relação a Cabo Verde em 1879 e cujo marco econômico é o fim do tráfico negreiro e a implantação das pontas produtoras de amendoim no rio Grande a partir de 1830. Na segunda metade do século XIX, essas mudanças fizeram com que a representação da sociedade crioula como uma coletividade de casas patrimoniais mais ou menos equivalentes e relativamente autônomas envolvidas no tráfico de escravos—as Gãs—desse lugar a um projeto que a tomava como um grupo de elite baseado territorialmente. A partir deste momento, a unidade básica da sociedade crioula deixou de ser os grupos corporados de parentesco e passou a ser a praça crioula internamente diversificada, mas englobada por uma elite que, quando lhe era conveniente, procurava se distinguir da massa de grumetes por meio de uma mística da exclusividade. Os principais traços criadores de sua exclusividade eram uma etiqueta lingüística que valorizava fortemente o uso rebuscado da língua portuguesa, a adesão a valores cristãos como a caridade, o uso e a posse de dinheiro, um estilo de vida e formas de sociabilidade que ligavam este grupo diretamente a Portugal ou a Cabo Verde, seu incipiente envolvimento com as atividades produtivas para exportação (no caso da produção do amendoim) e para o comércio interno (no caso das pontas produtoras de aguardente) e, por fim, sua posição de intermediários no comércio. Até então, esta elite ainda podia afirmar nas mensagens emitidas para o exterior (no caso, a metrópole) sua superioridade cultural sobre as sociedades africanas tradicionais e sobre a periferia das praças sem ser questionada pela autoridade portuguesa, na medida em que ela ainda era a representante do poder imperial na Guiné, ainda era o principal instrumento e produto da 'ação civilizadora' de uma fraca potência colonial. Entretanto, nem a metrópole portuguesa impotente e distante nem a idéia abstrata de uma comunidade cristã podiam ancorar por muito tempo um projeto de identidade crioula, pois eram instituições muito distantes da vida cotidiana nas praças tão internamente diferenciadas. E pela sua pequenez e isolamento, essa elite necessitava de uma totalidade englobadora para fundar sua identidade.

As duas primeiras décadas do século XX representaram um período histórico de transição para a sociedade crioula da Guiné. Naquele momento, o projeto que ela elaborou para si mesma enfatizava duas dimensões da idéia de unidade na diversidade. A primeira a representava como uma totalidade heterogênea ancorada em um espaço mais amplo do que as praças. Tratava-se já de um espaço coincidente com o território da colônia, que, minimamente integrado pela intrincada malha de rios que permitia o transporte de gente e de bens e por uma ainda muito precária rede de estradas construídas graças ao trabalho forçado da população nativa, passava então a ter um sentido que ia além da pura dimensão abstrata da cartografia. Era, de fato, um espaço vivido. A imagem espacial desta totalidade englobava todas as praças crioulas e os espaços não urbanos das pontas e dos entrepostos comerciais no interior da colônia. Nesse momento, em que a sociedade crioula já não mais se percebia como uma elite homogênea que representava na costa africana os valores e interesses portugueses, a categoria híbrida de identificação Guiné Portuguesa começou a adquirir ascendência sobre outras. Passou a predominar a idéia de uma pluralidade formada por grupos diferenciados, mas ligados uns aos outros por interesses e uma identidade comuns, por formas de sociabilidade e uma história próprias. Os sujeitos primordiais desse pertencimento eram os luso-africanos (muitos com laços de parentesco com famílias cabo-verdianas) com algum nível de instrução que viviam basicamente dos ofícios com qualificação média, do pequeno comércio, como empregados das grandes firmas exportadoras (no início, majoritariamente estrangeiras e após a primeira guerra mundial, crescentemente portuguesas), com alguma autonomia para realizar seu próprio comércio no interior, e como funcionários dos estratos médios e baixos do governo colonial.

No campo econômico, esses luso-africanos tiveram sua autonomia restringida pelo inflexível controle do crédito e dos preços, primeiro, pelas companhias exportadoras estrangeiras, depois pela competição desigual com os recém-chegados libaneses e, mais tarde, pela monopolização do comércio por umas poucas firmas portuguesas. No campo político, tiveram suas chances de inserção no aparato administrativo colonial drasticamente reduzidas tanto pela presença histórica de funcionários cabo-verdianos com maior qualificação escolar quanto pelo aumento de metropolitanos que ali chegavam para assumir as posições mais elevadas da máquina de governo.

Para fazer frente a essas pressões, os luso-africanos que compunham o núcleo da sociedade crioula procuraram construir alianças *ad hoc* frágeis, cambiantes e tensas. Até a véspera da guerra de 1914-1918, eles aproximaram-se dos negociantes alemães que, no início do século XX, detinham uma posição importante no comércio exportador, contra a crescente hegemonia francesa. Aliaram-se aos cabo-verdianos, com os quais mantinham estreitos laços de parentesco, contra o domínio dos libaneses no pequeno comércio de retalho e estreitaram de tal modo seus laços com os grumetes da periferia crioula e, através destes, com os notáveis das sociedades tradicionais, que acabaram por se confundir com eles, borrando ainda mais as já muito tênues linhas de diferenciação social na colônia.[12] Sobretudo, procuram se juntar em associações voltadas para a defesa de seus interesses comerciais e políticos como a Liga Guineense e o Centro Escolar Republicano de Bissau. Nessas associações voluntárias a questão da educação de seus membros tinha um lugar de destaque. Era sentida como uma urgência numa colônia em que havia poucas escolas e só em nível elementar, em que os professores tinham salários irrisórios, muitos deles mal sabiam ler e escrever. Tal situação colocava os luso-africanos da Guiné numa situação de inferioridade na competição com os cabo-verdianos, que já tinham o legendário Liceu de São Nicolau desde meados do século XIX.[13]

Em sua segunda dimensão, o projeto que esse núcleo da sociedade crioula elaborou para si, sob a rubrica de Guiné Portuguesa, criava uma totalidade subordinada lógica, social e politicamente—uma Guiné que era englobada por um Portugal que então se fazia presente como nunca dantes havia feito. Mais do que consolidar uma comunidade de sentimentos comum a toda a população da Guiné, o projeto desses protonacionalistas não passava de um esforço por uma autonomia relativa (em termos econômicos e políticos). As suas ligações com o mundo rural não assumiram a forma de uma aliança estratégica, o que só veio a acontecer durante os anos da guerra de libertação nacional. Elas continuaram segundo os moldes tradicionais que vinham prevalecendo durante séculos: sob a forma de ligações matrimoniais com mulheres do mundo rural, de adoções de crianças indígenas e de formação de clientelas. E mesmo assim este foi um projeto derrotado. A ideologia colonial e a cultura política então em vigor na metrópole republicana não ofereciam espaço para a diferença legítima. A sede civilizadora e cristianizadora portuguesa pretendia a tudo incorporar e mudar, a tudo tornar português. Porém, a debilidade da potência colonial não conseguiu mais do que fazer hibernar os projetos de autonomia, que renasceram revigorados nos anos 50.

O momento histórico presente se caracteriza pela hegemonia de um projeto identitário que representa a sociedade crioula como nação. Na realidade, são vários projetos em competição que têm em comum pouco mais do que um entendimento difuso da sociedade crioula como uma unidade englobadora de diferenças regionais, étnicas, históricas, lingüísticas e sociais. Aglutinados em dois extremos, a competição entre eles toma, por um lado, a forma de um projeto de estado nacional de natureza universalista e racional, cujos principais sujeitos formuladores foram o PAIGC e o estado que durante muito tempo este partido controlou. Trata-se de um projeto autoritário e lexicográfico que, em nome de um suposto universalismo, nega freqüentemente a história, os dilemas e os valores próprios da sociedade crioula, propondo uma nação claramente subordinada ao estado e arbitrariamente esvaziada de contradições e de sentido. Esse, como será visto, é um projeto em profunda crise. Por outro, existem os difusos projetos formulados nos discursos cotidianos e nos rumores que veiculam em ato, através de uma algazarra de vozes e com símbolos próprios do ecúmeno cultural africano, uma comunidade imaginada em construção que também poderia ser chamada de nação, embora diferente daquele tipo que se cristalizou como modelo pela tradição européia. Diferentemente da nação do Estado, a nação dos rumores é uma totalidade aberta, dinâmica e contraditória, baseada em formas locais de institucionalização da autoridade e de concepção da pessoa.

O protonacionalismo cabo-verdiano data de finais do século XIX. As associações recreativas, grêmios desportivos, sindicatos, jornais e, sobretudo, a existência de um público (pequeno, é verdade!) leitor serviram de canais para festejar as formas de sociabilidade locais, para veicular interesses e para reivindicar direitos por parte da população urbana do arquipélago. No início do século XX, o efervescente ambiente de uma cidade porto como o Mindelo, que recebia um sem-número de embarcações que faziam a travessia atlântica e, com elas, gente de proveniência diversa, servia como um estímulo extra para o desenvolvimento de um sentimento cosmopolita, já deslanchado pela experiência cabo-verdiana de lançar seus habitantes para a costa africana como comerciantes e funcionários coloniais e para a costa leste da América. Na Praia e em Mindelo os moradores mais abastados assistiam aos concertos públicos das bandas militares, às récitas teatrais promovidas por *troupes* de amadores, freqüentavam bailes nos hotéis e clubes e até experimentavam um simulacro das formas de vida aristocrática através da prática dos duelos.[14] O contraste entre a mentalidade cosmopolita e a experiência dramática das secas e da fome que dizimava sem piedade os camponeses do interior das ilhas agrícolas (Santo Antão e Santiago) e os pobres das cidades, funcionou como um canalizador da reflexão local para os problemas do país.

Marca a imprensa cabo-verdiana da passagem do século XIX para o XX o debate sobre o estado de civilização do arquipélago. Era comum o argumento de que Cabo Verde devia ser considerado como 'ilhas adjacentes', com status jurídico-político semelhante ao da Madeira e Açores, tendo em vista o estado avançado da instrução, a profusão da produção literária de uma miríade de poetas, as condições materiais da vida local, o catolicismo entranhado e os costumes 'civilizados'. Essa elite literata lutava para construir uma imagem de um Cabo Verde europeizado, sem os traços desabonadores de uma África populada por pretos e selvagens. Sem pudor, um de sens membros argumentava que 'aqui, em geral, há menos selvagens do que em algumas províncias européas e a pura raça preta tende a ficar extincta. Ilhas há onde se vêem menos pretos do que em Lisboa. E os que há são tão intelligentes e civilisados como os brancos'.[15] O que se fazia necessário para o desenvolvimento pleno da colônia era a redução dos impostos de exportação dos produtos locais para Portugal, uma autonomia administrativa e uma abertura política para que os filhos da terra pudessem ter acesso às posições de destaque no aparelho do estado colonial. Não é necessário dizer que tudo isso era disputado por meio de verborrágicos debates. Se havia os defensores de uma civilização cabo-verdiana nascente, esses eram confrontados pelos detratores das formas de sociabilidade e de cultura locais. Não foram poucas as polêmicas jornalísticas a favor e contra a morna, como um gênero musical autêntico e de valor, a favor e contra o uso do crioulo.

Nesse período, a intelectualidade local não tinha qualquer veleidade de independência política. Eles se percebiam como cabo-verdianos, filhos assumidos de uma cultura insular, porém com extrema lealdade à civilização lusitana. Um dos maiores poetas do período, José Lopes, era um camoniano de coração e alma. Outro expoente desse grupo de protonacionalistas, o jornalista e poeta Eugênio Tavares, embora tenha criticado as condições sociais que levavam tantos ilhéus à emigração, nunca chegou a formular qualquer programa sistemático de liberdade e independência. Na realidade, ficou famoso, entre outras coisas, por comentar sobre a possibilidade de independência para Cabo Verde: 'Para Cabo Verde? Para essas pobres e abandonadas rochas atiradas ao mar—independência? Isso fará sentido? Deus tenha piedade dos insensatos!' (apud Davidson 1988:63). Alguns desses intelectuais, como Pedro Cardoso, propugnavam um retorno à África, mas tratava-se antes de uma África imaginária, uma quase Arcádia, distante da África real em que sofriam os pobres que para lá iam sob contratos de trabalho draconianos.

O nacionalismo cabo-verdiano da primeira metade do século XX foi sobretudo um nacionalismo cultural. Começando com uma primeira geração de protonacionalistas ainda ambivalentes entre um nativismo ingênuo e uma forte identificação com o universo cultural lusitano, o esforço por compreender as vicissitudes da cultura e da vida local mudou de patamar literário com a geração dos escritores ligados à revista Claridade entre 1936 e 1960. Influenciados pelo modernismo brasileiro, buscaram afirmar a independência literária de Cabo Verde sob a forma de um regionalismo que 'finca os pés na terra'. Porém, permaneceram, como seus antecessores, ambivalentes ou silenciosos sobre a situação política da colônia, sobre a exploração econômica dos camponeses pobres e sem terras para cultivar, sobre os contratos forçados que levaram milhares de ilhéus para as roças de São Tomé e de Angola. Justa ou injusta, essa crítica não obscurece o fato de que os 'claridosos' trouxeram para a cena literária a questão da identidade cabo-verdiana: pensaram sobre o binômio seca e emigração, descreveram o declínio do porto do Mindelo, voltaram-se para a mentalidade do filho da terra e refletiram sobre o meio de expressão dessa cultura insular, a língua crioula. Em outras palavras, deram largos passos na construção de uma nação cabo-verdiana que ainda não tinha o estado para complementá-la.

A Crise de Incorporação e a Descrioulização

A vitória do movimento de libertação nacional liderado pelo PAIGC e que culminou na independência dos dois países representou um passo adicional nos processos de construção nacional. O que distingue esse momento é o esforço pela formação da estrutura político-jurídica que complementa a nação—o estado nacional pós-colonial.

Quando o PAIGC assumiu o poder nos dois novos estados, encontrou em Cabo Verde um sentimento de identidade nacional já bastante avançado e compartilhado pela maioria da população. Ainda se tratava de uma nação crioula, que se debatia sobre sua eterna ambivalência entre ser portuguesa, africana ou simplesmente cabo-verdiana. Na realidade, graças à efervescência criada pela luta armada na Guiné, o decênio anterior à independência e os anos que a seguiram foram em Cabo Verde um período em que o pêndulo da crioulização cultural se moveu incontestavelmente rumo a uma aproximação com a África. Animados pelo mote de Cabral de que a luta de libertação era simultaneamente um fato cultural e um fator de cultura, portanto, uma forma de resistência cultural (cf. Lopes 2002:582), surgiu nesse período uma série de trabalhos a afirmar que a nação cabo-verdiana representava um caso de regionalismo africano, entre os quais o mais representativo é o ensaio de Onésimo Silveira, Conscientização na literatura caboverdiana (Silveira 1963).[17] A África foi, por assim dizer, redescoberta após a independência. As manifestações tradicionais da cultura camponesa de Santiago (a cultura dos badius, considerada a vertente mais africana das tradições do arquipélago), como o batuku, o funaná e a tabanca, são revitalizadas, deixaram os bolsões de uso original e conquistaram o público das cidades, patrocinadas pela política cultural do estado recém-independente. Nas ruas, os mais jovens vestiam-se com roupas da costa, assumindo sua herança africana, numa afirmação simbólica e poderosa de que a identidade cabo-verdiana também tinha raízes no continente (Lopes 2002:587).

Porém, a mudança de um pêndulo político e identitário não se faz sem resistência. Ao assumir o controle do estado pós-colonial, o PAIGC encontrou alguma resistência por parte de grupos que não compartilhavam seu projeto político e econômico para a sociedade, em especial por parte da igreja católica e de grupos formados na diáspora cabo-verdiana nos Estados Unidos. E até entre as instituições que hoje são vistas como representativas das formas mais autênticas da cultura popular e da resistência cultural contra a dominação colonial surgiram algumas expressões de desconfiança ao projeto nacional de democracia revolucionária do PAIGC. Consta que no efervescente ano que se passou entre a queda do regime em Lisboa e a independência de Cabo Verde, uma das tabancas da Praia percorreu em cortejo as ruas do Plateau expressando sua lealdade à bandeira portuguesa e às cinco chagas de Cristo nela desenhada.

Os sucessos e fracassos do governo do PAIGC (PAICV) em seu esforço de Reconstrução Nacional e o desgaste do poder acabaram por produzir nos anos 80 um afastamento entre o estado e a nação. Uma reforma agrária confusa e mal aplicada, as contradições internas ao partido, um núcleo de governantes desconhecedores das realidades cotidianas das ilhas (por terem emigrado muito cedo para a Guiné e pelos longos anos afastados do país em razão da guerra de libertação), uma elite cosmopolita que nunca se reconheceu no PAICV, uma igreja católica muito ativa e influente que se tornou um refúgio relativamente protegido para a contestação ao novo regime e, sobretudo, o que os cientistas políticos chamam de o 'paradoxo de Tocqueville', pelo qual as realizações positivas de um regime geram exigências e expectativas mais elevadas por parte da população, tudo isso trabalhou para solapar a legitimidade e a aprovação do projeto de construção nacional e de formação estatal do PAICV. Os desdobramentos são por demais conhecidos: uma transição política rápida, sem sobressaltos, que levou a alternância no poder em 1991 (cf. Koudawo 2001:118-127).

A ascensão do MPD ao poder reverteu o pêndulo da crioulização cultural em Cabo Verde. Representou o enfraquecimento do esforço por construir uma identidade nacional com fortes vínculos com África. Os anos em que esse partido passou no poder foram um período em que a economia se abriu para o investimento estrangeiro através da privatização de grande parte das empresas estatais, em que se cortejou uma aproximação maior com a Europa e os Estados Unidos, em que se mudaram os símbolos pátrios que exprimiam uma forte ligação com as raízes africanas (Lobban Jr 1995:147-148) e em que o estado abandonou em larga medida as políticas para a cultura, deixando a dinâmica cultural relativamente a cargo das forças da sociedade civil (ou do mercado).

Finalmente, o período atual, com a retomada do controle estatal por vias democráticas e transparentes pelo PAICV, parece-me representar um amainar dos dilemas pendulares da crioulização. Relativamente bem integrada, a sociedade cabo-verdiana se descrioula a passos rápidos. A questão da identidade nacional é cada vez menos percebida como um dilema que assume uma forma pendular entre Portugal e África. A especificidade da nação cabo-verdiana não está na África nem Europa, mas em Cabo Verde, *tout court*.[17] Mais interessante do que as diferenças entre esses dois pólos são as diferenças entre as ilhas, entre os universos rural e urbano, entre os destinos da migração, entre as classes.

Os lingüistas chamam de descrioulização o processo pelo qual uma língua crioula tende a perder seus atributos de substrato ou não-europeus, substituindo-os por atributos da língua lexificadora (freqüentemente uma língua européia).[18] Os processos de descrioulização lingüística têm lugar em contextos nos quais há uma variabilidade de formas vernaculares (sob a forma de continuum) que coexistem e, de certa maneira, se aproximam da língua de superestrato. Nessas 'comunidades pós-crioulas' (DeCamp 1971), a língua crioula tende a se fundir com a língua de superestrato padrão.

Em termos estritamente lingüísticos, isso é o que se passa com o crioulo de Cabo Verde. Mas no arquipélago se descrioula não somente a língua, mas a sociedade e a cultura. Crescentemente, estas últimas passam a ser tomadas, por meio de um sentimento de identidade, como dando expressão a mais uma nação única, diferente das demais. Meu argumento central é que o processo de construção nacional, já bastante avançado em Cabo Verde, terá prosseguimento pleno na medida em que a sociedade crioula desapareça e que o país seja vivido pelos cabo-verdianos não como o produto de dilemas e escolhas inpossíveis entre África e Europa, mas como Cabo Verde, e só. Mas, mesmo assim, os modelos estabelecidos nas Ciências Sociais para o estado e a nação ainda terão de enfrentar os desafios introduzidos pela transnacionalidade e pela desterritorialização próprias da diáspora cabo-verdiana.

No que se refere à descrioulização lingüística, há também a possibilidade, não tratada sistematicamente pelos lingüistas, de se pensar em um processo de descrioulização invertida, que conduziria os membros de uma comunidade falante de um crioulo às línguas de substrato (no caso do crioulo da Guiné, uma aproximação com as línguas africanas). Esse é um assunto polêmico, pois pode significar um retorno do crioulo às formas pidginizadas. Na realidade, o crioulo falado como primeira língua em Bissau, Cacheu e Farim parece estar se aproximando do português. Porém, no interior do país, as variedades faladas como língua de comunicação entre membros de comunidades lingüísticas diferentes têm mais a natureza de um pidgin ou jargão. O caso guineense é curioso, pois embora os dois pólos da crioulização cultural—africanização e lusitanização—continuem a coexistir nas cidades da Guiné-Bissau de hoje, é possível também observar essas duas tendências de descrioulização. Assim, do mesmo modo que a crioulização cultural continua a operar, fazendo com que a todo momento a sociedade crioula incorpore e acomode em seu interior pessoas, grupos, valores, símbolos e práticas originários das sociedades tradicionais, se observa também a operação inversa. E essa me parece ter muito mais vitalidade. A todo instante a sociedade crioula perde gente que é capturada, por assim dizer, por outros campos de relações sociais. A tendência à lusitanização ainda muito marcante no seio da elite crioula tradicional, mas com baixo valor político, tem retirado, a cada crise institucional de maior monta como a que levou à queda de Nino Vieira, pessoas, grupos, recursos e práticas consolidadas no mundo crioulo. Gente pertencente a grupos sociais híbridos, com fortes ligações familiares, históricas, culturais e até mesmo jurídicas com Cabo Verde e Portugal, estão a toda hora abandonando provisória ou permanentemente as cidades da Guiné, muitas vezes sem deixar para trás quaisquer laços de pertencimento mais profundos. No outro extremo, a sociedade crioula também está constantemente cedendo gente, práticas e valores para as sociedades tradicionais. Trata-se mais comumente da gente pertencente à periferia crioula que retoma e intensifica as ligações com seus universos culturais de origem, adotando nomes africanos e vivenciando formas culturais que no período colonial eram consideradas impróprias do status de civilizado ou assimilado e, nos tempos pós-coloniais, como expressões de um temido tribalismo. Mas há também o caso das pessoas com uma longa história familiar de inserção no universo crioulo que, por motivações instrumentais, realizam essa descriulização invertida, criando ou recriando ligações com as sociedades tradicionais, 'se africanizando' completamente. Isto pode ser presentemente observado nos estratos sociais que, no período colonial, compunham a elite tradicional e que, com a independência, perdeu poder e prestígio para uma nova elite formada pelos 'heróis da guerra de libertação nacional' com uma curta e superficial história de inserção na sociedade crioula. Cedendo suas filhas em casamento a esses recém-chegados do mato em posições de prestígio no aparelho do estado revolucionário, uma parcela da elite tradicional tem se descriulizado no que toca as formas de sociabilidade, valores e práticas. Essas duas formas de descriulização estão freqüentemente associadas aos limites da capacidade de reprodução da sociedade crioula, que não consegue incorporar plenamente todos os recém-chegados a sua periferia nem manter o seu núcleo histórico.

Resultando de um encontro inter-societário governado pelo padrão de reciprocidade entre os donos do chão e os estrangeiros, a sociedade crioula da Guiné-Bissau não tem sido capaz de se reproduzir somente através de suas relações internas, tendo que desenvolver instituições de crioulização para incorporar gente, saberes, valores e práticas sociais do exterior. Quanto mais eficientes são os seus mecanismos de incorporação, mais êxito ela tem em se reproduzir. Por esta razão, se desenvolveu nas praças da Guiné uma disposição de abertura para o outro que resultou numa espécie de antropofagia cultural—

uma voracidade incorporadora que a tudo pretende assimilar e transformar. E nisto se encontra o fundamento de sua heterogeneidade. A posição estrutural da sociedade crioula no contexto das formações sociais da África Ocidental e sua dinâmica pendular, que controla inclusive a incorporação de novos membros, estão na raiz do dilema básico desta sociedade, que tem a ver com a construção de uma identidade social. Em cada etapa de seu processo reprodutivo ela defronta-se com o dilema de ser liminar e intermediária. Responder a esse dilema, em geral, conduz mais à sua intensificação do que à sua solução, pois as respostas põem em risco a sociedade e seu modo de reprodução, seja por uma completa africanização, seja pela lusitanização. Obviamente, o dilema, a dinâmica pendular e a própria sociedade tomam essa forma graças à conjugação histórica de forças e de poder que prevaleceu por mais de três séculos entre um Portugal pobre e decadente, um 'funil de poeiras étnicas' (cf. Pélissier 1989 I:31) que nunca se articulou estrategicamente para fazer frente ao poder colonial e um grupo pequeno, crioulizado de intermediários, incapaz de se reproduzir por meios próprios e com baixa capacidade incorporadora.

Com a independência da Guiné, as formas tradicionais de incorporação de gente e valores exteriores ao mundo crioulo, como as práticas matrimoniais exogâmicas, a adoção de crianças, a patronagem e o comércio, têm se esgotado frente à demanda de integração à sociedade política e à comunidade de sentimentos que é a nascente nação guineense por parte da população rural. Na época colonial, o que estou a chamar de sociedade crioula mal excedia 10.000 pessoas, entre aqueles considerados civilizados, assimilados e a periferia das cidades coloniais. O projeto para a nação e sua execução através da guerra de libertação teve grande poder mobilizador, atraindo uma massa de camponeses para a luta armada. Com a independência, o novo estado pós-colonial enfrentou o desafio de incorporar à cidadania essa massa de heróis da guerra assim como seus familiares e aderentes. Bissau e outros aglomerados urbanos cresceram vigorosamente sem que o jovem estado saído da guerra pudesse desenvolver instituições eficientes para integrar esse grupo de recém-chegados ao aparelho escolar, ao mercado de trabalho e à participação política.[19] No novo ritmo imposto pela criação de um estado independente, as velhas formas de incorporação já não funcionam mais. Também se mostrou ineficiente a mistura entre as formas estabelecidas pelo modelo europeu de construção estatal e os modos tradicionais de funcionamento da autoridade. O resultado desse complexo jogo de forças é um estado excessivamente patrimonialista, distante tanto das formas modernas desenvolvidas na Europa quanto das formas tradicionais africanas e, sobretudo, afastado da sociedade.

A sociedade crioula de base portuguesa que se desenvolveu na Guiné encontra-se no presente perante a uma encruzilhada dramática. Pequena o bastante para ser evacuada em dois ou três vôos da TAP, a cada crise político-militar, ela precisa se suicidar para dar livre vazão a um processo de construção da nação com maior vitalidade. Na realidade, ela precisa se descrioulizar, deixando em seu lugar não os particularismos étnicos tão temidos por alguns guineenses e por observadores internacionais viciados no idioma de uma África etnicizada,[20] mas o livre fluxo e a continuidade de uma crioulização primária que começou antes da chegada dos portugueses, com a expansão mande, e que tem continuado silenciosamente durante todos esses séculos de presença colonial. Certamente a nação que surgiria desse processo não precisa ter os mesmos contornos territoriais da atual Guiné-Bissau nem ser complementada pelas formas estabelecidas pelo modelo europeu do estado nacional. Afinal, como as pessoas, as nações nascem, morrem e, nesse intervalo, se transformam.

Notas

1. A versão final desse texto foi escrita enquanto o autor estava filiado ao Instituto de Ciências Sociais da Universidade de Lisboa, na condição de Investigador Associado Sênior com uma bolsa pós-doutoral outorgada pela CAPES, Brasil.

2. Isso conflita com a afirmação de Elias (1972) de que a construção nacional é uma fase adiantada do processo mais abrangente de formação estatal, argumento que sugere uma relação de subordinação entre os dois termos do par estado-nação oposta à que indico acima. Creio que uma das maiores fontes de dificuldades para a compreensão dos estados-nações africanos tem a ver com quais dos termos têm precedência nos casos históricos específicos.

3. Deutsch (1955) coloca grande ênfase no desenvolvimento do sistema de comunicação para se compreender a emergência dos nacionalismos. A partir de outra perspectiva, Anderson (1983) aponta que o print capitalism foi fundamental para o surgimento das comunidades imaginadas que são as nações. Smith (1983) e Gellner (1983) dão grande importância ao papel da intelligentsia na formulação das ideologias nacionalistas.

4. Ver Marshall (1977) e Bendix (1977) para a análise da cidadania na nova formação social que é o estado-nação.

5. Amim (1986) desenvolve esse argumento e mostra que o poder e a abrangência da ideologia do estado-nação são derivados da expansão do capitalismo. Badie e Birbaum também não têm dúvidas em afirmar que 'em África e Ásia o estado (o estado-nação, segundo a terminologia usada nesse trabalho) é uma importação, uma mera duplicata dos diferentes sistemas políticos e sociais europeus' (1979:181).

6. Isto não aconteceu somente na Guiné-Bissau e em Cabo Verde. Staniland (1986:57) afirma que a modernização, termo genérico que inclui urbanização e industrialização, tem sido a prioridade comum aos nacionalistas africanos quando alcançam o poder.

7. Dumont (1977:10) nota que nação tem sido implicitamente tomada como óbvia e universal. Para ultrapassar esse viés seria necessário trabalhar rumo a sua definição comparativa, o que ele faz em outra ocasião (1980).

8. Basta lembrar aqui o livro editado por Cohen e Middleton (1970). Os autores desse livro lidam com a questão de como a etnicidade é ou pode ser um fator impeditivo ou restritivo à incorporação social que conduziria à nação.
9. Uma distinção heurística se faz necessária aqui. A nação é entendida como uma comunidade imaginada de sentimentos, mas o nacionalismo é tomado como doutrina e movimento político, e não pela via dos sentimentos, lealdades e atitudes de um grupo. Smith (1983:168-169) faz muito apropriadamente uma distinção entre nacionalismo e sentimento nacional.
10. Para fins comparativos, uma tendência análoga à lusitanização é a inclinação europeizante. Ver Porter 1963; Cohen 1981; Wyse 1991 sobre o caso dos Krio de Freetown, na Serra Leoa; ver também Conklin 1997; Echenberg 1991 sobre as elites crioulas do Senegal.
11. Destaco que Elysée Turpin—segundo a mitologia, um dos fundadores do PAIGC— era neto de António dos Santos Teixeira, um destacado protonacionalista que fora membro da Liga Guineense e presidente do Centro Escolar Republicano de Bissau em 1910. Outras figuras importantes na criação do partido, como Joaquim Carrington da Costa, João Rosa e Victor Robalo, pertenciam a famílias crioulas cujos chefes estiveram envolvidos nos movimentos protonacionalistas do início do século. Um velho membro da Liga, Cezar Mário Fernandes, também parece ter sido um colaborador ou apoiador de primeira hora do PAIGC.
12. No auge da repressão de Teixeira Pinto contra os membros da Liga Guineense, seus líderes, importantes homens do mundo crioulo, foram descritos nos documentos de acusação como grumetes. Ver Vasconcelos (1916:50).
13. O primeiro Liceu na Guiné só seria criado em meados dos anos 50, cerca de 100 anos depois do primeiro Liceu de Cabo Verde. E, mesmo assim, no início era freqüentado majoritariamente por filhos de funcionários coloniais portugueses.
14. Uma passada de vista nos jornais da época observa-se que abundam notícias sobre duelos, festas, récitas e concertos de música, a indicar uma vida cultural intensa e de matiz europeu.
15. Matéria assinada por J. B., publicada no número 3 da Revista de Cabo Verde em Março de 1899.
16. Antes mesmo da deflagração da luta armada na Guiné, a reflexão dos literatos cabo-verdianos já apontava para uma aproximação com a África. Ver, entre outros, Duarte (1999, publicado originalmente em 1951) e Lessa e Ruffié (1960).
17. Essa é uma perspectiva defendida por um dos expoentes do movimento claridoso, Baltasar Lopes.
18. Sobre isto ver Holm (1988, I:9).
19. Ver Koudawo (2001:131-151) sobre as tensões no interior do Estado revolucionário guineense que levaram às transições políticas.
20. Cardoso (1996) acertadamente mostra a improbabilidade do surgimento de clivagens e particularismos étnicos num país em que a mestiçagem étnica alcançou historicamente um nível considerável.

Referências Bibliográficas

Amim, S., 1986, 'Estado, Nação, Etnia e Minorias na Crise', *Economia e Socialismo* N.° 69/ 70, pp. 29-54.

Anderson, B.,1983, *Imagined Communities: Reflections on the Origin and Spread of Nationalism*, London: Verso.

Badie, B. et Birbaum, P., 1979, *Sociologie de l'Etat*, Paris: Grasset.

Basch, L.,Schiller, N.G., ad Blanc, C.S., 1994, *Nations Unbound: Transnational Projects, Postcolonial Predicaments and Deterritorialized Nation-States*, Basel: Gordon and Breach Publishers.

Bayart, J.F., 1986, 'Civil Society in Africa', in P, Chabal, ed., *Political Domination in Africa*, Cambridge: Cambridge University Press.

Bendix, R., 1977, *Nation-Building and Citizenship: Studies of our Changing Social Order*, Berkeley: University of California Press.

Caplan, L., 1995, 'Creole World, Purist Rhetoric: Anglo-Indian Cultural Debates in Colonial and Contemporary Madras', *Journal of the Royal Anthropological Institute* (NS) Vol. 1, N°. 4, pp. 743-762.

Cardoso, C., 1996, ' Guiné-Bissau: um país de tribalistas? ', in J. Augel, C. Cardoso, eds., *Transição Democrática na Guiné-Bissau e outros Ensaios*, Bissau: INEP.

Carreira, A., 1972, *Cabo Verde: Formação e Extinção de uma Sociedade Escravocrata (1460-1878)*, Bissau: Centro de Estudos da Guiné Portuguesa.

Carreira, A., 1983, *Migrações nas Ilhas de Cabo Verde*, Lisboa: Instituto Caboverdiano do Livro.

Carreira, A., 1984, *Cabo Verde (Aspectos sociais. Secas e fomes do século XX)*, Lisboa: Ulmeiro.

Clifford, J. 1994, 'Diasporas', *Cultural Anthropology*, Vol. 9, N°. 3, pp. 302-338.

Cohen, A., 1981, *The Politics of Elite Culture: Explorations in the Dramaturgy of Power in a Modern African Society*, Berkeley: University of California Press.

Cohen, R., Middleton, J., eds., 1970, *From Tribe to Nation in Africa,* Scranton: Chandler Publishing.

Conklin, A.L., 1997, *A Mission to Civilize: The Republican Idea of Empire in France and West Africa, 1895-1930*, Stanford: Stanford University Press.

Cooper, F., 2005, *Colonialism in Question: Theory, Knowledge*, History, Berkeley: University of California Press.

Couto, H.H., 1996, Introdução ao Estudo das Línguas Crioulas e Pidgins, Brasília: Editora da Universidade de Brasília.

Davidson, B., 1988, *Ilhas Afortunadas*, Lisboa: Caminho.

DeCamp, D., 1971, 'Toward a Generative Analysis of a Post-Creole Speech Continuum', in D. Hymes, ed., *Pidginization and Creolization of Languages*, Cambridge: Cambridge University Press.

Deutsch, K., 1955, *Nationalism and Social Communication*, Cambridge: The MIT Press.

Drummond, L., 1980, 'The Cultural Continuum: A Theory of Intersystems', *Man* (NS), Vol. 15, N° 4, pp. 352-374.

Duarte, M., 1999, *Caboverdianidade e Africanidade e outros ensaios*, Praia: Spleen edições.

Dumont, L., 1977, *From Mandeville to Marx: The Genesis and Triumph of Economic Ideology*, Chicago: The University of Chicago Press.

Dumont, L., 1980, 'Nationalism and Communalism', in L. Dumont, Homo *Hierarchicus: The Caste System and its Implications*. Chicago: The University of Chicago Press.

Echenberg, M., 1991, *Colonial Conscripts. The tirailleurs Sénégalais in French West Africa, 1857-1960*, Portsmouth, NH: Heinemann.

Elias, N., 1972, 'Process of State Formation and Nation Building.' Transactions of the 7th World Congress of Sociology, vol. III. Genebra.

Fabian, J., 1978, 'Popular Culture in Africa: Findings and Conjectures', *Africa*, Vol. 48, N°. 4, pp. 315-331.

Forrest, J.B., 2003, *Lineages of State Fragility: Rural Civil Society in Guinea-Bissau*, Athens: Ohio University Press.

Furtado, C.A., 1993, *A Transformação das Estruturas Agrárias numa Sociedade em Mudança—Santiago*, Cabo Verde, Praia: Instituto Caboverdiano do Livro e do Disco.

Galli, R., 1990, 'Liberalisation is not Enough: Structural Adjustment and Peasants in Guinea-Bissau', *Review of African Political Economy*, Vol. 49, pp. 52-68.

Gellner, E., 1983, *Nations and Nationalism*, Ithaca: Cornell University Press.

Hannerz, U., 1997, 'Fluxos, Fronteiras, Híbridos: Palavras-chaves da Antropologia Transnacional', *Mana*, Vol. 3, N°. 1, pp. 7-39.

Holm, J., 1988, *Pidgins and Creoles*, 2 vols., Cambridge: Cambridge University Press.

Jackson, R., Rosberg, C., 1985, 'The Marginality of African States', in G.M. Carter, P. O'Meara, eds. *African Independence: The First Twenty Five Years*, Bloomington: Indiana University Press.

Kihm, A., 1980, 'La Situation Linguistique en Casamance et Guinée-Bissau', *Cahiers d'études africaines*, Vol. XX, N°. 3, pp. 369-386.

Koudawo, F., 1996, 'Sociedade civil e transição pluralista na Guiné-Bissau', in F. Koudawo, P.K.e Mendy, orgs., Pluralismo Político na Guiné-Bissau: Uma Transição em Curso, Bissau: INEP.

Koudawo, F., 2001, *Cabo Verde e Guiné-Bissau: da Democracia Revolucionária à Democracia Liberal*, Bissau: INEP.

Lesourd, M., 1995, *État et société aux îles du Cap-Vert*, Paris: Karthala.

Lessa, A., Ruffié, J., 1960, *Seroantropologia das ilhas de Cabo Verde*, Lisboa: Junta de Investigações do Ultramar.

Lobban, Jr., R.A., 1995, *Cape Verde: Crioulo Colony to Independent Nation*, Boulder: Westview Press.

Lopes, C., 1987, *A Transição Histórica na Guiné-Bissau: do Movimento de Libertação Nacional ao Estado*, Bissau: INEP.

Lopes, J.V., 2002, *Cabo Verde: Os Bastidores da Independência*, Praia: Spleen edições.

Marshall, T.H., 1977, *Class, Citizenship and Social Development*, Chicago: The University of Chicago Press.

Parkin, D., 1993, 'Nemi in the Modern World: Return of the Exotic' *Man* (NS), Vol. 28, Nº. 1, pp. 79-99.

Pélissier, R., 1989, *História da Guiné: Portugueses e Africanos na Senegâmbia, 1841-1936*, 2 vols, Lisboa: Editorial Estampa.

Porter, A.T., 1963, *Creoledom: A Study of the Development of Freetown Society*, Oxford: Oxford University Press.

Rougé, J.L., 1986, 'Uma Hipótese sobre a Formação do Crioulo da Guiné-Bissau e da Casamansa', *Soronda*, Nº 2, pp. 28-49.

Silva Andrade, E., 1996, *Les îles du Cap-Vert de la 'découverte' à l'indépendence nationale (1460-1975)*, Paris: Harmattan.

Smith, A.D., 1979, *Nationalism in the Twentieth Century*, New York: New York University Press.

Smith, A.D., 1983, *Theories of Nationalism*, New York: Holmes & Meier Publishers.

Staniland, M., 1986, 'Democracy and Ethnocentrism', in P. Chabal (ed.) *Political Domination in Africa*, Cambridge: Cambridge University Press.

Silveira, O., 1963, *Conscientização na Literatura Caboverdiana*, Lisboa: Casa dos Estudantes do Império.

Tambiah, S.J., 2000, 'Transnational Movements, Diaspora, and Multiple Modernities', *Daedalus*, Vol. 129, Nº. 1, pp. 163-194.

Trajano Filho, W., 1998, *Polymorphic Creoledom: The 'Creole' Society of Guinea-Bissau*. PhD Dissertation, University of Pennsylvania. Philadelphia.

Trajano Filho, W., 2003, 'Uma Experiência Singular de Crioulização' Série Antropologia, Nº 343. Departamento de Antropologia/UnB.

Vasconcelos, L., 1916, *A Defeza das Victimas da Guerra de Bissau: O Extermínio da Guiné*, Lisboa.

Weber, M., 1979, *Ensaios de Sociologia*, Rio de Janeiro: Zahar Editores.

Wyse, A., 1991, *The Krio of Sierra Leone: An Interpretative History*, Washington: Howard University Press.

7

Diversidade Linguística e Identidade Nacional:
Investigando afirmações alternativas de nacionalidade em Angola em cultos religiosos

Luena Nascimento Nunes Pereira

Resumo

Este artigo procura discutir e relativizar a ideia da hegemonia da língua portuguesa no falar e na expressão dos diversos povos que compõem a Angola atual, a partir da observação de cultos religiosos num bairro da periferia de Luanda (o bairro do Palanca, cujos habitantes são em sua maioria de origem Bakongo, grupo etnolingüístico do norte de Angola).

A partir do uso de diferentes línguas pelas diversas igrejas nas situações de culto, podemos perceber múltiplas formas de composição de identidades ao mesmo tempo étnicas e nacionais. Leva-se em consideração a diversidade das igrejas observadas, especialmente as de cariz pentecostal, e sua relação com as igrejas protestantes mais antigas e a igreja católica.

As identidades que articulam etnicidade e nacionalismo, traçando fronteiras e continuidades entre os dois domínios, e assim reinventando-os e conferindo a eles novos significados, devem ser levadas em consideração quando se pretende discutir as variações e especificidades das diversas realidades do chamado universo lusófono.

Introdução

O nosso propósito é o de fazer algumas reflexões sobre a idéia de 'lusofonia', entendida aqui quer como a expressão de diversos povos e nações em língua portuguesa, quer como a construção ideológica de uma identidade específica entre estes povos em função da partilha da língua portuguesa.

Pretendo trazer, a partir da observação de situações específicas da sociedade angolana observada em Luanda, dados que ajudem a matizar o fato da hegemonia do português sobre as línguas maternas e outras de Angola, caso que se agudiza principalmente na capital que abriga atualmente um terço da população do país.

Dados indicam que 25% da população angolana tem o português como língua materna, proporção que se apresenta muito superior na capital do país. Embora sem desprezar o fator dominante do português, seria interessante pensar a dinâmica das outras línguas, no contexto da capital, sejam elas nacionais ou não, como o caso do lingala, de origem congolesa. O acompanhamento desta dinâmica ajuda a entender o real lugar ocupado pelo português entre os diferentes grupos angolanos como perceber dinâmicas identitárias que se desenham de forma não evidente, através, por exemplo, das línguas expressas nos cultos das diferentes igrejas em Luanda.

O que nos move aqui é dotar o debate sobre a 'lusofonia' no seu aspecto cultural e identitário de um modo mais qualitativo, ou seja, pensar, através da dinâmica lingüística de Luanda e Angola, sobre os diversos significados que são atribuídos às línguas faladas, inclusive ao português e, ao mesmo tempo, perceber a existência de diversas identidades, não necessariamente excludentes entre si, que são também veiculadas nas relações entre diversas línguas no seu contexto de fala.

Outro objetivo é o de pensar de forma crítica como a apropriação da idéia de 'lusofonia' é feita por alguns grupos em detrimento de outros, ou seja, a idéia de uma identidade baseada no uso exclusivo ou predominante da língua portuguesa é francamente favorecedor de uma elite social e cultural em detrimento de outras elites e grupos, que baseiam suas identidades em outros critérios.

Em outras palavras, gostaria de discutir a idéia segundo a qual as identidades lusófonas, que nos países africanos são expressas sobretudo por elites identificadas com o modelo 'crioulo', seriam a manifestação por excelência da identidade nacional, posto que teriam deixado para trás vinculações étnicas originárias, criando culturas de síntese entre o legado europeu e o africano (culturas 'mestiças'). Esta idéia, não por acaso, é intimamente relacionada à concepção freyreana de lusotropicalismo.

Assim, a idéia transnacional de 'lusofonia', neste aspecto que nos interessa, passa a ser objeto de apropriação ideológica de determinadas elites dentro de cada uma das nações que têm o português como sua língua oficial e/ou nacional em detrimento de outras elites e outras construções identitárias.

Nesse sentido, a minha proposta é olhar para um grupo étnico dentro do contexto da capital angolana e perceber como se constrói uma outra formulação de identidade nacional que não despreza o alinhamento étnico. É nesta perspectiva o nosso interesse em tratar os Bakongo residentes em Luanda, levando em consideração o lugar especial ocupado por este grupo na sociedade, especialmente um grupo entre eles, os *regressados*.

A situação histórica do grupo Bakongo situado na fronteira colonial e nacional entre Angola e os Congos, seu lugar político marginalizado com o decorrer do processo de independência, bem como a dinâmica social representada pelos Bakongo na sociedade angolana no pós-independência, justifica o olhar sobre este grupo como uma possibilidade interessante de pensar alternativas de construção de identidade étnica e nacional que pode ser comparada, por exemplo, àquela veiculada pelo grupo mais antigo de Luanda, chamados neste trabalho de 'luandenses'.

Metodologicamente, a nossa proposta aqui é, a partir de um olhar 'de baixo', perceber como os grupos sociais redefinem determinadas categorias que normalmente são definidas *a priori* nos estudos sociológicos ou são analisadas a partir dos discursos veiculados pelo Estado e por determinadas elites culturais. Entre estas categorias estão nação, religião, poder e identidade.

Igreja e Estado

Não se pode perder de vista, nesta abordagem sobre a veiculação de identidades sociais através dos cultos religiosos, do lugar que as igrejas assumem como as principais instituições de organização da sociedade angolana, seja por seu caráter assistencialista, seja como catalizadora de formas distintas de sociabilidade. Este lugar ocupado pelas igrejas é ainda de maior relevância, considerando o quadro de fechamento político-institucional e a fragilidade da chamada 'sociedade civil' em Angola.

A observação da construção de identidades alternativas através dos cultos religiosos implica também reavaliar as relações entre igreja e Estado no caso angolano, repensando os tipos de legitimidade construídos pelas duas instituições na busca de lealdades e alinhamentos de tipos distintos.

No campo das igrejas há que considerar a concorrência de cada igreja por fiéis—sobretudo no atual contexto de crescimento e proliferação de igrejas de matriz protestante/pentecostal e a presença das igrejas africanas—e os discursos e serviços que as igrejas, seus dirigentes e aderentes põem em circulação, de modo a afirmar e construir sua legitimidade, eficácia e visibilidade. No caso angolano, as igrejas devem também haver-se com o próprio Estado que, com seus instrumentos de controle e regulação, não reconhece mais que 84 igrejas num universo de algumas centenas de denominações.

As igrejas que têm o reconhecimento do Estado são aquelas mais bem implantadas no território e há mais tempo. São as igrejas de estrutura mais hierarquizada e que contam com um conjunto maior e mais estável de fiéis (ainda que sejam as que perdem mais aderentes para as recentes igrejas pentecostais). Estas igrejas, em geral, são as mais capazes e dispostas a veicular um tipo de discurso—para dentro e para fora das igrejas—que visa representar o grupo religioso, canalizar suas expectativas e anseios, buscar uma interlocução seja com outros grupos de mesmo tipo—outras igrejas—seja com o Estado e suas instituições. A representação aqui implica especialmente a própria construção do grupo que é passível de ser representado—católicos, batistas, tocoístas, kimbanguistas, por exemplo.

Os discursos e práticas veiculados por estas igrejas incluem as representações sobre a nação, quase sempre afirmando a importância do pertencimento nacional e da nação como identidade coletiva fundante e prioritária. Todavia, estes discursos e práticas também apontam para a pertinência de outras identidades coletivas ancoradas sobre outras bases, como a confissão religiosa e a identidade étnica, que se fundamentam em outras lealdades e obedecem a outras lógicas.

Já as igrejas de tipo pentecostal, menores e fragmentadas, são notórias—e procuradas—pela oferta de serviços de cura espiritual através da relação imediata do fiel com a divindade. Estas igrejas são menos capazes (ou menos interessadas) na composição de um diálogo identitário entre grupos e Estado. Contudo, são ameaçadoras de uma certa lógica do Estado moderno justamente pelo desafio às concepções de saúde pública e de serviço médico, oferecidas ou reguladas pelo Estado como representante legítimo do interesse público.

Angola e a Língua Portuguesa

Um dos fatores marcantes da formação dos Estados nacionais é a identificação lingüística que possibilita o reconhecimento da nação como integrada. Embora se ressalve que nem todos os países contam com a identidade lingüística para assegurarem no plano simbólico sua unidade como nação, pode-se dizer que em Angola esse processo foi fundamental. E torna-se também um caso exemplar para a compreensão de um fenômeno que combinou continuidade e ruptura com relação ao seu passado colonial.

A adoção da língua do antigo colonizador como língua oficial foi um processo comum à grande maioria dos países africanos. Entre as principais razões para tal, temos o fato das independências nestes países terem sido levadas a cabo por elites modernas, ou seja, educadas à ocidental; a herança de uma estrutura administrativa do período colonial organizada em língua européia e a tentativa de evitar a hegemonia de um grupo étnico sobre outros em torno da disputa sobre uma língua.

Embora fenômeno comum aos países que emergem da dominação colonial, este processo não foi realizado sem questionamentos de ordem política e cultural, sobretudo na relação entre a língua oficial, em geral herdada da colonização, e as línguas maternas faladas pela maioria da população; as clivagens de status e poder decorrentes do domínio da língua européia por uma certa camada; e os espaços públicos e privados assumidos pelas línguas oficial e locais.

No caso angolano, deu-se o fato incomum de uma intensa disseminação do português entre a população angolana, a ponto de haver uma expressiva parcela da população angolana que tem como sua única língua aquela herdada do colonizador.

São vários os motivos que explicam esse fenômeno. O principal foi a implantação, pelo regime colonial português, de uma política assimilacionista considerada a base ideológica do seu domínio em África. Essa política fundamentava-se na classificação jurídica dos nativos entre indígenas e assimilados, onde aos segundos era garantida uma série de privilégios, entre os quais a liberação do trabalho forçado. Para obter esse estatuto, o 'nativo' deveria adotar hábitos e valores portugueses, considerados 'civilizados', entre os quais o domínio da língua portuguesa.

Para além da real extensão do estatuto de assimilado, está embutida na política assimilacionista um profundo desprezo e desvalorização das culturas locais, rechaçando as estruturas sociais e políticas locais em prol de um modelo 'portugalizador', associado à 'civilização' e à cristianização das populações submetidas.

A par da imposição cultural ocorreu um outro processo, o da incorporação da língua portuguesa por setores urbanos da população. Longe de ser um processo apenas impositivo, verifica-se a positividade da adoção do português como língua de comunicação comum, inclusive de veiculação de idéias de emancipação naquele que viria a ser o território nacional, e que no período colonial ia ganhando consistência como tal no imaginário de setores da sociedade angolana. Durante todo o século XX, a língua portuguesa facilitou a comunicação entre pessoas de diferentes origens. O período da guerra anti-colonial foi o momento fundamental da expansão da consciência nacionalista, quando guerrilheiros percorriam o território arregimentando pessoas e unificando-as pela esperança de um país livre da opressão colonial.

De instrumento de dominação e clivagem entre colonizador e colonizado, o português adquire um caráter unificador entre povos de diferentes línguas e culturas, mas participantes de uma mesma história. Com a independência, o alastramento da guerra civil, nas décadas subseqüentes, teve também o mesmo efeito de expandir a língua portuguesa, através do exército, por exemplo. Contudo, isso se deu num contexto de implantação do Estado nacional, havendo também outras variáveis, como a expansão do sistema administrativo, do sistema escolar, dos meios de comunicação, etc.

Embora o governo angolano (então exercido por um dos movimentos de libertação, o MPLA—Movimento Popular para a Libertação de Angola) declarasse assumir a tarefa de valorizar as culturas—e as línguas—nacionais, na prática, diversos foram os entraves para esta promoção. Uma delas, certamente foi a de valorizar aspectos de unificação do país em detrimento daquilo que distingue os grupos, ou seja, a precedência dos símbolos nacionais sobre os regionais e étnicos.

Outro fator foi a escassa pesquisa produzida antes e depois da independência sobre as culturas formativas da nação, estudos lingüísticos, etnológicos e outros, também dificultados pela continuidade da guerra civil. A pouca produção de material didático e literário nas diversas línguas nacionais também dificulta o que se chama de 'promoção das línguas nacionais' e a formalização do seu ensino.

A dúvida sobre instaurar um sistema de alfabetização nas línguas maternas e promover uma defasagem entre crianças do meio rural (alfabetizadas em língua materna) e do meio urbano (alfabetizadas na língua oficial) fez recuar o projeto do ensino em línguas maternas em diversos países africanos e não somente em Angola.[1]

Em Angola são consideradas duas categorias de línguas: a língua oficial, portuguesa, e as línguas nacionais.[2] Destas, algumas são veiculadas num noticiário específico da Televisão Pública de Angola (TPA), feito apenas em línguas nacionais. Há uma das cinco emissoras da Rádio Nacional de Angola que emite exclusivamente em línguas nacionais. As emissoras provinciais também produzem programas nas suas línguas locais.

Luanda: Urbanização e Diversidade Lingüística

A perda de espaço das línguas maternas em Angola deve-se, sobretudo, ao fenômeno da migração para as cidades, em especial para a capital do país, que exige o aprendizado e o uso contínuo do português. A perda do contato com a língua materna implica, numa certa medida, numa perda de conhecimentos referentes ao sistema cultural que a língua remete. Esse sistema cultural está relacionado ao modo de vida rural, que vai sendo deixado para trás.

Os modos de vida, cujos saberes são veiculados pelas línguas específicas, estão ancorados numa tradição que se transmite oralmente. A tradição oral se vê, como em outras partes do planeta, no impasse da perda de espaço pela acelerada urbanização (sem considerar a própria destruição das economias e das vidas provocadas pela guerra), com a deslegitimação do saber tradicional frente aos processos de modernização, veiculados pela escrita.

Não se deve, todavia, pensar este processo apenas do ponto de vista de uma perda irreversível, posto que muitos dos modos anteriores de existência são reproduzidos e recriados no espaço urbano, sobretudo nas periferias e bairros pobres, destino da maior parte da população migrada para as cidades. E são nestes bairros onde percebemos a diversidade lingüística como um dado interessante para repensar o formato do estado nacional, sempre entre a sua necessidade de afirmação unitária e a diversidade de múltiplas faces que abriga.

Retornando ao cenário de Luanda, encontramos hoje um 'cadinho' no qual entram em contato diversos grupos de origens e trajetórias ora comuns, ora diferenciadas. Os legados destes diferentes grupos ocasionam a fusão e a recriação de novas identidades que tornam mais complexo o quadro nacional, onde não é possível simplesmente pensar numa mera oposição entre identidade nacional e identidades étnicas, consideradas como culturas homogêneas e auto-referentes.

Fundada no período do tráfico de escravos e com mais de 400 anos de presença portuguesa, Luanda tem no português muito mais que uma língua de dominação ou mesmo língua oficial ou administrativa: Luanda é uma cidade onde a chamada 'lusofonia' ganha um sentido profundo.

Essa 'lusofonia' não tem, no entanto, qualquer significado de pureza ou 'casticidade'. O português falado na Luanda de ontem e hoje foi bastante transformado pelas línguas locais, notadamente o kimbundu, língua materna dos habitantes da região da capital. Tal como o português enraizado dos brasileiros, o português de Luanda também vem cheio de modos, sotaques, vocábulos e formas de construção da língua que dizem, por vezes, mais respeito às estruturas lingüísticas africanas que propriamente ao português falado em Portugal.

Apesar disto, a desvalorização empreendida pelo poder colonial sobre as línguas nativas provocou um sentimento de auto-desvalorização dessas línguas, que até hoje se faz sentir em certas camadas da população, em especial as de urbanização mais antiga. Elas carregam uma visão da língua materna como inferior, que não vale a pena ser falada ou aprendida. Mesmo com a veiculação de um ideário de valorização das culturas, com a positividade atribuída às línguas como um fator de identidade e afirmação cultural, o sentimento de 'inutilidade' das línguas locais em prol das 'ocidentais' persiste, disfarçado de 'pragmatismo'. Ainda que os bilíngües sejam invejados e admirados, pouco se faz para recuperar o uso das línguas maternas nas cidades.[3]

A ignorância ou resistência às línguas de origem por parte de camadas da população 'luandense', convive com o 'multilingüismo' das populações vindas mais recentemente de outras partes do país. Essas línguas, contudo, ficam, de certa forma, restritas ao espaço privado, doméstico, sendo acionadas nos momentos em que se deseja demarcar uma certa diferenciação, como nos momentos de tensão, conflitos ou de festejos e comemorações. Outro lugar interessante de afirmação da diversidade lingüística é o espaço religioso. Os cultos e missas, sobretudo nos bairros da periferia, são muitas vezes realizados em várias línguas, sobretudo os cânticos, dependendo da composição da audiência.

A Questão dos Regressados: Cultura e Política

O caso mais interessante para percebermos a dinâmica lingüística na capital, advém da chegada dos regressados vindos do Zaire, depois República Democrática do Congo, à capital angolana após a independência do país. O retorno deste contingente[4], em levas, desde a segunda metade da década de 1970 e década de 80 (antes, portanto, da chegada maciça de deslocados de todo o país por ocasião da guerra mais violenta, que se deu após 1992) trouxe consigo os hábitos e costumes aprendidos durante uma longa vivência no Congo/Zaire. Entre eles, uma língua estranha aos angolanos, o lingala, veicular da região da capital zairense, Kinshasa.

A experiência urbana destes cidadãos não facilitava sua identificação frente aos locais como emigrantes rurais. A inserção de muitos indivíduos formados no Congo/Zaire nos quadros da administração do Estado e a montagem do comércio paralelo num país de orientação socialista foram elementos que caracterizaram este contingente como um grupo entre si bastante diferenciado e dinâmico. Os que possuíam formação secundária e superior eram mais hábeis no francês, tendo que se adaptar rapidamente ao uso da língua portuguesa para exercerem suas profissões. Já os setores que ganharam a vida no comércio ilegal não tinham tanta pressa no aprendizado do português. Mais: muitos deles resistiam ao aprendizado de uma língua que remetia ao antigo colonizador e não compreendiam por que a maior parte das pessoas de Luanda só sabia expressar-se na língua oficial, não dominando suas línguas de origem.

O lingala passou assim a concorrer com o português em certos espaços como nos principais mercados livres que, à margem do poder público iam se expandindo. Língua também ouvida no transporte clandestino dos *candongueiros* (as lotações), ganhando, assim, um lugar que, se não publicamente reconhecido, não se restringia ao espaço doméstico e privado das periferias.

Para além de considerações de ordem política, como a identificação dos originários do norte do país que viveram no Zaire com a FNLA, partido inimigo do MPLA desde os tempos da guerrilha anti-colonial, a presença dos 'regressados', de seus hábitos diferenciados, sua rápida inserção e visibilidade nas atividades econômicas da cidade, sobretudo a língua lingala, veiculada insistentemente nas ruas, mercados e meios de transporte, ocasionaram o estigma de estrangeiros aos portadores de uma língua não nacional.

O português passou, assim, a ser considerado um demarcador de nacionalidade, de identidade nacional entre a população luandense. Ainda que tenha sido vista como língua de unidade nacional, a língua da literatura e do Estado, jamais fora considerada uma língua nacional exclusiva, no sentido de que pudesse definir quem era ou não angolano a partir da competência do seu uso. Em Luanda, a partir da entrada dos *regressados,* que tinham como língua principal não o kikongo, língua materna Bakongo, mas o lingala, língua veicular de Kinshasa, o português passou a ser usado pelos *luandenses* como um demarcador de nacionalidade e de 'angolanidade': 'não são angolanos, pois nem falam o português'.

Reagindo ao estereótipo de estrangeiros, os bakongo *regressados,* por sua vez, estranhavam certos comportamentos dos *luandenses*, principalmente a importância atribuída à língua portuguesa, considerada uma língua nacional. O centro das distinções para os *regressados* estava na reivindicação de uma 'africanidade' contraposta a uma excessiva 'ocidentalização' dos habitantes de Luanda, mais percebida como 'portugalização'. O uso quase exclusivo do português em Luanda, a não competência da maioria dos seus habitantes em qualquer língua africana, o modo de vestir e outros comportamentos, foram sendo também tachados de aportuguesados e, por vezes, de 'abrasileirados'. A 'africanidade Bakongo/ regressada' seria exercida num modo de ser e de estar, evidenciado entre outras características pela competência nas línguas africanas. O lingala, quando definido como uma 'língua africana', esconde o fato de não ser uma língua angolana. Assim, há também o apelo a uma 'identidade bantu' referindo-se a todo complexo cultural da região central e austral da África, que se estende dos Camarões à África do Sul, e que partilha o mesmo tronco lingüístico.

Assim, percebe-se em distintos grupos a criação de critérios divergentes para a definição de nacionalidade, de legitimação de identidades, refletindo visões de mundo produzidas por culturas e contextos históricos diferenciados, que são atualizadas e postas em confronto no processo de construção da nação.

A diversidade lingüística entre os Bakongo

Internamente ao grupo Bakongo, podemos perceber a coexistência de várias línguas. O kikongo, língua materna, divide espaço com a língua portuguesa, com o lingala e, por vezes, com o francês.

Assim, se para a maior parte dos grupos em Angola a convivência lingüística se dá geralmente entre uma língua materna e o português, os Bakongo que regressaram do Congo (e parte dos Bakongo que receberam a influência deste contingente) operam três, por vezes quatro línguas. Os lugares e situações em que estas línguas são acionadas variam de acordo com o contexto e com o interlocutor, onde entram também as variáveis de geração e gênero.

A língua portuguesa, ao longo dos anos em que os chamados 'regressados' vivem na capital do país, impõe-se ao aprendizado de todos como uma necessidade inescapável para o convívio com a 'sociedade nacional'. O 'estigma' atribuído aos que retornaram do Zaire foi em parte se diluindo na medida em que a habilidade com o manejo da língua oficial crescia. O inconfundível sotaque 'zairense' dos adultos é imperceptível nas crianças e jovens que freqüentam a escola ao lado de crianças de outras origens, formando uma geração que carrega consigo tanto valores, costumes e visões de mundo dos seus pais, como os que valores e costumes que aprendem na cidade de Luanda no convívio com outros grupos.

A língua portuguesa é, assim, a língua que se usa no trabalho, nas ruas, escolas, serviços públicos, aquela que se ouve majoritariamente nos meios de comunicação, em todos os lugares que se convenciona chamar de 'espaço público'.

No espaço doméstico, entre os Bakongo, o português também se faz presente, mas ao lado do lingala, sobretudo naqueles bairros em que os Bakongo são a maioria dos moradores. O lingala também é muito ouvido nos mercados (chamadas 'praças') em que a presença dos comerciantes bakongo é expressiva. O lingala tornou-se uma língua tão comum nos mercados que vemos pessoas que nunca estiveram no Congo manejá-la sem problemas.

O lingala é a língua preferida dos adultos que estiveram no Congo e dos jovens influenciados pela contagiante música congolesa. Embora as crianças aprendam o lingala bem cedo, dão preferência ao uso do português, aprendido na escola, e em casa, estimuladas pelos pais, que não desejam que seus filhos sintam a mesma discriminação que sofreram por falarem mal o português.

Já o francês é utilizado pelas pessoas que estudaram no Congo/Zaire e nela têm uma língua de prestígio, que traz facilidades para um grupo que faz da mobilidade uma forma de vida. É uma língua muito restrita às pessoas formadas, aos intelectuais, estando relegada a um pequeno círculo, em situações pontuais.

O kikongo é a língua mais utilizada pelos mais velhos, em situação doméstica ou ritual. Pessoas recém-chegadas da área bakongo também se expressam mais na língua materna. As mulheres mais velhas também têm preferência por esta língua, até porque, por vezes, tiveram dificuldade em aprender tanto o lingala no Congo como o português em Angola.

São nas cerimônias e rituais onde o kikongo ganha expressão máxima. Reuniões familiares convocadas para a resolução de problemas, celebração de casamentos tradicionais e as longas cerimônias de óbitos são o momento em que o kikongo emerge como a língua na qual é transmitida toda a sabedoria tradicional, tornando possível o encaminhamento e a resolução das situações deste grupo social que são expressadas ritualmente.

Através dos provérbios e fórmulas, dos discursos e narrativas que os 'mais velhos' desfiam perante a uma audiência participativa, o kikongo se afirma como símbolo da unidade do grupo e como reiteração de uma cultura e de saberes que, recriando-se no espaço urbano, são perpetuados.

A continuidade dos costumes que envolvemo, casamento tradicional, do óbito, da resolução de problemas que exigem a presença e participação das famílias envolvidas, tanto mantém viva a língua, como esta, por sua vez, confere sentido às transformações necessariamente engendradas nestes rituais.

Um Panorama do Bairro do Palanca

O Bairro do Palanca, estimado em 70 mil habitantes em 1998 (DW, s/dA) era um bairro semi-rural nos últimos anos do tempo colonial. Foi efetivamente ocupado com a chegada dos ex-exilados do Congo a Luanda, principalmente a partir dos anos 1980. Vizinho ao Bairro Popular, já na periferia da cidade, foi iniciado deste lado, se expandindo ao longo da Estrada de Catete, fazendo seu limite com a Estrada do Sanatório, assim conhecida pelo hospital ali mantido pela Igreja Católica. Embora limitado e bem identificado por estes três marcos (Bairro Popular a noroeste, Estradas do Catete a nordeste e Sanatório a sudeste), a última fronteira do Palanca, a sudoeste, se encontra um tanto quanto confusa nos limites dos Bairros Golfe, Chapa e Sapu.

Os principais marcos do bairro do Palanca são, além dos pontos comerciais, as diversas igrejas, como a Igreja do Exército da Salvação, a Assembléia de Deus Pentecostal e a Igreja Bom Deus, que ocupa todo um quarteirão. Por dentro do bairro, as diferentes igrejas são usadas como ponto de referência para a localização de residências, ainda que o Bairro conte com a maior parte das ruas numeradas, apesar das inúmeras travessas.

Os limites do bairro indicam também as levas de ocupação do bairro e a sua heterogeneidade étnica, ainda que pese a imensa maioria bakongo em seu seio.

Na área próxima ao Bairro Popular encontramos uma população um pouco mais diversificada, com presença de pessoas de origem Ambundo, sobretudo da região de Catete. O centro do bairro é marcadamente de população *regressada*, chegada nos anos 1980 e depois. À medida que o Palanca se estende em direção à Estada do Sanatório vamos encontrando famílias chegadas mais recentemente, nos anos 1990, inclusive muitos zairenses, segundo os próprios moradores do bairro. O 'sul' do bairro, na parte oposta à estrada do Catete, é mais empobrecido e a população é ainda mais recente e inclui gente vinda do centro-sul de Angola (Ovimbundu).

Além das diversas lojas e igrejas, há um grande número de organizações não governamentais com sede no bairro. A maioria das ONGs lá existentes são formadas por *regressados* e trabalham em parceria com organizações estrangeiras ou são ligadas a alguma igreja. Participam em projetos de capacitação comunitária, construção de pontos de água, construção e manutenção de escolas privadas e cooperadas, cooperativas de mulheres comerciantes, formação de agentes de saúde, sobretudo no combate à malária.

Chegando no bairro do Palanca num dia comum de semana percebemos que grande parte dos moradores exerce suas atividades econômicas dentro do bairro, a maior parte em serviços, sobretudo comércio, apesar de uma parte significativa, sobretudo masculina, se deslocar ao centro da cidade, retornando à noite[5]. Os inúmeros estabelecimentos de comércio e serviços como alfaiataria, conserto de carros, cabeleireiros, etc., fazem do bairro uma comunidade muito dinâmica dentro do modesto nível econômico em que vive, evidenciando uma grande capacidade de organização e empreendimento.

Além dos pontos de referência das igrejas e a vivacidade do bairro durante todo o dia, os mercados constituem em outro marco fundamental de qualquer bairro periférico e o Palanca não é exceção. Os mercados ou 'praças' são os principais pontos de aglomeração do bairro, principalmente a partir do meio da tarde. Nos mercados se exerce a principal atividade econômica das mulheres, garantindo a subsistência do dia-a-dia da família.

No mercado também é possível percebermos um pouco da dinâmica das línguas faladas. A língua preferida dos mercados e do bairro do Palanca é, sem dúvida, o lingala, compreendida por quase todos, independente de idade e do sexo. As mulheres mais velhas gostam também de se comunicar em kikongo, sua língua materna, e as jovens são muito fluentes também em português. O mercado do Imbondeiro, sendo localizado na fronteira do bairro, tem presença predominante dos regressados do Zaire e também de zairenses. Noutros mercados no Palanca que envolvem, por exemplo, muitas mulheres do sul do país e de Luanda, se fala mais português.

Além dos mercados, outra forma de perceber a composição complexa da população do Palanca é visitando as igrejas. Também aqui é preciso prestar atenção em quais igrejas e onde os templos estão localizados. Chamo atenção para a existência de igrejas com freqüência maior dos Bakongo *regressados*, como a igreja Batista e a Kimbanguista, bem como as diversas igrejas pentecostais vindas do Congo.

É fácil perceber qual o tipo de freqüência das igrejas do ponto de vista da região de origem pela observação das pessoas, suas roupas e modos, e pelas línguas faladas durante o culto. As línguas faladas e escolhidas para celebração também indicam se há intenção das lideranças das igrejas de abrigar uma composição étnico-regional mais abrangente, ou se a igreja se volta prioritariamente para a população Bakongo, fazendo as orações e pregações em kikongo e em lingala. Outra boa estratégia é visitar as igrejas católicas. Embora o português seja a língua quase obrigatória na liturgia e nos sermões, ao prestarmos atenção aos cânticos, percebemos que eles são cantados nas diversas línguas da audiência presente.

O catolicismo é a religião dominante em Angola com uma distribuição étnico-regional mais ou menos uniforme: cerca de dois terços da população cristã são católicos e o cristianismo é majoritário em Angola, com mais de 80% da população. Entre os Bakongo, o cristianismo tem uma adesão ainda mais vigorosa, aproximando-se dos 100%, embora o catolicismo, neste meio, passe de pouco mais da metade (Henderson 1990:138). Sendo assim, visitar as missas católicas nos fornece dados para percebermos a composição étnica do bairro ou de seus setores, pois a missa atrai a todos os grupos. Daí a percepção de uma grande participação Ovimbundu na parte do Palanca mais próxima ao Bairro Golfe e de população luandense/Ambundu mais próxima ao Bairro Popular (há três igrejas católicas no bairro do Palanca).

O Palanca, apesar da evidente predominância de população regressada (em torno de estimados 80% segundo algumas ONGs que atuam no bairro), abriga em seu seio grupos de outras origens étnicas. Isto significa que as relações a serem observadas dentro do bairro têm que levar este aspecto em consideração, ou seja, se trata da observação de uma população Bakongo/*regressada* em evidente contato com outras populações dentro de um bairro denominado outrora de

'República do Palanca', pelo alto número de organizações, associações e igrejas que pareciam fazer do bairro uma pequena sociedade auto-suficiente, com uma cultura própria, e destacada do resto da cidade (Lukombo 1997). Na realidade, as relações observadas dentro do bairro já traduzem um pouco da complexidade multiétnica na qual outras formas de sociabilidade e solidariedade ultrapassam a categorização étnica[6].

Outro espaço importante de relações interétnicas e, mais que isso, de socialização do grupo Bakongo no contexto mais amplo, trans-étnico, é o da escola. Há, no Palanca, escolas públicas e privadas, estas mantidas por ONGs, igrejas e por iniciativa de particulares mas, em todas, o português é a língua única de ensino. Sendo assim, a escola promove um nivelamento entre os alunos que não encontramos paralelo em outros espaços como igrejas, por exemplo. É a escola o principal disseminador do português entre as crianças, independente da iniciativa dos pais de reforçar este processo através da língua falada em casa ou de promover o uso das línguas maternas, seja na igreja, seja no convívio familiar.

Segundo dados do INE (Instituto Nacional de Estatística) de 1998 (apud UNICEF 2001:23) mais de 25% dos angolanos tem o português como sua língua materna[7]. Isto faz do português a segunda língua materna de Angola, atrás do umbundo (língua materna dos Ovimbundu, grupo majoritário em Angola, com cerca de 40% de falantes). A mesma pesquisa revela que os falantes de kikongo somam 8,5%, sendo que a população de origem bakongo abrange, historicamente, 12% da população angolana (Redinha 1971:13). Se a população Bakongo não diminuiu proporcionalmente ao resto da população angolana, seria caso de pensar que a identificação de origem étnico-regional não passa apenas pela fluência na língua materna. Isso é ainda mais importante se considerarmos a enorme parte da população angolana—majoritariamente jovem—que não conhece outra língua que não o português e que não necessariamente poderíamos classifica-la como 'sem pertencimento étnico', visto que outros elementos como origem dos pais, local de nascimento, pertença cultural, auto-atribuição, são outros critérios de identificação étnica.

No caso dos Bakongo, me parece pertinente supor que a relativa perda da fluência em kikongo se deve, em primeiro lugar, à sua substituição pelo lingala, durante o longo exílio dos angolanos no Congo, e a continuação do uso do lingala no retorno a Angola como língua de grupo no contexto da inserção em Luanda (Pereira 1999). O aprendizado do português pela camada mais jovem parece, atualmente, ser o fator determinante para o relativo esquecimento do kikongo.

O fator lingüístico, embora muito comentado e discutido pelos meios de comunicação angolanos tem sido muito pouco tratado em políticas públicas de promoção, ensino e pesquisa destas línguas. As pesquisas não têm o aprofundamento necessário para um diagnóstico mais claro da dinâmica das línguas em Angola.

Há outros aspectos a serem levados em consideração, sobretudo a partir do fim da guerra, quando é possível às pessoas voltarem às suas áreas de origem, ainda que por um período do ano, restabelecendo um trânsito entre os meios urbano e rural, que tinha sido, até então, feito numa só direção. O maior trânsito entre os espaços urbano e rural poderá conferir uma nova dinâmica às línguas maternas, revitalizando-as e relativizando o uso exclusivo que tem sido feito da língua portuguesa.

No caso do kikongo, há ainda que apontar para uma revivescência da língua, empreendida por parte das elites bakongo, cientes da secundarização do kikongo em prol do lingala e do português. Esta revivescência se percebe em algumas igrejas e nas reuniões familiares, lugares fundamentais de exercício da língua materna e do conhecimento por ela veiculado.

O domínio das diferentes línguas—kikongo, português e lingala—desenha também diferenças dentro do grupo bakongo, no que toca a maior ou menor mobilidade, à autoridade e às relações de poder internas ao grupo, bem como às possibilidades abertas a determinados setores, e não a outros, à ascensão social, a partir também das relações com outros grupos dentro e fora dos bairros.

O domínio da língua portuguesa permite o acesso ao mercado de trabalho mais amplo e ao trânsito dentro da sociedade luandense, onde o português é de uso quase exclusivo. A fluência do português, sem o sotaque que legou aos *regressados* o forte estigma nos primeiros anos de retorno, é um trunfo entre os jovens bakongo que lidam hoje com duas heranças, a de pertencerem ao grupo Bakongo, geralmente filhos de pais *regressados* e de terem nascido e/ou crescido em Luanda.

A mobilidade exibida pelos jovens, em parte proporcionada pelo domínio da língua veicular, como de um aprendizado cultural múltiplo, é contrastada com a relativa menor mobilidade das mulheres, especialmente das mulheres mais velhas. Embora bastante dinâmicas no que toca a iniciativa econômica—vide o desenvolvimento do pequeno comércio e sua presença nos mercados—o lugar da mulher é ainda mais restrito que o masculino, e pequeno ainda é o seu papel público, evidencia do por uma menor presença no mercado de trabalho formal e pelo menor trânsito entre os diversos meios sociais de Luanda. Embora as mulheres mais velhas tenham um papel mais atuante nas reuniões de família em relação às mães jovens, este papel é bem mais limitado em relação ao protagonismo masculino neste campo.

Os Bakongo e as Igrejas

Segundo dados fornecidos por funcionários do INAR (Instituto Nacional para Assuntos Religiosos, ligado ao Ministério da Cultura), as igrejas espalham-se por toda a cidade de Luanda, do centro à periferia. Mas em bairros como Palanca,

Mabor e Hoji A Henda, bairros cuja maior parte da população é originária do norte de Angola, são observados um número maior de igrejas e de diferentes denominações.

Estas informações confirmaram-se pela observação de campo no qual a maior parte dos chefes das pequenas igrejas pentecostais é de origem bakongo.

Entre intelectuais angolanos, principalmente escritores ficcionistas, jornalistas e outros pesquisadores, a proliferação das igrejas é percebida como um equivalente da candonga, uma espécie de 'candonga espiritual'. *Candonga* refere-se ao comércio paralelo, hoje informal, alastrado pelo país, alimentado pelo contrabando e pelas práticas tácitas ou informais de trocas e da comercialização do favor, da pequena e disseminada corrupção. Esta percepção alia-se à noção corrente de pastores inescrupulosos que enganam fiéis desesperados em busca de cura para suas doenças e aflições, e de que a expansão e proliferação das igrejas são decorrência direta da crise econômica e da pauperização da população.

A abertura de igrejas seria, nessa chave, um expediente para o enriquecimento ilícito, prática análoga à corrupção, ao favorecimento, ao contrabando, ao comércio ilegal, etc. A clientela da igreja cresceria, assim, a braços com o aumento da pobreza e do desespero, com a retirada do Estado no atendimento à população e com o crescimento desordenado das cidades.

A hipótese da 'candonga espiritual' casa-se facilmente com o estigma dos Bakongo enquanto grupo que teria introduzido a prática do comércio informal/ilegal. Reproduz-se, desse modo, o mesmo estereótipo do mukongo/ *regressado* voltado para as práticas ilegais de comércio (práticas depois seguidas por toda a população), aquele que teria tido a 'iniciativa' de 'enriquecer' indevidamente com o 'desespero' alheio, através da abertura de igrejas e cobranças de dízimos.

A hipótese da crise e da pobreza como fatores para a multiplicação de igrejas não condiz, todavia, com a condição de vida relativamente menos precária da população Bakongo. Os Bakongo não são, de nenhum modo, a população mais carente da cidade. Em Luanda encontramos bairros cuja população tem condições de vida muito mais agravadas e onde não se verifica um número tão elevado de igrejas.

Outra forma muito comum de analisar o fenômeno da proliferação de igrejas em Angola e em África é relacioná-la ao declínio da solidariedade familiar, decorrente da guerra civil que teria desmantelado formas de sociabilidade anteriores[8]. A situação de guerra, ou pós-guerra, que provocou o deslocamento de populações para os centros urbanos teria gerado uma situação de perda de referências e laços que seriam reconstruídos pela adesão à igreja, uma instituição tão englobante e totalizadora como as sociedades de parentesco.

Da mesma forma que os Bakongo não são o grupo mais pauperizado no contexto da crise social em Luanda—muito pelo contrário—tampouco são o grupo cujos laços familiares encontram-se esgarçados. Os Bakongo são notórios por serem os mais persistentes em termos de manutenção e revitalização de laços familiares, de coesão interna e de apego às tradições.

Os próprios Bakongo buscam formular explicações de diversas ordens sobre o fato de a proliferação de igrejas ser um fenômeno associado principalmente a este grupo, notadamente entre os regressados.

A primeira explicação diz que os Bakongo são os mais religiosos entre os angolanos, são cristãos há muito mais tempo e, portanto, são naturalmente inclinados à vida religiosa e a freqüentar igrejas.

Esta explicação, evidentemente, não é suficiente para entender o porquê da diversidade de igrejas. Esta diversidade, segundo alguns deles, estaria relacionada ao fato de os 'Bakongo gostarem de mandar', referindo-se à estrutura segmentar da sociedade kongo, na qual chefes de linhagens menores buscam novos espaços para a criação (e a liderança) de novos grupos. Esta estrutura reproduzir-se-ia no contexto atual através das cisões e desmembramentos entre as igrejas, nas quais emergem novas lideranças que comandam grupos menores e autônomos numa organização de menor hierarquia. Não poderemos, no espaço deste artigo, tratar desta discussão (ver Pereira 2004).

Uma constatação muito presente é a influência do Congo/Zaire e da presença de 'zairenses' na criação de múltiplas igrejas e dissidências de igrejas. Muitas vezes, os Bakongo de Luanda recusam a apreciação de que são angolanos do norte os responsáveis pelo grande número de igrejas. Dizem que são os congoleses e não os *regressados* os que trazem as igrejas do Congo a Angola, ou que a proliferação de igrejas está disseminada por todo o território angolano, não sendo só 'coisa dos Bakongo'.

Outros, por sua vez, num sentido ao mesmo tempo de auto-crítica ou de auto-indulgência, afirmam que, sendo os Bakongo inclinados ao comércio e muito mais viajados que os outros angolanos, são capazes de ver mais longe e de farejar um bom negócio. Assim, apenas teriam feito mais cedo o que os outros angolanos só vieram a realizar anos depois: tanto a montagem do comércio informal como a abertura de igrejas (e de partidos políticos e de organizações não-governamentais[9]) foi uma iniciativa tomada primeiro pelos angolanos do norte, práticas depois 'copiadas' pelos outros angolanos.[10]

Embora não seja possível discutir aqui as causas e os padrões da proliferação religiosa em Angola, e entre os Bakongo em particular (ver Pereira 2004) quero ressaltar a diversidade de igrejas entre os Bakongo para encontrar um padrão do uso das línguas nos diferentes momentos dos cultos religiosos e o seu significado no que tange a formulação de identidades e narrativas diversas quanto ao pertencimento étnico e nacional.

Juntando informações fornecidas pelos próprios fiéis e alguns dados obtidos no INAR e em Viegas (1999), começo por mapear as igrejas de maior adesão entre os Bakongo, explorando a composição de sua audiência e as formas pelas quais os fiéis aderem a tal e qual igreja.

Esboço aqui alguns dados, partindo das variáveis de classes de idade, de gênero e situação sócio-econômica. A igreja católica é, como em todo o país e por todos os grupos étnicos, a igreja com mais adeptos entre os Bakongo. A igreja batista, que é a principal igreja protestante que se implantou no norte de Angola, desde fins do século XIX, segue como outra igreja de grande inserção— e autoridade—entre esta população, ainda que se divida atualmente em diversas denominações. Dentre estas, a IEBA, Igreja Evangélica Batista em Angola, a herdeira da antiga BMS (Baptist Missionary Society), do tempo colonial, continua sendo a igreja com mais adeptos.

A igreja kimbanguista (Igreja de Nosso Senhor Jesus Cristo sobre a Terra pelo Profeta Simão Kimbangu), ao que me pareceu, segue as igrejas batistas de perto, apesar de Viegas (1999:63) apontar que esta última possui um número bem maior de adeptos, estando em segundo lugar, após a igreja católica. Além destas, outras igrejas de referência entre a população bakongo presente em Luanda são a Igreja Exército da Salvação e a igreja tocoísta (Igreja do Nosso Senhor Jesus Cristo no Mundo).

A tradição familiar parece conservar-se, assim, como o principal critério de adesão dos Bakongo às igrejas, reproduzindo, dentro das famílias, ao longo das décadas, os adeptos das principais igrejas.

As igrejas pentecostais, em geral, vão colhendo fiéis destas igrejas citadas acima, a princípio entre os mais jovens e mulheres. Nota-se em igrejas como a IURD (Igreja Universal do Reino de Deus), uma adesão bastante mais jovem e bastante mais pobre, no caso nos bairros de predominância Bakongo[11].

As igrejas cristãs de origem africana são em grande número. Mas, com poucas exceções, não parecem ter uma adesão numerosa, nem de base familiar. Isso nota-se pela composição da audiência que acorre às igrejas aos domingos. Nas principais igrejas relacionadas acima vê-se grupos familiares presentes, enquanto que as igrejas mais recentes são procuradas mais por mulheres e jovens e menos por homens. Nota-se também presença bem menor de crianças nos cultos pentecostais em comparação às igrejas mais antigas.

Há outros aspectos a destacar sobre as igrejas, não somente quanto à composição etária, de gênero ou sócio-econômica. Alguns sinais indicam, por exemplo, um maior ou menor envolvimento de cada igreja com certas instituições Bakongo, dando notícia de situações de aproximação e/ou ruptura que a comunidade da igreja estabelece com instituições da esfera familiar. Estes aspectos sinalizam também uma postura identitária do grupo em relação à sociedade mais ampla, seja nacional, seja de Luanda, seus símbolos e valores, como veremos.

São elas o uso das línguas nos cultos (português, kikongo, lingala e outras línguas), o tipo de cânticos, o uso ou não de roupas de tipo africano pelas mulheres, a proporção de crianças e jovens nos cultos, a introdução de certos rituais. O dinamismo demonstrado pelos grupos organizados dentro das igrejas (grupo de mães, de jovens, de homens) em situações de óbito ou casamento, por exemplo, indicam o envolvimento (e o respeito) da igreja nas situações em que a autoridade localiza-se dentro das famílias.

As Línguas nos Cultos Religiosos: Etnicidade e Nacionalismo

Tomemos aqui o uso da língua, ou melhor, das línguas, nos cultos, apontado anteriormente para identificar a composição étnica das diferentes áreas do bairro do Palanca. A escolha do português como língua principal de culto, para além da necessidade de atingir uma audiência plural e multi-étnica, como normalmente é justificada, indica também uma vontade da própria igreja de assumir um ponto de vista mais 'nacional', na medida em que, em Angola e, sobretudo em Luanda, o uso da língua portuguesa se faz hegemônico. Este é o caso especialmente da igreja católica.

Já a predominância do lingala nos cultos, mais do que conformar-se a uma assistência de maioria regressada ou congolesa, pode sugerir uma vontade ou uma inclinação para um culto mais sectário, mais voltado para um grupo culturalmente determinado que encontra nas igrejas—principalmente as proféticas—um espaço privilegiado de reprodução de um modo de vida específico, tendência maior que a de assimilação. Este é o caso de várias das igrejas pentecostais e de origem africana.

O uso do kikongo, quase sempre mesclado com o uso do português, aponta para um espaço de valorização cultural fincado na tradição bakongo e voltado para um tipo de público bastante sensível à manutenção do kikongo como língua de grupo, de valorização da tradição e de suas instituições. O uso alternado com o português indica a dupla necessidade de integração e atenção ao espaço nacional, numa forma cadenciada que aponta para a construção de uma identidade que quer ser (e pode ser) ao mesmo tempo nacional e étnica. O uso alternado entre português e kikongo praticamente em pé de igualdade eu assisti nos cultos da IEBA (Igreja Evangélica Batista em Angola).

Há uma variação enorme no uso das diferentes línguas nas diferentes igrejas nos diferentes momentos de culto. Pode-se pensar em quatro espaços nos cultos, nos quais o uso das línguas é demarcado. O primeiro espaço é o da pregação, no qual há um discurso direto da autoridade religiosa, o pastor ou o padre, para os fiéis. Há uma interação relativa entre fiéis e pastor, mas com o controle do último. O segundo espaço é o da oração (e dos hinos), estabelecendo a comunicação entre o corpo de fiéis (incluindo autoridades e assistência) com Deus. São situações caracterizadas pela solenidade e pela contrição. O terceiro espaço é o das leituras bíblicas, que pode ser feita pelo pastor, padre, mas também outros ministrantes. É quando Deus e seus mediadores (apóstolos, profetas) comunicam-se com seus fiéis (indicado pela expressão 'vamos ouvir a Palavra de Deus'). O ultimo espaço é o dos cânticos, canções e músicas de empolgação[12], na qual há uma comunicação mais relaxada entre fiéis—bandas, corais e o público assistente. Neste espaço, podemos também inserir os avisos comunitários e recomendações, que dizem respeito à comunidade religiosa e mais ampla, bem como testemunhos feitos por fiéis (especialmente nas igrejas pentecostais). Em muitos cultos esse espaço é o que toma mais tempo—e onde há maior variação de línguas. Haveria um quinto e último espaço, por fim, que é o das celebrações de casamentos e consagração ou apresentação de crianças à comunidade, feitos muitas vezes em cultos separados ou num momento destacado no culto dominical[13].

No caso do culto da IEBA, a que assisti mais regularmente, a pregação é feita em português, com tradução consecutiva para o kikongo. As orações são feitas quase sempre em kikongo, indicando o lugar ritual e quase sagrado ocupado pela língua materna. As leituras bíblicas são feitas em português e em kikongo, consecutivamente. Os cânticos são cantados em várias línguas—lingala, kikongo, francês, embora pouco em português.

Um inventário das variações encontradas nos cultos das outras igrejas seria excessivo aqui, mas é relativamente freqüente a situação de maior variedade lingüística nos cânticos, bilingüismo nas leituras e pregação e monolingüismo nas orações. Cabe reiterar que esta ordenação não atende apenas a uma situação pragmática de adequação ao público ou de minimização do tempo ou do esforço dispensado nas traduções.

Quero dizer que, mais que uma adequação à composição da congregação, as línguas utilizadas são fruto de uma escolha (que leva em conta também as características e necessidades desta audiência e a trajetória do pastor ou ministrante) que indica o lugar e o papel que cada denominação e cada comunidade religiosa pretende ocupar e desempenhar dentro do grupo e fora dele.

Portanto, à dimensão 'universal' ou nacional da igreja católica expressa por sua liturgia e sermão efetuados em português, mas com cânticos em kikongo e outras línguas, vamos contrapondo igrejas como a batista, que organiza seu culto buscando um equilíbrio entre o kikongo e o português, até igrejas, como a maioria das igrejas proféticas/pentecostais, que fazem seu culto quase que exclusivamente em lingala ou, como a Igreja Universal do Reino de Deus, exclusivamente em português[14]. A igreja tocoísta, que prima por ser uma igreja especificamente angolana, dá um espaço interessante às diversas línguas angolanas—especialmente nos cânticos, mas não só—que não pertencem necessariamente ao público presente no culto em questão, como o chokwe e o umbundo. É como se estivesse a dizer 'nós somos 'a' igreja angolana propriamente dita'—e dizer angolano é dizer através de todas as suas línguas e expressões. A pregação do culto tocoísta assistido no Palanca foi feito em português, kikongo e kimbundo, indicando uma afirmação de 'angolanidade' baseada no uso das diversas línguas, independentemente da composição étnica dos fiéis, e não no uso quase exclusivo do português.

Conclusão

O estatuto das línguas nacionais em Angola e o seu justo tratamento pelo Estado e pela sociedade são temas que têm estado em pauta no debate nacional. Há, por exemplo, projetos para introdução das línguas maternas nas escolas, ou projetos de resgate da tradição oral com recolha de depoimentos e narrativas dos mais velhos. Sobressai, tanto entre os intelectuais como entre a população comum, a perspectiva pessimista que as línguas cedo ou tarde serão esquecidas e desaparecerão frente ao rolo compressor da língua portuguesa. Assim, segundo essa visão, desapareceriam os conhecimentos tradicionais e as culturas por elas sustentados.

Na verdade, muitas das opiniões sobre o assunto têm a marca de observações muito restritas à capital do país. A escassez de estudos sobre a atual situação das línguas maternas e de como os diferentes grupos lidam com o seu repertório lingüístico em todo o território não permite avançar em análises mais realistas e refinadas.

É de ressaltar que a guerra, tanto quanto a urbanização, foi responsável pela crise que porventura se possa atribuir às línguas nacionais. Os deslocamentos forçados de populações para as cidades, a perda brusca de referências são fatores que explicam a interrupção no desenvolvimento das línguas. A impossibilidade das pessoas residentes nas cidades de participarem com seus familiares de ocasiões importantes nas suas áreas de origem—colheitas, festas, casamentos, óbitos— faz perder o contato e as trocas culturais entre campo e cidade, diminuindo nas línguas seu necessário dinamismo.

Atualmente esperamos estar assistindo uma nova etapa na história. Com a garantia da paz, restabelece-se a normalidade do trânsito em todo o país. Isto certamente não significará que a maior parte das pessoas que hoje se encontra nas cidades tornarão a fixar-se no campo, mas me parece certo afirmar que o retorno periódico às áreas de origem, permitindo a volta do contato entre famílias separadas, a reconstituição das atividades econômicas e sociais que caracterizam a normalização da vida garantirá, por conseguinte, a revivescência cultural e lingüística.

Talvez se assista nesta nova etapa a formas diferentes de conviverem grupos, línguas e culturas, redesenhando talvez novas formas de identidades que associem, sem perda, seus pertencimentos étnicos e religiosos no todo nacional.

Notas

1. O Instituto de Línguas Nacionais, criado junto ao Ministério da Cultura, é dedicado à pesquisa das línguas nacionais e produção de material didático. O Instituto produziu os alfabetos e o pouco material disponível em algumas das principais línguas nacionais angolanas.

2. A classificação das etnias em Angola leva em conta o critério lingüístico. Dessa forma, o país conta com cerca de 10 grupos étnicos, sendo que os três maiores grupos—

Ovimbundu (língua umbundo), Ambundo (língua kimbundo) e Bakongo (língua kikongo)—somam 75% da sua população. Dentre outros grupos estão os Lunda-Chokwe, Nganguela, Herero, Ovambo, Nyaneka-Humbe. Estas populações são do tronco bantu, que predomina na região centro-sul da África. Outros pequenos grupos não-bantu em Angola são os Khun, vulgarmente denominado de 'bosquímanes', presentes no sul do país.

3. A realidade das línguas maternas nas províncias é bem diferente da capital. Na área rural, as línguas locais são as mais utilizadas, formando uma população bilíngüe nos centros urbanos. Não há, contudo, dados empíricos suficientes e sistematizados para avançar a discussão sobre este ponto.

4. Não há qualquer estatística sobre o número de pessoas que retornaram a Angola vindos do Congo/Zaire. Todavia, estimo esse número, na cidade de Luanda, em torno de 300.000 pessoas, levando em conta os bairros periféricos cuja população bakongo é majoritária. Há que considerar também que a guerra reiniciada a partir de 1992 acarretou numa intensa migração das províncias do norte do país (de população Bakongo) para a capital.

5. As atividades exercidas pela população residente no bairro do Palanca são muito variadas, tanto nas funções privadas como públicas, mas geralmente estão, como a maior parte da população de Luanda, ligadas ao setor informal.

6. Há que se tomar em consideração também a própria composição do grupo bakongo no Palanca, em relação às diferentes levas que chegaram à cidade. Há uma nítida diferenciação entre aqueles chegados nos primeiros anos da independência, com seus filhos nascidos em Luanda, dos chegados mais recentemente do Congo. São trajetórias de vida bastante distintas espelhadas por formas também distintas de inserção na sociedade luandense.

7. O português é falado ou compreendido por estimados 75%, ou mais, da população angolana.

8. Esta explicação também é recorrente para o fenômeno da pentecostalização na América Latina, associado à urbanização e à migração de populações rurais. Estas, perdendo suas referências familiares e territoriais nos centros urbanos, seriam empurradas para as igrejas evangélicas.

9. A criação de múltiplos partidos políticos e organizações não-governamentais, após a abertura política, em fins dos anos 1980, teve grande protagonismo dos Bakongo. Há um senso comum que associa todos estes empreendimentos bakongo—partidos, igrejas e organizações—como um mesmo fenômeno (sobre multipartidarismo e o Bakongo ver Lukombo, 1997).

10. Esta explicação parece confirmar o estereótipo, referido antes, da 'candonga espiritual'. Todavia, a iniciativa comerciante e o 'faro' para o bom negócio é visto por amplos setores bakongo, em especial por aqueles ligados há varias gerações à atividade comercial, como uma qualidade extremamente positiva.

11. A IURD, vinda do Brasil, vem colhendo uma adesão expressiva em toda Angola e, provavelmente, não apenas nas camadas mais pobres da população, haja visto a

construção de templos em bairros de classe média em Luanda. Porém, no caso do Palanca, me pareceu que aí sim, esta igreja obteria uma adesão mais feminina e jovem, com baixo número de crianças e idosos.

12. Cantadas antes do início do culto em algumas igrejas e no momento do ofertório.

13. Este quinto momento, que tem um aspecto civil, é feito geralmente em português.

14. Apesar do monolingüismo da maioria das igrejas proféticas ou pentecostais, seu culto é baseado nos rituais extáticos de possessão e encontra seu momento máximo na expressão da glossolalia, ou seja, o falar em línguas estranhas, que seriam línguas divinas, a 'língua de Deus, ou dos anjos' incompreensíveis às pessoas comuns. Este momento ritual do 'falar em línguas' indica a comunicação direta com o Espírito Santo, ou seja, a própria descida do espírito sobre o fiel, o que sinaliza uma bênção recebida, graça esta alcançada individualmente e não necessariamente por todos os fiéis. A glossolalia, uma espécie de 'multilingüismo ritual', parece fazer um contraste interessante à diversidade lingüística das igrejas protestantes e católica que não estão voltadas para este tipo de experiência. A glossolalia, uma expressão puramente religiosa, mística e individual, exprime um discurso não coletivo, que não pode ser compreendido fora do contexto ritual, fazendo um contraponto da análise até aqui apresentada, que busca apontar sinais expressos pela comunidade religiosa dentro do culto, mas que encontram ressonância fora dele.

Referências Bibliográficas

DW/Development Workshop, s/d, Características gerais do bairro do Palanca. Luanda.

Henderson, L., 1990, W. A *Igreja em Angola*. Lisboa, Editorial Além-Mar.

Lukombo, J.B., 1997, 'Comunidades e Instituições Comunitárias em Angola na Perspectiva do pós-guerra: o caso das Populações de origem Bakongo "Regressados" da ex-República do Zaire e fixadas no tecido Peri-urbano Luandense'. *Ngola: Revista de Estudos Sociais*. Vol.I, n.°1. Luanda, AASA (Associação dos Antropólogos e Sociólogos de Angola). 251-278.

Pereira, L.N.N., 1999, 'Os regressados na cidade de Luanda: um estudo sobre identidade étnica e nacional em Angola'. Dissertação de Mestrado em Antropologia Social. Faculdade de Filosofia, Letras e Ciências Humanas da Universidade de São Paulo.

Pereira, L.N.N., 2004, 'Os Bakongo de Angola: Religião, Política e Parentesco num Bairro de Luanda'. Tese de Doutorado em Antropologia Social. Faculdade de Filosofia, Letras e Ciências Humanas da Universidade de São Paulo.

Redinha, J., 1971, *Distribuição Étnica em Angola. Luanda*, Centro de Informação e Turismo de Angola.

UNICEF, 2001, *Um futuro de esperança para as crianças de Angola: Uma análise da situação da criança*. Luanda, Unicef / República de Angola.

Viegas, F., 1999, *Angola e as religiões*. Luanda.

8

A Trajetória Da Elite Intelectual, A 'Geração De 50' e Seus Projetos: A Nação

Carlos Serrano

Resumo

O autor, escolhendo especificamente o caso de Angola e os intelectuais da 'geração de 50', analisa a partir da produção de certos discursos ou formulação de programas políticos e de ações concretas, capitais político e simbólico, os seus significados para a formação e reprodução das elites e de seus projetos no que se refere ao Estado-Nação.

Havia uma tomada de consciência por esse pequeno grupo de intelectuais em relação à cultura hegemônica do poder colonial. A reflexão desse grupo de intelectuais em relação à situação do povo angolano dá-nos a compreender uma nova concepção e novas representações simbólicas e autônomas em relação ao projeto orgânico e formal do Estado colonial. Estas representações nos parecem ainda fragmentadas na medida em que ainda não existe um projeto revolucionário e radical que proporcione a concepção de uma totalidade capaz de substituir o antigo sistema. Estes discursos vão-se tornando diferenciados entre os atores durante o processo histórico que conduz à independência e à nova concepção da Nação.

Introdução

Esta comunicação tem por objetivo iniciar um estudo de caráter interdisciplinar e comparativo a fim de analisar como as elites,[1] escolhendo especificamente o caso de Angola e os intelectuais da 'geração de 50', criaram diversos capitais simbólicos necessários e associados a certos projetos inerentes ao processo de constituição do Estado–Nação antes da Independência e numa situação pós-colonial. Assim, a partir da produção de certos discursos ou formulação de programas políticos e de ações concretas, capitais político e simbólico procuraremos buscar o seu significado para a formação e produção das elites e de seus projetos.

O Tempo do Imaginário (no 'antigamente da vida' como diria Luandino), o Tempo da Revolução, dos Projetos e o Programa Revolucionário que se cristalizam no momento que constitui o Tempo da Independência, isto é, o tempo da consagração da luta libertária, do partido da vanguarda e de seus heróis maiores, para dar lugar, posteriormente, ao Tempo Institucional, ou seja, ao tempo do discurso e da revolução oficial conduzidos pelo Estado e pelo partido dirigente.

Esperamos inscrever este trabalho dentro dos demais trabalhos que se têm preocupado em estabelecer uma relação entre atores sociais e políticos numa história recente e nos contextos atuais, assim como suas propostas para o devir, seja nas suas convergências seja em suas rupturas.

Na atualidade, estes atores são aqueles que se destacam pelas suas atividades econômicas, políticas, religiosas, acadêmicas, de chefias tradicionais, sindicalistas, escritores, etc., que conduzam a caracterizar de forma ampla as elites em formação, bem como da formulação de seus diversos discursos em termos da formação do Estado-Nação. Não é nossa intenção neste momento determo-nos nestas outras elites cujo trabalho de investigação coletiva se faz necessário no futuro. Neste momento de transição democrática, a incorporação de novos nomes devem ser buscados entre os elementos significativos das novas formações políticas, da sociedade civil em formação, de elementos destacados do clero (católico, protestante ou igrejas africanas), lideranças civis ou militares, etc. Personalidades no exílio ou emigrantes de prestígio também podem ter importância enquanto formadores de opinião e dadas as suas relações com outras personalidades no país de origem.

Existem também personagens destacados já falecidos, mas que devem ser recuperados na memória nacional do país por terem tido um papel importante na formação das novas identidades nacionais e por possuírem, ainda que simbólicas, relações com as elites atuais.

Neste momento de pesquisa ficarei restrito apenas à 'geração de 50' e mesmo assim me restrinjo a apenas quatro destes intelectuais que tiveram relevo na década de 50 com grandes afinidades entre si no início de um certo movimento cultural, refiro-me ao postulado 'Vamos descobrir Angola', e que iria no seu evoluir para movimentos políticos que marcariam definitivamente a luta pela Independência de Angola. Mas também posturas diferenciadas umas vezes convergentes outras vezes divergentes, não só no movimento nacionalista, mas também sobre a identidade do continente africano e lutas no contexto mundial.

Estou me referindo a Mário António Fernandes de Oliveira, António Jacinto, Mário Pinto de Andrade e Viriato da Cruz, com os quais tive contacto, e, com alguns, certo grau de amizade.

No Antigamente: os Anos Cinqüenta e o Discurso Cultural

Em 1948 o movimento literário-cultural Vamos descobrir Angola constituiu-se num postulado e mesmo numa posição política de jovens intelectuais da época em relação à negação sistemática dos valores do povo angolano ou das diversas nações angolanas pelo colonialismo. O poeta António Jacinto (um dos integrantes desse grupo junto com Viriato da Cruz, mentor do movimento), diz-nos que esse trabalho possuía raízes políticas porque o fato do reconhecimento em si já implicava uma tomada de posição política.[2] Sem dúvida, havia uma tomada de consciência por esse pequeno grupo de intelectuais em relação à cultura hegemônica do poder colonial; todavia não existia um programa político definido e sólido, apesar de, paralelamente, existirem pequenos grupos políticos em formação, nos quais se tentava forjar a consciência de uma práxis possível, mas não uma mobilização coletiva do povo (antes da fundação do MPLA, em Dezembro de 1956). Por isso, se apresentavam mais como grupos de reivindicação do que uma força de mobilização revolucionária da consciência nacional. No entanto, a reflexão desse grupo de intelectuais em relação à situação do povo angolano dá-nos a compreender uma nova concepção e novas representações simbólicas e autônomas em relação ao projeto orgânico e formal do Estado colonial. Estas representações nos parecem ainda fragmentadas na medida em que ainda não existe um projeto revolucionário e radical que proporcione a concepção de uma totalidade capaz de substituir o antigo sistema. Assim, uma mutação na consciência do colonizado antecipa e inicia o processo de descolonização. E aqui nos parece necessário incorporar um conceito-chave proposto por Georges Balandier, que é o de retomada de iniciativa (Balandier 1963:33). Segundo este autor, a retomada de iniciativa não é uma simples volta aos valores pré-coloniais ou a uma ideologia orgânica do período colonial. Também não é uma improvisação sobre algo que não existe mais, sobre uma página branca legada pela colonização, como pretende Sartre. A retomada de iniciativa é uma transformação e uma transformação da consciência pela sua ação sobre ela mesma no decurso do movimento revolucionário, isto é, uma transformação da consciência que produz efeitos práticos que não são da mesma ordem que o sistema pré-colonial, nem de uma nova ordem arbitrária. É, porém, um movimento interno na consciência coletiva, que faz passar de uma ordem antiga a uma ordem de devir. É a revolução da ação no interior das consciências dos ex-colonizados. O movimento Vamos descobrir Angola representa na realidade uma retomada de iniciativa, uma recuperação da palavra dentro de um discurso angolano autêntico, mas, repetimos, ele aparece ainda de uma forma fragmentada, o que nos é dado a perceber, por exemplo, pela antologia temática de Mário

Pinto de Andrade, em que a repetição dos mesmos temas na poesia daquele período, explicita de certa maneira esta fragmentação do todo na tomada de consciência dos problemas que mais sensibilizaram os escritores do movimento.

É através de um movimento cultural que é enunciado o postulado 'Vamos descobrir Angola', princípio orientador do 'Movimento dos novos intelectuais de Angola' em torno da revista Mensagem.[3]

Se o espaço político destes jovens intelectuais era extremamente restrito devido às condições de repressão existentes, a sua ação, no entanto, foi importante na formação das novas gerações de escritores angolanos. Tanto as discussões de temas políticos como a orientação de leituras de clássicos disponíveis marcaram o cotidiano desta relação generacional, como nos afirmou Mário António. A correspondência mantida por alguns elementos deste grupo com o escritor brasileiro Salim Miguel e sua esposa Eglê Malheiros que dirigiam a revista Sul (Florianópolis -Santa Catarina) dão-nos conta das suas leituras, suas preocupações, insurgências contra a exploração do Homem, suas solidariedades e os pedidos de livros e revistas que entraram clandestinamente em Angola. Livros não só de literatura brasileira, mas também de literatura política produzida na União Soviética e China. Neste caso, os pedidos eram de António Jacinto e Viriato da Cruz (1952/53).

Benjamin Abdala Júnior já nos tinha ressaltado a continuidade de um 'processo que levaria aos valores ideológicos e literários da Angola contemporânea' (Abdala Jr. 1991), que tem origem naquelas raízes.

A segunda fase desse processo e da racionalização da identidade cultural a que estamos nos referindo procede da intelligentzia urbana. São eles angolanos, não só por rejeição ao modelo português o que, embora importante, ainda é limitado, mas pelo conhecimento da própria autonomia, autonomia essa que se dá em termos do discurso e do reconhecimento dos seus próprios valores: as línguas, a geografia, as condições existenciais; enfim, começa a formar-se um tecido em que se afirma historicamente a existência e a idéia de uma autonomia angolana.

No discurso da intelligentzia, mas também abertamente a partir de 1945/48, não há diferenças entre os angolanos: todas as formas, todas as línguas,[4] todas as estruturas contribuem para a formação de um tecido nacional e não pode, por isso, haver diferenças entre elas. Queremos aqui deixar enfatizada a idéia de que este é um pensamento e um discurso nativista por excelência. Não é a idéia evidentemente que se faz dos angolanos através do discurso do colonizador. Já dissemos que essa ação do intelectual, que só podia ser urbano, tinha imposto uma dissolução ainda que limitada das concepções apertadas das diversas nações (etnias). E nesse caso em Luanda, a capital, e em Benguela, já existia um embrião de pequena burguesia separada, pelo menos em parte, das origens regionais. A importância dessa pequena burguesia é fundamental porque ela foi historicamente obrigada a assumir a responsabilidade da criação dessa fase de consciência nacional.

Um dos jovens poetas e principal articulador daquele movimento acima referido, Viriato da Cruz, membro fundador do Movimento Popular de Libertação de Angola, escreveu 'poemas que eram um indicador de caminhos que não quis ou soube percorrer. Poemas em que não se sabe onde começa o poeta e onde começa a sua gente, como em 'Sô Santo', 'Namoro', 'Makezu', onde a voz do povo se mistura com a voz do, através de suas manifestações anônimas de crítica (diríamos a mensagem), de enlevo, de graça–todas num tom de absoluta autenticidade (não confundir com autenticité, muito posterior) (Oliveira 1990:175-176). Mário António talvez não tivesse compreendido que o 'Tempo do Imaginário' (Mauss 1974) e do discurso cultural dava agora lugar a um discurso que se fazia premente o discurso político. No caso dele (Mário António) se detém no espaço de reflexão sociológica, histórica e literária com muita competência e mérito, mas para Viriato da Cruz era mais uma etapa a ser superada porque suas preocupações eram agora de cunho político e o foram até ao final de sua vida (ver 'Cartas da China').

O Discurso Político

Infelizmente não tivemos acesso ao manifesto do Partido Comunista Angolano redigido por Viriato da Cruz, mas parece-nos que alguns dos itens do discurso contido nesse manifesto foram incorporados mais tarde no manifesto do Movimento Popular de Libertação de Angola, manifesto esse que analisaremos no devido momento como tendo sido possivelmente o primeiro projeto revolucionário a existir em Angola. Essas propostas vão ser retomadas na Luta de Libertação e vão definir não só um programa maior do movimento quanto uma práxis coletiva levada a cabo pelo partido. Como se sabe, o próprio Marx já nos tinha dado a conhecer na Ideologia Alemã que toda sociedade não pode se referir a ela mesma se não forjar para si uma representação da sua unidade. Mesmo nas sociedades tradicionais em que as divisões sociais ainda não estão cristalizadas como divisões de classe, a existência de relações sociais implica uma projeção de uma comunidade imaginária, uma representação que pode ser feita ou disfarçada seja pela existência de um déspota, seja de uma forma sacralizada. Toda sociedade como totalidade só pode, portanto, ser compreendida quer através dos discursos que explicitam essa representação, quer através dos atos que podem conduzir a essa mesma representação. Tomaremos aqui não só o projeto revolucionário em sua dinâmica, mas também a práxis revolucionária, isto é, a revolução em si mesma como 'fenômeno social total', tal como descrito por Marcel Mauss:

> Considerando o conjunto, percebe-se o essencial, o movimento do todo, o aspecto vivo, o instante fugidio... onde os homens tomam consciência senti-

mental de si mesmos e de sua situação em relação ao outro' (Ensaio sobre o Dom) (Mauss 1974).

Entendendo o desdobramento desses discursos e do seu caráter autônomo, parece-nos imprescindível definir melhor alguns dos conceitos que vamos utilizar. Castoriadis (1982:94-98) afirma que a política revolucionária é uma práxis que se dá como objeto a organização e a orientação da sociedade para permitir a autonomia de todos, reconhecendo que esta práxis pressupõe uma transformação radical da sociedade. Isso se processa com o conteúdo do projeto revolucionário, que é precisamente a reorganização e a reorientação da sociedade pela ação autônoma dos homens. O projeto e o elemento da práxis e de toda a atividade. Todavia, é preciso não confundir projeto e plano. O plano corresponde ao momento técnico de uma atividade, quando condições e objetivos podem ser e são 'exatamente' determinados, e quando a transformação recíproca dos meios e dos fins apóia-se em um saber suficiente do domínio em questão. Quanto se trata de política, ou seja, a representação da transformação visada, a definição dos objetivos pode assumir, sob certas condições, a forma do 'programa'. O programa é uma concretização provisória dos objetivos do projeto quanto a pontos considerados essenciais nas circunstâncias dadas na medida em que sua realização provocaria e realizaria, pela sua própria dinâmica, a realização do conjunto. O programa é apenas uma figura fragmentária e provisória do projeto. Os programas passam, o projeto permanece. Por outro lado, o projeto revolucionário não está fora da história porque ele é, em última análise, a reconquista da história. Melhor ainda, ele é o processo de interiorização coletiva da história, a tomada de consciência coletiva como sujeito. A participação dos diversos grupos étnicos nesse processo é diferenciada não só na resistência ao colonialismo como também nos diversos momentos históricos em que esse confronto se realiza (diferentes momentos do ponto de vista cronológico). Assim, a tomada de consciência se processa diferenciadamente. O projeto revolucionário comum nem sempre é o programa estabelecido pelo partido, mas sim a reatualização constante de uma representação idealizada pela coletividade que a mobiliza e dá um sentido ao seu devir como sujeito. Dessa maneira, o imaginário social torna-se inteligível e comunicável pela produção dos 'discursos', os quais e pelos quais se efetua a reunião de representações coletivas numa dada linguagem. Teoricamente, nem sempre as 'maiorias' participam de forma teórica ou prática na elaboração das estratégias 'nacionais', mas isto não significa que elas não se identifiquem com essas mesmas estratégias. O discurso nacional terá que reuni-las e conduzi-las na luta pela defesa da sua identidade. Não somente a revolução funda uma sociedade por meio de uma linguagem nacional, mas esta nação tanto dinamicamente quanto como linguagem (representações) é a obra de todos nos diversos momentos da história. Desse modo, aqueles indivíduos que manifestam determinadas representações de conquista da dignidade, de denúncias de injustiças mesmo que de forma pacifista, não violenta, até aqueles que representam uma vontade individualizada e messiânica, não coincidente com o espontaneísmo das massas que através da violência tornam explícita a sua luta, têm necessidade, num dado momento, de conjugar as suas forças, superando essa defasagem entre as expressões de grupos minoritários e a vontade dinâmica da maioria. Evocando Sartre, não se deve confundir o projeto político com a vontade, que é uma entidade abstrata, ainda que ele possa revestir-se de uma forma voluntária em certas circunstâncias.

O nacionalismo implica muitas vezes uma exaltação, uma forma exacerbada de, por meio de comparações com os outros, considerá-los inferiores e, dessa forma, a dimensão racial em relação ao outro, o racismo, aparece então como uma das expressões desse nacionalismo exacerbado, sobretudo na sociedade colonial dominante. O efeito-reflexo, ou seja, o racismo do colonizado, surge como uma resposta imediata e espontânea a essas condições de dominação. Da mesma maneira, a pobreza generalizada das massas e a exploração colonial que conduzem a essa situação de miséria podem traduzir-se, principalmente nas massas camponesas, numa situação análoga de produção da violência e de recusa da dominação nesta situação. Em ambos os casos, isto é, situações determinadas tanto pelo racismo exacerbado quanto pela miséria total e generalizada das massas camponesas, a consciência do grupo é fragmentada, difusa.

Para Franz Fanon, a propósito, as massas só encontram a sua consciência plena, o que Fanon denomina 'consciência política e social,' quando existe uma superação da consciência nacional (nacionalismo), quando estas encontram um elemento de direção consciente e revolucionária, papel privilegiado que deve ser assumido por intelectuais.

Viriato da Cruz, por outro lado, numa entrevista a um jornal brasileiro em Março de 1961 (Cruz, 1961), respondendo a uma pergunta sobre a posição do MPLA em face do racismo das massas africanas, que surge como reação ao racismo europeu, afirma: 'O racismo das massas é o elemento mais dinâmico do nacionalismo africano. Não fomos nós que o criamos. Ele existe em virtude da opressão que os africanos têm sofrido durante séculos em contato com os colonialistas europeus. Rejeitar esse elemento como fator de luta seria politicamente errado. O racismo só se exacerba na medida em que o povo colonizador se opõe às aspirações de independência de um povo colonizado. De resto, os líderes africanos não são racistas. Alguns deles, mesmo, são casados com mulheres européias e contam muitos amigos entre os brancos. Mas o fascismo português, com sua política de opressão e violência, corta todos os nossos movimentos e impede-nos de esclarecê-las [as massas]. Nessas condições, qualquer atitude da parte dos chefes, que possa parecer uma transigência ou traição, só poderia comprometer a nossa posição e prejudicar o elã do movimento.'

Notamos que esta afirmação de Viriato da Cruz se aproxima muito da idéia de Fanon sobre a espontaneidade, a exaltação dessa impetuosidade voluntarista das massas e das impossibilidades e dos limites encontrados por uma direção ao tentar dirigir esta forma de consciência para uma etapa mais elevada do processo. Entretanto, isto não impede que o esforço de mediação que o partido ou a direção do partido faça entre essa espontaneidade das massas e o seu projeto político procure ser alcançado.

Mesmo depois da emergência de partidos políticos modernos trabalhando na clandestinidade em Angola a partir dos anos 50, dois princípios estão expressos nos seus programas: a luta contra o domínio estrangeiro, em princípio exercido por uma minoria racial, e a conquista da jurisdição territorial. Ali Mazrui diz-nos que 'a razão pela qual os Estados e os movimentos africanos dão tanta importância aos princípios de soberania racial e de jurisdição territorial e continental, sobretudo desde os anos 50, deve-se à intenção de instaurar duas formas de solidariedade: o 'panafricanismo de Libertação' e o de 'Integração'. No primeiro caso trata-se de reduzir as ingerências estrangeiras nos assuntos africanos e, no segundo, incitar os africanos a que formem federações ou grupos econômicos mais amplos (Mazrui et all. 1981:12). Sabe-se que o 'Panafricanismo de Libertação' obteve resultados muito mais satisfatórios que o 'Panafricanismo de Integração'. Os movimentos unitários das colônias portuguesas como o MAC e a CONCP são um exemplo dessa eficácia na ação contra o colonialismo português. Mário Pinto de Andrade um dos precursores deste projeto nunca abandonou uma reflexão a esse respeito mesmo depois das independências Os projetos revolucionários dos movimentos nacionalistas agindo nas diversas colônias portuguesas, apesar das suas especificidades, têm diversos pontos comuns, sobretudo aqueles traduzidos em alguns aspectos organizacionais, na linha política e na ação comum contra o mesmo inimigo.

Enunciaremos agora alguns pontos relativos ao programa maior do Movimento Popular de Libertação de Angola (MPLA), no que se refere à unidade de ação em seu projeto político. Afirma-nos este Programa diversos itens relativos à unidade da Nação após a independência completa. São eles:

- 'Primeiro, garantir a igualdade de todas as etnias de Angola e reforçar a união e a ajuda fraterna entre elas;

- Segundo, interdição absoluta de todas as tentativas de divisão do povo angolano;

- Terceiro, criação de condições para que regressem a Angola e tenham nela uma vida decente as centenas de milhares de angolanos que foram cruelmente obrigados pelo regime colonial a sair do país;

- Quarto, poderão ser autônomas as regiões onde as minorias nacionais vivam em agrupamento denso e possuam caráter individualizado;

- Quinto, cada nacionalidade ou etnia terá o direito de utilizar e desenvolver a sua língua, de criar escrita própria e de conservar ou renovar o seu patrimônio cultural;

- Sexto, no interesse de toda nação Angolana, suscitar e desenvolver a solidariedade econômica e social, assim como as relações normais–nos planos econômico, social e cultural–entre todas as regiões autônomas e todas as nacionalidades e etnias de Angola;

- Sétimo, liberdade de circulação de todos os cidadãos angolanos através do território nacional' (MPLA 1961).

Podemos observar que estes princípios unitários do projeto político do MPLA ainda nos anos 60, encerram em si uma perspectiva federativa da nação. Entretanto, com o decorrer da luta armada e o desenvolvimento dos etno-nacionalismos (sobretudo dos movimentos tipo UPA e UNITA), constata-se a supressão deste item, alterando a idéia da pluralidade da nação, agora identificada com a formação do próprio Estado. Assim, este item relacionado com a unidade da Nação, resume-se deste modo:

1) garantir a unidade de todos os angolanos, reforçar a união entre ajuda fraternal;

2) opor-se resolutamente a toda tentativa de divisão do povo angolano;

3) criar as condições que permitam o regresso ao país de todos os angolanos que foram obrigados a exilar-se por causa do regime colonial;

4) cada etnia terá o direito de utilizar a sua língua, de criar uma escrita própria e de conservar ou renovar o seu patrimônio cultural;

5) no interesse de toda nação angolana, suscitar e desenvolver a solidariedade econômica, social e cultural entre todas as regiões de Angola;

6) garantir a liberdade de circulação de todos os cidadãos angolanos através do território nacional (MPLA 1975).

Deste modo, podemos verificar que todas as formações denominadas etnias de Angola recebem uma nova denominação, a de 'angolanos', como cidadãos do futuro Estado soberano de Angola. É abolido o item 4º do primeiro Programa de 1960, isto é, aquele que dava autonomia às regiões onde as minorias nacionais vivem em agrupamentos densos e possuem um caráter individualizado.

Vejamos agora como a Lei Constitucional da República Popular de Angola, no título 1º–Princípios Fundamentais–trata destes mesmos itens:

- 'Artigo 1º–A República Popular de Angola é um Estado soberano independente e democrático cujo primeiro objetivo é a total libertação do povo angolano dos vestígios do colonialismo e da dominação e agressão do imperialismo e a construção de um país próspero e democrático completamente livre de qualquer forma de exploração do homem pelo homem, materializando as aspirações das massas populares;

- Artigo 4º–A República Popular de Angola é um Estado unitário e indivisível, cujo território inviolável e inalienável, é o definido pelos atuais limites geográficos de Angola, sendo combatida energicamente qualquer tentativa separatista ou de desmembramento de seu território;

●   Artigo 5º–Será promovida e intensificada a solidariedade econômica, social e cultural entre todas as regiões da República Popular de Angola, no sentido de desenvolvimento comum de toda a Nação Angolana e da liquidação das sequelas do regionalismo e do tribalismo;

●   Artigo 18º–Todos os cidadãos são iguais perante a lei e gozam dos mesmos direitos e estão sujeitos aos mesmos deveres, sem distinção da sua cor, etnia, sexo, lugar de nascimento, religião, grau de instrução, condição econômica ou social. A Lei punirá severamente todos os atos que visem prejudicar a harmonia social ou criar discriminações e privilégios com base nesses fatores'.[5]

Dentro da Legislação Constitucional permitimo-nos ainda citar um pequeno parágrafo constante do preâmbulo da Lei Eleitoral, que nos diz o seguinte:

> 'Esta luta secular conduziu à identificação de 'nós mesmos' como Nação, independente das diferenças de raça, tribo ou língua. Nacionalismo inicialmente incipiente, havia, no entanto, de alcançar novos instrumentos ideológicos com a formação do Movimento Popular de Libertação de Angola em 10 de dezembro de 1956'.[6]

Mas será que a Nação se espelha no Estado ou com ele se identifica, ou ocorre justamente o inverso, o Partido e o Estado indo de encontro às aspirações revolucionárias emanentes do povo ou da Nação plural? E isto, no entanto, sem diluir o projeto revolucionário na construção de uma nação onde possa coexistir a 'diferença'. Não a diferença de privilégios, mas a diferença marcada pela diversidade cultural, fator positivo na edificação da nação, síntese do projeto unitário.

A etnicidade como dimensão política em que existe uma manipulação simbólica da cultura tradicional como mecanismo de articulação de alinhamentos políticos é repudiada pelos princípios integrativos da constituição e da fundação do Partido Único.

O problema da diversidade étnica é agora tratado como um processo de 'autonomias culturais' fundamento específico da Identidade Cultural do Povo Angolano. Veja-se o exemplo da aprovação a título experimental, dos alfabetos de seis línguas nacionais pelo governo angolano em 1987: só hoje vemos a concretização deste projeto numa dimensão que ultrapassa os aspectos culturais do passado para se tornarem um instrumento de aquisição de saber necessário a um segmento da sociedade como direito de cada grupo social e cultural e redimir-se de sua exclusão social como já apontou o sociólogo Paulo de Carvalho.

Parece-nos que estes aspectos estavam apontados pelos jovens intelectuais da 'geração de 50' faz-se necessários resgatá-los para analisar onde e em que momentos existiram rupturas.Estes aspectos se tornaram pedagógicos para a reconstrução da Nação.

Neste momento de construção da democracia em Angola dois aspectos ficam explícitos na afirmação de Daniel dos Santos que nos diz :

> A construção da nação angolana é caracterizada por dois momentos essenciais que constituem a base permanente de sua unidade ao mesmo tempo: a diferença como busca necessária a uma identidade cultural, elemento essencial da criação e do desenvolvimento de instituições nacionais específicas e o diferendo, que pressupõe a possibilidade e princípios que têm que persecutir o desenvolvimento e a aplicação de um projeto social, nacional e popular (Santos, 1999/2000/2001:129-140).

Notas

1. Estamos aqui nos referindo especificamente a um tipo de elite: os intelectuais que se distinguem das demais, tradicionais eclesiásticas, militares, etc. constituindo um grupo social autônomo e independente que surgem no certo momento histórico como sujeito ativo e produtor de saberes e discursos próprio. Baseamo-nos principalmente na concepção de Gramsci.
2. Entrevista de Antonio Jacinto ao jornal Del Caribe reproduzido na revista Novembro n°. 94 outubro/1986, pp. 4-9.
3. Ver revista Mensagem, n°s. 2, 3 e 4, Out. 1951/Jan.-Abril de 1952, da Associação Regional dos Naturais de Angola. Viriato critica ironicamente a auto classificação do grupo como Movimento dos Jovens Intelectuais.
4. Mário de Andrade já dava grande importância ao estudo das línguas bantu. A Revista Mensagem op. cit., possui um estudo sobre esta matéria. Nesse mesmo sentido, ressalte-se também Mario Antonio, em trabalhos posteriores, como 'Línguas de Angola. O Quimbundo', publicado originalmente em notas de curso em 1968.
5. Legislação Constitucional, Republica Popular de Angola, Edição I.N.-U.E.E., 1981.
6. Legislação Constitucional, Republica Popular de Angola, Edição I.N.-U.E.E., 1981.

Referências bibliográficas

Abdala Jr., Benjamim, 1991, 'Agostinho Neto e a poética do caderno 'Poesia Negra de Expressão Portuguesa', *Letras & Letras*, Porto, n° 52, 7 de Agosto.

Castoriadis, Cornelius, 1982, *A Instituição Imaginária da Sociedade*, São Paulo: Paz e Terra, pp. 94-98.

Cruz, Viriato, 1961, 'Entrevista' in *Portugal Livre*, São Paulo, Março.

Balandier, Georges, 1963, *Sociologie Actuelle de l'Afrique Noire*, Paris: PUF, pp. 33.

Mauss, Marcel, 1974, *Sociologia e Antropologia* (vol. II), São Paulo: EPU e EDUSP

Mazrui, Ali et all., 1981, *La descolonización de África: Africa austral y el cuerno de África*, Barcelona: Serbal/UNESCO, pp. 12.

Oliveira, Mário António Fernandes de, 1990, *Reler África,* Coimbra: Instituto de Antropologia, Universidade de Coimbra, pp.175-176.

MPLA, 1961, *Programa Maior do Movimento Popular de Libertação de Angola MPLA.*

MPLA, 1975, *Programa do MPLA* , Huambo: Comité Regional do Huambo.

Santos, Daniel dos, 1999/2000/2001, '(Re)penser la Démocratie et la Société en Angola', *África: Revista do Centro de Estudos Africanos* 22-23 (1), pp.129-140.

Parte IV

9

Poder Local e Autoridade Tradicional: Das Assembleias do Povo ao estado democrático[1]

Clara Carvalho

Resumo

Neste texto é abordada a questão do poder dito 'tradicional' nos Palop. Os chefes tradicionais foram longamente manipulados pela estrutura colonial, em particular no período final da colonização portuguesa em que o seu apoio foi incentivado através da sua participação nas 'Assembleias do Povo'. Trinta anos após as independências e depois de um longo processo de afirmação da identidade nacional nos Palop, os chefes tradicionais ressurgem, com novas funções e um novo relacionamento com o Estado. Como entender esta persistência do poder tradicional? Serão fenómenos equivalentes nos três países continentais? Procurando responder a estas questões, nesta comunicação é abordada a questão da revitalização do poder tradicional entendendo-o na sua especificidade histórica partindo do estudo de caso dos regulados da Guiné-Bissau.

Introdução

Este texto debruça-se sobre a questão do poder dito 'tradicional' nos PALOP. Os chefes tradicionais foram longamente manipulados pela estrutura colonial, em particular no período final da colonização portuguesa em que o seu apoio foi incentivado através da sua participação nas 'Assembleias do Povo'. Trinta anos após as independências, e depois de um longo processo de afirmação da identidade nacional nos PALOP, os chefes tradicionais ressurgem, com novas funções e um novo relacionamento com o Estado. Como entender esta persistência do poder tradicional? Procurando responder a esta questão, neste

texto é abordada a questão da revitalização do poder tradicional entendendo-o
na sua especificidade histórica partindo do estudo de caso dos regulados da
Guiné-Bissau.

Da Guiné Portuguesa à Guiné-Bissau

Embora Portugal tenha sido o primeiro estado europeu a estabelecer relações
comerciais na Senegâmbia, iniciadas no período quatrocentista, a concorrência
de outras potências europeias, motivadas pela procura de mão-de-obra escrava
para as plantações americanas, ultrapassou os interesses portugueses na zona a
partir do século XVI, e a Guiné só foi alvo de uma política de colonização
consequente no último quartel do século XIX. Em 1879 é criada uma
administração autónoma, separada de Cabo Verde, correspondendo à necessidade
de um controlo mais directo e eficaz sobre a zona. Esta nova situação deveu-se
à intenção do governo português de realizar uma colonização africana (Lobban
& Forrest 1988), incentivada pela pressão das restantes nações europeias que
partilhariam entre si o continente na Conferência de Berlim de 1884-85.[2] A
política colonial para a Guiné, bem como para as restantes colónias portuguesas,
desenvolvia-se segundo três estratégias junto das populações rurais: a colecta do
'imposto de palhota', o recrutamento de mão-de-obra e a apropriação de terras
atribuídas aos colonos para realizarem explorações agrícolas destinadas ao
mercado. Embora o terceiro elemento tenha tido um significado menor neste
país do que nas restantes colónias portuguesas, este conjunto de determinações
era entendido por parte da potência colonizadora como o meio de obrigar a
população autóctone a aceitar o sistema monetarizado e a entrar na lógica da
economia de mercado, que se procurava impor de forma a obter receitas
significativas nos territórios colonizados. O serviço administrativo e a colecta de
imposto eram realizados por pessoas recrutadas localmente, habitualmente os
chefes ou régulos, dignitários cuja autoridade tanto podia derivar do sistema
político local como ser imposta pela potência colonizadora, os quais eram por
sua vez submetidos aos elementos intermediários da administração (Galli &
Jones 1987:26). A cobrança do imposto e o recrutamento de mão-de-obra
forçada eram símbolos inequívocos de dominação política, factor que esteve na
origem das principais formas de resistência activa em todos os territórios
colonizados.

Uma nova política colonial foi incentivada pelo Estado Novo em 1927,
apenas um ano após a imposição deste regime ditatorial, cujos efeitos se fizeram
sentir principalmente nos restantes 'territórios ultramarinos' continentais africanos,
onde se realizou uma colonização pelo povoamento. Na Guiné, pequena colónia
de ocupação (e não de povoamento), esta nova política traduziu-se, por um
lado, na tentativa de criação de um novo sistema económico baseado em culturas
de mercado como o amendoim, o óleo e a noz de palma, e, por outro lado, no
estabelecimento de uma organização administrativa no território. O primeiro

destes projectos não obteve grande sucesso uma vez que as receitas fiscais não chegavam para sustentar a administração do território, apesar da existência de diversas explorações voltadas para a produção de culturas de mercado, geridas por colonos na sua maioria de origem cabo-verdiana (Lobban & Forrest 1988:11). Contudo, foi durante este período que se estendeu a organização administrativa de todo o território, com importantes repercussões junto das populações locais. Em concordância com a Lei do Indigenato[3], datada da mesma época, e reconduzida por Decreto-Lei em 1929, 1946, 1951 e 1954, a qual apenas viria a ser revogado em 1961, as populações autóctones eram consideradas incapazes e 'primitivas' (Lima 1981:27). A hierarquia da administração era dominada pelo Ministro das Colónias, os Governadores-Gerais de cada colónia, os Concelhos e as Circunscrições, dividindo-se a Guiné em três Concelhos, correspondendo às zonas urbanas de Bissau, Bolama e Bafatá, e oito divisões administrativas rurais (ou seja, onde predominava a população 'indígena') ou Circunscrições. Estas últimas eram o principal núcleo integrativo a nível local e seguiam o modelo organizativo anteriormente estabelecido, sucedendo-se ao administrador os 'chefes de posto', habitualmente de origem cabo-verdiana (tal como a maioria dos funcionários administrativos), e depois os 'regedores', régulos tradicionais ou impostos, que designavam os responsáveis em cada aldeia pela colecta do imposto, a imposição dos trabalhos forçados, ou a entrega nos postos administrativos dos produtos agrícolas destinados ao mercado[4]. O Estado Novo incentivou igualmente a criação de um aparelho administrativo desenvolvido, tendo o número de funcionários da colónia quintuplicado em vinte anos (Galli & Jones 1987:34). Sendo a administração maioritariamente constituída por cabo-verdianos, essa política conduziu ao aumento do fluxo de imigração (pré-existente) do arquipélago para o continente, facto que não só veio aumentar os laços de relacionamento entre os dois territórios como conduziu à constituição de uma elite crioula que jogou um importante papel na constituição do Estado guineense e da sociedade actual desse país.[5]

O governo português não acompanhou as restantes potências colonizadoras europeias no processo de descolonização pacífica, longo acto iniciado após a guerra de 1939-45, com a instituição de uma nova ordem mundial, que veio a culminar nos processos de independência dos Estados africanos realizados nas décadas de cinquenta e sessenta. O estado português, pelo contrário, crispou-se em torno do controlo das 'províncias ultramarinas', recusando o diálogo com os representantes dos diversos movimentos independentistas, entretanto formados, e reprimindo violentamente todas as manifestações de oposição. Esta situação conduziu à guerra, na maioria dos territórios colonizados, iniciada em 1961 em Angola e 1963 na Guiné, à qual apenas a revolução de 1974 viria a pôr cobro. Neste último território, para além do desgaste humano e material provocado pelo conflito, esta teve importantes consequências para a criação de uma identidade nacional, por um lado, e na relação com as populações locais, por outro.

Em 1956 foi constituído o Partido Africano para a Independência da Guiné e de Cabo Verde (PAIGC) que se propunha chegar à libertação pacífica destes territórios pela negociação política. Confrontado com a recusa do governo português em aceder ao diálogo e com a sua política de repressão violenta (a qual culminou com o assassínio de cinquenta manifestantes em Bissau em 1959, conhecido como o 'massacre do Pidjiguiti'), este movimento iniciou a luta armada na Guiné em Janeiro de 1963. O PAIGC, liderado por Amílcar Cabral até ao assassínio deste em Conacry em 1973, conduziu a luta pela independência até 1974, tendo-lhe sido formalmente entregue o poder pelos representantes da antiga potência colonizadora.[6] O governo e o Estado da República da Guiné-Bissau foram construídos em torno do PAIGC, primeiro enquanto partido único e depois como vencedor das primeiras eleições democráticas realizadas no país. A sua importância, bem como a luta pela independência por ele liderada, foram primordiais para a constituição do ideal de uma nação una.[7]

Política Colonial face aos Régulos e Chefes Tradicionais

A colonização activa da Guiné foi imposta através das 'campanhas de pacificação' realizadas com o apoio de mercenários, recrutados localmente ou em territórios vizinhos. Após o seu término, tentou-se instituir um modelo de organização administrativa baseado na divisão do território em regulados, a maioria dos quais respeitava as fronteiras dos regulados ou chefados existentes, tal como aconteceu nos territórios vizinhos de ocupação britânica ou francesa.[8] À sua frente encontravam-se os régulos, ocupando este cargo tanto os dignitários tradicionais como as pessoas nomeadas ou apoiadas pela administração colonial. No primeiro caso, mantiveram-se os régulos existentes nos regulados pré-coloniais. No segundo foram indigitados os elementos que mereciam a confiança da administração colonial, nomeadamente os intérpretes locais, ou os membros do exército colonial de origem local, quase exclusivamente fula. Esta política de indigitação de régulos e de apoio a candidatos escolhidos foi geralmente mal aceite pelas populações locais que não respeitavam estas figuras, ao contrário do que se passava com os régulos 'tradicionais'. A política colonial também não foi consequente no apoio que dava aos régulos que funcionavam como elementos de base da pirâmide administrativa.[9] Depois do início do conflito armado, em 1963, os régulos encontravam-se numa posição delicada, servindo de mediadores entre os interesses divergentes da potência colonizadora e da população, tendo muitos sido aprisionados e mesmo assassinados.

Apenas a política do governador António de Spínola veio alterar esta situação. Consciente da necessidade de atrair ou seduzir a população guineense, e procurando combater o suporte generalizado ao PAIGC no meio rural e o êxodo provocado pela guerra e pelo regime colonial, Spínola introduziu três medidas de aproximação às populações locais, no quadro de uma política designada 'Por uma Guiné Melhor': os Congressos dos Povos da Guiné, os reordenamentos e a criação de novas aldeias em zonas controladas pelo exército português (procurando opor-se ao êxodo rural para as zonas libertadas), e a criação da Força Africana, corpo de soldados guineenses que combatiam no exército português.[10] A primeira destas medidas consistia num congresso, ou encontro, dos régulos, encarregados e chefes de povoação, onde se pretendia envolver estes dignitários nos processos administrativos e nas exigências do sistema colonial e, em simultâneo, constituir um espaço onde os problemas locais podiam ser expressos. Foram realizados cinco congressos entre 1969 e 1974,[11] com os quais Spínola pretendia não apenas seduzir os chefes locais como a população em geral a colaborarem com o regime colonial. Embora os participantes aproveitassem os Congressos para exporem as necessidades das populações respectivas (de apoio à agricultura ou de criação de infra-estruturas) (Fernandes 1993:43-44), a sua participação veio reforçar a noção de que os régulos eram aliados preferenciais do poder colonial, elemento que contribuiu para o seu afastamento violento no período pós-colonial (ver *infra*).

Um retrato particularmente detalhado deste período é dado por Manuel Braga Dias que, entre 1969 e 1971, fez um levantamento geral da situação dos regulados na Guiné (Dias 1974). Embora realizado com a intenção expressa de diagnosticar a capacidade (e o interesse) dos chefes locais de colaborarem com a administração colonial contra o PAIGC, os resultados do inquérito de Braga Dias permitem actualmente fazer um diagnóstico da situação dos regulados e dos dignitários locais na Guiné continental (o seu inquérito não se aplica ao arquipélago dos Bijagós) no final do período colonial.[12] De acordo com os dados recolhidos por este autor, havia na altura na Guiné 115 regulados, dos quais 60 estavam ocupados por régulos, fossem estes de nomeação portuguesa ou reconhecidos pelo direito consuetudinário. Os restantes 55 regulados não possuíam de facto um dirigente reconhecido, ou tinham um encarregado nomeado pela administração (16), ou ainda reconheciam a autoridade de chefes de povoação, mas não de régulos (7 casos). Por outro lado, dos 60 regulados ocupados, a maioria foi criada pelas autoridades coloniais, pelo que o autor aponta 32 regulados onde a autoridade do régulo não era reconhecida pela população. Na maioria dos regulados, o dignitário foi nomeado pelas autoridades, ou a intervenção da administração promoveu alterações profundas no sistema de sucessão.[13]

Do quadro apresentado por Braga Dias infere-se que o sistema dos regulados existia na Guiné com uma profunda interferência da administração que tinha, de facto, transformado os régulos em funcionários, tal como acontecera nas colónias francesas vizinhas onde, desde 1934, estes eram assalariados do governo colonial (Suret-Canale 1980). A autoridade dos régulos era profundamente contestada, tanto pela população mais jovem como nos casos em que foram nomeados régulos de proveniência étnica diferente da população administrada. Sobretudo junto das populações mandinga, este facto correspondeu a uma segunda subordinação aos fula, depois da derrota final do antigo império do Kaabu face à jihad fula no século XIX. A aliança de elementos fula e portugueses representava para os primeiros uma continuação da sua opção de conquista (e conversão) das populações locais e dos mandinga em particular. O próprio Braga Dias reconhece que a nomeação sistemática, como régulos, de antigos milicianos fula apenas contribuiu para agravar um conflito pré-existente e para a expansão do 'Mundo Fula' (Dias 1974:107).

Convém ainda notar que o quadro desenhado por Braga Dias se reporta a uma realidade social onde os regulados tinham sido a estrutura política básica, situação que em parte se mantinha, embora com alterações e contestada localmente. Como o autor nota, a nomeação de régulos contribuiu para a 'perda de prestígio dos régulos em benefício das autoridades administrativas' (Dias 1974:107), mas não invalidou a estrutura dos regulados. Mas a aproximação dos régulos à administração colonial conduziu ao seu desprestígio, afastamento e por vezes execução após a independência do país.

A Constituição do Estado-Nação e o poder 'Tradicional'

O Estado e o Poder Local

Após 1974 o novo Estado independente procurou defender um modelo de nação inspirado no ideal dos Estados-Nação desenvolvido na Europa no século XIX. É de salientar que a liderança do PAIGC durante a guerra pela independência, e a difusão da noção de luta contra um inimigo comum, foram os factores aglutinadores em torno dos quais se criou a ideia de unidade nacional, tanto durante o conflito como após o seu desfecho (Lopes 1987). Durante os quinze anos que se seguiram à criação do Estado independente, tanto o PAIGC como a maioria das forças sociais e políticas urbanas opuseram-se às manifestações de identidade local, considerando-as expressões de 'tribalismos' defendidos pela política colonial.

A nova administração, criada segundo o modelo de gestão local aplicado às zonas controladas pelo partido guineense durante a luta de libertação, procurou ser expressiva das vontades locais, mas ignorou as hierarquias pré-existentes. Os órgãos de Estado compreendem a Assembleia Nacional Popular, da qual dependem tanto o Conselho de Estado como o Conselho de Ministros, que controla a administração regional. Esta é constituída pelos seguintes níveis hierárquicos: os Comités de Região (Biombo, Cacheu, Oio, Bafatá, Gabú, Tombali, Quinara, Bolama e o Sector Autónomo de Bissau) dos quais dependem os Comités de Sector, os Comités de Secção e, finalmente, os Comités de *tabanca* (cri.: comunidade local ou aldeia) (Galli & Jones 1987:75). Após a independência, as funções judiciais e executivas locais passaram a ser executadas pelos Comités de tabanca e os tribunais populares e, ainda, pelos delegados políticos. A primeira destas instituições decalca a estrutura dos antigos Comités organizados durante a luta de libertação[14], e inclui o presidente, vice-presidente, tesoureiro, a responsável das mulheres e os responsáveis pela saúde, pela higiene e saneamento e pela J.A.A.C (Juventude Africana Amílcar Cabral)[15]. Também o sistema judiciário foi reorganizado, tendo sido impostos tribunais populares aos níveis de tabanca, de Sector e de Guerra, o primeiro dos quais actua como regularizador dos conflitos locais (matrimoniais, rixas ou roubos)[16] (Hochet 1987:47). Existiam, finalmente, os representantes do partido ou 'responsáveis políticos', encarregues da propaganda política.

Estes novos organismos judiciais e organizativos locais foram em geral bem aceites, não só por representarem uma desejada mudança da ordem política como por, muitas vezes, terem integrado nos seus cargos indivíduos ligados ao poder tradicional (chefes de povoação) cuja autoridade era facilmente reconhecida. O mesmo não se passou aos níveis de Secção e de Sector em que a política de colocar nestes postos funcionários desconhecidos da população local gerou problemas e conflitos. A partir de 1991 assistiu-se a uma inflexão desta política que culminou com a renovação do quadro administrativo, o qual passou a ser integrado por funcionários com a mesma identificação étnica da população que administravam e, em alguns casos, por régulos.

Variantes Ideológicas Sobre os Regulados

A posição do PAIGC face aos representantes do poder tradicional atravessou várias fases, por vezes contraditórias. O antropólogo Mamadou Jao sintetiza-as, considerando que a aproximação às populações rurais apenas se deu quando o partido decidiu iniciar a luta armada. Para poder enveredar pelo confronto directo, o partido teve de obter um apoio significativo da população rural, garantido pelos seus chefes e personagens influentes, o que teve como consequência a perseguição destes mesmos dignitários pela administração colonial.[17] Contudo, no interior do partido, as posições sobre a política de sedução das autoridades tradicionais divergiam, por se considerar serem os régulos representantes de manifestações de 'tribalismos' e opositores do modelo de nação que se procurava instituir (ver supra).

Durante o primeiro congresso do PAIGC, em 1964, foi decidido combater o tribalismo, programa inserido numa política global que distinguia entre o 'povo'— todos os que apoiavam o movimento pela independência—e a população em geral, onde se incluíam os chefes tradicionais (Jao 1996:126-127). Neste mesmo congresso definiu-se a aliança entre a direcção 'intelectual' do partido, composta por membros do grupo crioulo urbano, na sua maioria de origem cabo-verdiana, e a sua direcção militar, constituída essencialmente por grumetes, termo utilizado desde o século XVIII para designar os jornaleiros recrutados localmente[18], referindo-se, neste contexto, aos grupos de trabalhadores braçais urbanos constituídos por guineenses de origem camponesa. Estes viriam a assegurar a ligação do partido à sociedade rural, ultrapassando a necessidade de recorrer aos chefes tradicionais encarados como defensores de uma ordem retrógrada (Fernandes 1993:40-41). Foram igualmente criados os comités de partido de base nas zonas libertadas, os quais vieram a tornar-se o modelo da administração local no Estado independente. O desfasamento entre as directrizes políticas e ideológicas do partido e os elementos do poder local foi ainda agravado pelo facto de a vivência nas zonas libertadas permitir aos jovens oportunidades diferentes das que lhes eram possibilitadas pelas hierarquias gerontocráticas tradicionais, o que incentivou a atitude de recusa dos régulos por parte dos mais jovens membros do PAIGC.

Após a independência, os régulos eram encarados como mediadores junto do poder colonial ou símbolos de ordens sociais e políticas ultrapassadas (Binsbergen 1984:22; Hochet 1987:45). No período que se seguiu de imediato à independência, o conflito latente entre o PAIGC, alguns sectores da sociedade, e os representantes do poder tradicional, exprimiu-se no julgamento destes últimos pelos tribunais populares, acusados de defenderem o 'tribalismo' e, sobretudo, de terem sido os aliados preferenciais da antiga potência colonial. Alguns dos régulos julgados durante este período foram executados[19]. Para o sociólogo Raul Mendes Fernandes estes actos inserem-se num conjunto de medidas que designa por 'violência de Estado', expressa nos julgamentos de antigos aliados da potência colonial (incluindo os militares das milícias africanas). Esta violência comportava igualmente, na perspectiva do autor, o monopólio estatal sobre as entidades económicas nacionais, e a imposição de uma ideologia nacionalista que preconizava a união entre a Guiné-Bissau e Cabo Verde (Fernandes 1993:45). Embora estes actos fossem aprovados pelos grupos crioulos urbanizados, não encontraram expressão junto da maioria da população, a qual apoiou o golpe de Estado de 1980 que conduziu ao poder a facção militar do PAIGC (Fernandes 1993: 45). O novo governo separou definitivamente os Estados da Guiné-Bissau e de Cabo-Verde, evocando uma 'cultura guineense autêntica' como justificação ideológica e valorizando a identificação com grupos sociais autóctones.

Apesar de diversos chefes tradicionais, sobretudo da zona de Bissau, terem procurado o apoio do presidente João Bernardo Vieira desde o golpe de 1980, a posição do Estado não foi inicialmente de protecção às manifestações de identidade local. No entanto, a necessidade de obter o apoio das populações, num contexto de multipartidarismo e de crise económica continuada, conduziu a uma nova política de abertura prosseguida na década de noventa (Fernandes 1993: 48-50; Jao 1996: 130-131). Esta foi expressa não só no discurso político— tanto do partido no poder como de outros movimentos políticos que, de uma forma ou de outra, manifestaram o seu apoio aos representantes do poder tradicional—como pela renovação do quadro administrativo regional, expressamente realizada com a finalidade de preparar o processo eleitoral e de procurar apoios locais. A nova administração incluía elementos mais jovens, com uma educação formal, constituindo um 'rejuvenescimento' das autoridades partidárias mais directamente ligadas às populações (Jao 1996:132), sendo os anteriores funcionários, ligados à luta armada, substituídos por administrativos de origem local e, em alguns casos, por representantes do poder tradicional. Foi neste quadro que se realizaram as sucessivas entronizações que, um pouco por todo o país, recuperaram a instituição dos regulados no início da década de noventa.

Perfis dos Régulos de um Estado Pós-colonial

Na região de Cacheu, cuja população se identifica maioritariamente como mancanha ou manjaco, em 1993 os quatro presidentes de Sector pertenciam aos mesmos grupos linguísticos da população que administravam. Foram pela primeira vez indigitados como presidentes de Sector os régulos locais em Canchungo e Caió (Jao 1996:132-133). Se em Caió o régulo, entronizado em 1987, representava a vontade da população de renovar um regulado de origem pré-colonial e os 'costumes tradicionais', em Canchungo o detentor destes cargos era herdeiro de um regulado inventado pela administração colonial, o que não o impedia de representar os mesmos princípios. Tal como acontece noutros contextos da África Ocidental (Barnes 1996; Bemprong 2000; Djik & Niewaal 1999; Lentz 2000; Niewaal & Ray 1996; Niewaal 1999), a reabilitação das figuras dos detentores do poder local é realizada evocando o 'direito tradicional' como justificação ideológica e não enquanto elemento determinante. Apesar do carácter inusitado que estas nomeações tiveram no contexto nacional,[20] elas são perfeitamente consentâneas com o modelo actualmente em vigor em inúmeros países africanos, onde os dignitários tradicionais foram reabilitados e assumiram cargos de direcção a nível do poder local, num processo complexo determinado pela necessidade de angariar votos localmente e garantir o apoio das populações autóctones. O seu significado político é expresso pelo facto de ambos os régulos-presidentes serem membros do PAIGC, pelo que foram afastados dos seus postos administrativos quando outro partido (PRS) ganhou as eleições em 2000.

Note-se que esta revitalização dos regulados não foi um movimento uniforme no país, tendo tido maior repercussão na região onde foi iniciada (Cacheu e, em particular, o sector de Caió, onde foi realizada pela primeira vez uma entronização no período pós-colonial em 1987). Esta é também a região onde os regulados tradicionais mantiveram as suas fronteiras durante o período colonial, embora com intervenções relativamente aos dignitários. Pelo contrário, entre as populações islamizadas do interior (mandinga e fula) a liderança é dividida pelos dignitários religiosos, comités de tabanca e os regulados, cuja predominância é sobretudo visível nas zonas de povoamento fula. Note-se que se trata da região onde houve maior intervenção colonial, como o próprio Braga Dias notava em 1974.[21] Na actualidade, são os regulados de origem pré-colonial que têm maior capacidade aglutinadora das populações e onde o fenómeno da revitalização da figura do régulo conheceu um maior impacto no período de abertura política do início dos anos 90. A sua manutenção dependerá certamente da sua capacidade de diálogo com as estruturas estatais, tal como acontece noutros países da África Ocidental.

Este breve esboço permite um melhor entendimento das diversas pressões a que os dignitários do poder local foram sujeitos no período colonial e pós-colonial. Estas pressões foram exercidas sobre os chefados—no caso guineense falaríamos de regulados—tradicionais como sobre os de criação recente, surgidos em resposta às necessidades das autoridades coloniais ou aos anseios da população no período pós-colonial. Ao longo da História, os chefes, soberanos e régulos têm servido de intermediários preferenciais entre as formas de administração centralizada e as populações locais. Esta posição constituiu, em simultâneo, a sua fragilidade e a sua força, tanto no período colonial como na actualidade.

Notas

1. Uma versão anterior deste texto foi apresentada na Universidade de Cornell, EUA (Maio de 2003). Para a elaboração desta versão agradeço o apoio do Instituto Nacional de Estudos e Pesquisas (INEP) em Bissau, e, em particular, a generosidade de Mamadou Jao, Leonardo Cardoso, Rui Ribeiro, e dos dignatários do Biombo, Dara e Jabicunda.

2. Os interesses franceses e ingleses sobre este território são expressos, por um lado, pela pretensão inglesa sobre Bolama, resolvida pela mediação dos Estados Unidos, e por outro, pela atribuição da região do Casamança ao estado francês.

3. A Lei do Indigenato de 1927 reproduz o discurso ideológico da anterior Lei Orgânica da Administração Civil de 1914 que estabelecia a diferença entre os indígenas (as populações autóctones), os assimilados (os africanos com uma educação formal) e os civilizados, categoria que muitas vezes integrava os anteriores (incluíam-se os descendentes de cabo-verdianos e europeus, ligados às explorações agrícolas, às profissões liberais, comércio e serviço administrativo (Galli & Jones 1987:31-32).

4. As tabelas estabelecidas pelo Governo da colónia para produtos comerciais como o amendoim ou o óleo de palma eram inferiores às praticadas no Senegal ou na Gâmbia, para além dos bens de consumo que podiam obter na colónia portuguesa serem de qualidade inferior aos oferecidos nos países limítrofes, pelo que muitos camponeses preferiam vender o seu produto nesses locais, diminuindo, assim, o benefício da administração, a quem incumbia de tentar assegurar que o escoamento da produção agrícola se processava no seu interior (Galli & Jones 1987: 38).

5. A importância destes grupos sociais crioulos, urbanizados e escolarizados, na constituição dos novos estados africanos, tem sido amplamente debatida. A singularidade da elite crioula da Guiné-Bissau prende-se com o facto de a sua origem ser maioritariamente cabo-verdiana, enquanto noutros estados esta é sobretudo

local ou resulta da miscegenação entre a população autóctone e colonizadora, factor com diversas consequências políticas na actualidade (sobre a problemática da constituição da moderna sociedade guineense ver a reflexão de Carlos Cardoso 1996).

6. Apesar de existirem outros movimentos de libertação, de que o mais significativo foi a FLING (Frente de Luta pela Independência Nacional da Guiné-Bissau), a luta pela independência constituiu-se em torno da actuação do PAIGC.

7. A Guiné-Bissau é constituída por uma população maioritariamente rural, com identidades locais muito diversificadas (à excepção das populações mandinga e fula, islamizadas e herdeiras de antigos impérios, factores que concorrem para a criação de uma identidade hegemónica global). A esta diversidade há a acrescentar o peso da população urbana, concentrada sobretudo na capital, onde se encontram grupos crioulos com uma origem igualmente heterogénea. A limitada intervenção da administração colonial junto das populações locais contribuiu para a manutenção desta diversidade, pelo que a construção ideológica da nação guineense foi criada pelo PAIGC.

8. Vários autores têm notado as semelhanças entre as políticas de administração colonial seguidas nos territórios dominados pela França e pelo Reino Unido (podíamos acrescentar, por Portugal). Em todas se recorreu à figura do chefe dito 'tradicional' como elemento de base da pirâmide administrativa. Para um desenvolvimento desta temática ver Adas (1995), Barnes (1996) e Crowder (1964).

9. A política de reenquadramento dos antigos chefes tradicionais, da indigitação de novos titulares e da criação de chefados, bem como da sua integração no sistema administrativo colonial que, inclusive, transformou os chefes em seus assalariados, foi seguida pelas diversas potências colonizadoras da África Ocidental. Uma das consequências desta política administrativa consistiu na minoração da figura dos pequenos chefes locais face à valorização dos chefes principais e, sobretudo, da transformação dos dignatários locais em officials of the state and not independent of its scrutiny and sanctions (Barnes 1996: 26). Neste aspecto, as administrações francesa e britânica diferiram menos do que deixam supor os termos de 'administração directa' e 'administração indirecta' habitualmente aplicados, respectivamente, à primeira e segunda formas de controlo (Barnes 1996; Suret-Canale 1980). A este propósito, Jean Suret-Canale reconhece que:

   Nulle part en Afrique la colonisation française n'a réellement mis en pratique un système d'administration 'directe'. Elle a toujours eu recours à l'intermédiaire de la chefferie. Toutefois, elle n'a pas maintenu en Afrique tropicale la forme juridique du'protectorat' qui laissait aux anciens chefs le principe de la souveraineté; celle-ci fut totalement déléguée entre les mains de la puissance protectrice. Juridiquement, il n'y a pas d'autre autorité que l'autorité coloniale (Suret-Canale 1980:181-182).

10. As ideias de política colonial de Spínola são desenvolvidas pelo próprio em *A Batalha da Paz na Guiné* (Princípios de uma Política Social), 1971.

11. Os Congressos do Povo da Guiné representam uma actualização—mais uma vez inserida no desfasamento histórico que caracterizou a política colonial portuguesa—de encontros semelhantes realizados nas antigas colónias francesas e britânicas da África Ocidental (Barnes 1996, Suret-Canale 1980). Sobre os Congressos do Povo da Guiné ver Belchior, 1973.

12. A informação do relatório de Braga Dias é sintetizada em anexo (ver *infra*).

13. Os administradores procuravam promover a sucessão de pai para filho e ignoravam os complexos sistemas locais de sucessão matrilinear e adélfica, com sistema de rotação entre as linhagens (Carvalho 1998, Gable 1990)).

14. Estes eram compostos de um Presidente, responsável pelas actividades aldeãs em particular pela produção agrícola; um Vice-Presidente, responsável pela defesa e segurança da aldeia; um responsável pela saúde, educação e problemas sociais; um responsável pela distribuição de alimentos e pelo acolhimento dos visitantes e grupos militares; um responsável pelo registo civil (Hochet 1987).

15. Na realidade, o sistema tende a simplificar-se e os vários cargos são conjugados em menos pessoas.

16. No período após a independência, os tribunais eram compostos da seguinte forma: o de tabanca por três juízes, simpatizantes do partido que reunissem o consenso popular; o de sector por cinco juízes, dos quais três eram membros do P.A.I.G.C.; o tribunal de guerra compunha-se dos quadros superiores do partido: comissário político, responsáveis da segurança e comando militar, e dois elementos escolhidos pela população (Hochet, 1987).

17. Na região de Cacheu, vários chefes foram perseguidos sob suspeita de apoiarem o PAIGC. O caso mais flagrante foi o de Francisco Mango, régulo de Caió, inicialmente protegido pela administração colonial que, posteriormente, o aprisionou sob a acusação de colaborar com o PAIGC, em 1967. Este régulo faleceu na prisão da Ilha das Galinhas.

18. Originalmente, os grumetes trabalhavam nos barcos comerciais, ocupação que determinou a sua designação.

19. O caso mais conhecido foi a execução pública de António Baticã Ferreira, régulo da Costa de Baixo e colaborador activo do regime colonial.

20. Mesmo para os observadores dos anos oitenta, os regulados pareciam uma instituição extinta na região. O antropólogo holandês Van Binsbergen que estudou o chão manjaco em 1982 refere:

While in the older works on the Manjak the kingship is presented as the pivot of social-political organization (Carreira, 1947), the dismantling of this institution since 1973 has been so effective that litle more than vestiges if it remain in the sphere of producion and land tenure. The kingship still has specific incumbents, and in at least one case a traditional king has managed to attain a formal position of power within the new political and judicial structures controled by the PAIGC. In the ritual sphere, royal families continue to attend to their royal shrines, which are located not in the Sacred Grove but in a less secluded place adjacent to their compounds. This royal cult however no longer mobilizes people from all over the territory of the former kingdom, and such partial control as the kings appeared to have had over the cult of the Sacred Grove in the past has now disappeared (Binsbergen 1984:22)

Note-se que, ao contrário da informação deste autor, tanto a observação de Eve Crowley e Eric Gable como a minha confirmam a independência formal e ideológica das esferas de influência do regulado e do altar do espírito do bosque de iniciação.

21. Embora Manuel Braga Dias indique que todos os regulados da zona leste foram criados pela administração colonial sobre as antigas estruturas do império do Kaabu, derrotadas pelos fula, estes dados não são confirmados pelas investigações recentes conduzidas pelo INEP (Cardoso, Jao, Rodrigues, Costa, Silva e Camara, 2004) ou por mim própria. Pelo contrário, as estruturas de poder tradicional actualmente em vigor remontam ao período anterior à intervenção colonial do século XX.

Referências Bibliográficas

Adas, M., 1995, 'The Reconstruction of Tradition and the Defense of the Colonial Order: British West Africa in the Early Twentieth Century' in Jane Schneider & Rayna Rapp (ed.), *Articulating Hidden Histories. Exploring the Influence of Eric R. Wolf*, Berkeley, University of California Press.

Barnes, S., 1996, 'Political ritual and the Public Sphere in Contemporary West Africa', in David Parkin, Lionel Caplan & Humphrey Fisher (ed.), *The Politics of Cultural Performance*, Oxford, Bergahn Books.

Belchior, M., 1973, *Congresso do Povo da Guiné*, Lisboa, Arcádia.

Brempong, N. A., 2000, 'Elite Sucession Among the Matrilineal Akan of Ghana' in *Elites*. Choice, Leadership and Succession, João de Pina-Cabral & Antónia Pedroso de Lima (ed.), Oxford & New York, Berg.

Cardoso, C., 1996, 'Classe Política e Transição Democrática na Guiné-Bissau', in *Pluralismo Político na Guiné-Bissau. Uma Transição em Curso*, ed. Fafali Koudawo & Peter Karibe Mendy, Bissau: INEP.

Cardoso, L., Jao, M., Rodrigues, D., da Costa, P., Silva, A., & Samba Camara, 2005, *As Modalidades de Estruturação do poder Tradicional*, seu papel e sua influência na governação moderna, Bissau, INEP.

Carvalho, C., 1998, Ritos de Poder e a Recriação da Tradição. Os régulos manjaco da Guiné-Bissau, tese de doutoramento em Antropologia Social, policopiado, Lisboa, ISCTE.

Crowder, M., 1964, 'Indirect Rule—French and British Style', *Africa*, 34 (4), 197-205.

Crowley, E. L., 1990, *Contracts with the Spirits: Religion, Asylum and Ethnic Identity in the Cacheu Region of Guinea-Bissau*, Ph.D. Dissertation, Yale University.

Dias, J. M. B., 1974, *Mudança Sócio-Cultural na Guiné Portuguesa* (contribuição para o seu estudo), policopiado, Lisboa, ISCSPU (UTL).

Dijk, R. van & E. A. B. van Rouveroy van Nieuwaal, 1999, 'Introduction: The Domestication of Chieftaincy: The Imposed and the Imagined', African Chieftaincy in a New Socio-Political Landscape, Nieuwaal. E. A. B. van Rouveroy van & Rijk van Dijk (ed.), Münster, Lit Verlag.

Fernandes, R. M., 1993, 'Partido único e poderes tradicionais', *Soronda*, 16, 39-50.

Gable, E., 1990, *Modern Manjaco: The Ethos of Power in a West African Society*, PhD. Dissertation, University of Virginia.

Galli, R. & Jones, J., 1987, *Guinea-Bissau: Politics, Economics and Society*, London, Frances Pinter Publishers & Lynne Rienner Publishers.

Hochet, A.-M., 1983, *Paysanneries en attente: Guiné-Bissau*, Dakar, ENDA.

Jao, M., 1996, 'Os poderes Tradicionais no Período de Transição' in Koudawo, Fafali & Peter Karibe Mendy (ed.), *Pluralismo Político na Guiné-Bissau. Uma Transição em Curso*, Bissau, INEP.

Lentz, C., 2000, 'Tradition Versus Politics: Sucession Conflicts in a Chiefdom of North-Western Ghana', in João de Pina-Cabral & Antónia Pedroso de Lima (ed.), *Elites. Choice, Leadership and Succession*, Oxford & New York, Berg.

Lobban, R. & Forrest, J., 1988, *Historical Dictionary of the Republic of Guinea-Bissau*, London, The Scarecrow Press.

Lopes, C., 1987, *A Transição Histórica na Guiné-Bissau*, Bissau, INEP.

Mendy, P. K., 1994, *Colonialismo Português em África: a Tradição de Resistência na Guiné-Bissau (1879-1959)*, Bissau, INEP.

Mendy, P. K., 1996, 'A emergência do Pluralismo Político na Guiné-Bissau' in Fafali Koudawo & Peter Karibe Mendy (ed.), *Pluralismo Político na Guiné-Bissau. Uma Transição em Curso*, Bissau, INEP.

Newitt, M., 1981, *Portugal in Africa. The Last Hundred Years*, London, C. Hurst & CO.

Nieuwaal, E. A. B. van Rouveroy van & Donald I. Ray, 1996, 'The New Relevance of Traditional Authorities in Africa. The conference; major themes; reflections on chieftaincy in Africa; future direcions', The New Relevance of Traditional Authorities to Africa's Future, *Journal of Legal Pluralism and Unofficial Law*, 37-38

Nieuwaal, E. A. B. van Rouveroy van, 1999, 'Chieftancy in Africa: Three Facets of a Hybrid Role' in Nieuwaal. E. A. B. van Rouveroy van & Rijk van Dijk (ed.), *African Chieftaincy in a New Socio-Political Landscape*, Münster, Lit Verlag.

Pels, P., 1997, 'The Anthropology of Colonialism: Culture, History, and the Emergence of Western Governmentality', *Annual Review of Anthropology*, 26, 163-83.

Spínola, A., 1971, A Batalha da Paz na Guiné (Princípios de uma Política Social), Lisboa, Agência Geral do Ultramar.

Anexo

CONCELHO OU CIRCUNSCRIÇÃO	REGULADO	REGULO	COMENTÁRIO de Manuel Braga Dias
S. Domingos			Todos os regulados são de criação portuguesa. População felupe; os felupes não têm chefes políticos, mas sim religiosos, designados de "chinas", com um chefe central designado por "rei" nos documentos oficiais.
	Ingoré	sim	Régulo balanta-mane respeitado pela população.
	Sedengal	sim	Régulo Cassanga, cuja autoridade se estende para além da fronteira.
	Cajande	não	O régulo refugiou-se no Senegal depois de se iniciarem os conflitos.
Farim			14 regulados cuja autoridade se estende até ao Casamança. Tensão constante entre as populações fula e mandinga exacerbada pela nomeação de régulos fula.
	Bubo	sim	O régulo mandinga foi acusado de conspirar com o PAIGC pelas autoridades coloniais manipuladas pela população fula.
	Cumbijã	não	
	Caresse	não	
	Gêga	não	Régulo fula-forro, inicialmente apoiado pelas autoridades coloniais que depois o executaram, acusado de subversão.
	Cuntima	sim	Régulo fula-preto.
	Canfojã	sim	Régulo fula, sem reconhecimento pela população mandinga.
	Corlá	sim	Régulo fula sem reconhecimento local.
	Farincó	sim	Régulo fula sem reconhecimento local.
	Canicó	sim	Régulo fula sem reconhecimento local.
	Benanto	não	
	Beado	não	Embora identificado como regulado, não existia régulo.
	Maninhã	não	Embora identificado como regulado, não existia régulo.
	Seicuró	não	Embora identificado como regulado, não existia régulo.
	Barro ou Bijene	sim	Régulo balanta-mane contestado pela população mandinga.
	Oio	sim	Régulo oinca. O regulado foi criado pelos portugueses para Abdul Injai; depois do seu afastamento, as autoridades tradicionais organizaram-se em torno dos chefes de povoação. Spínola nomeou um chefe para obstar ao êxodo da população para o Senegal.
Cacheu			Reconhece que é nesta região que o sistema político tradicional goza de maior prestígio.
	Bassarel	sim	Eleito segundo o "direito consuetudinário" e cooperante com as autoridades coloniais.
	Costa de Baixo	sim	O régulo da Costa de Baixo goza da confiança das autoridades coloniais, a quem deve a nomeação e algum prestígio.
	Blequisse	sim	
	Cati	sim	Subordinação ao régulo da Costa de Baixo.
	Cajinjassá	sim	Subordinação ao régulo da Costa de Baixo.
	Bó	sim	Foi alterado o sistema de sucessão e o régulo não é reconhecido pela população.
	Timate	sim	Foi alterado o sistema de sucessão e o régulo não é reconhecido pela população.
	Mata de Ucó	sim	O régulo é uma "figura decorativa"; reino despovoado devido à emigração.
	Bote	não	Encarregado; reino despovoado devido à emigração.
	Calequisse	sim	Alteração ao sistema de sucessão; êxodo da população devido à emigração.
	Caboiana	não	Dignitário religioso.
	Churo	não	Régulo imposto pela administração, entretanto assassinado.
	Bula	não	Encarregado. Regulado mancanha.
	Có	não	Regulado mancanha.
	Jol	não	População balanta.
	Pelundo	sim	Régulo islâmico, apoiado pela administração colonial.
	Mata	não	Encarregado.
	Bianga	não	Encarregado.
	Cacanda	não	Encarregado.

	Pecau	não	
	Pandim	sim	Régulo apoiado pela administração colonial.
	Bugulha	não	Chefe de povoação.
	Cajegute	não	Chefe de povoação.
	Tame	sim	A autoridade do régulo vem sendo substituída pela dos dignitários religiosos.
	Canhobe	sim	A autoridade do régulo vem sendo substituída pela dos dignitários religiosos.
	Caió	não	Encarregado; competição entre dois candidatos ao regulado.
	Indafe	sim	Considera o local onde o sistema político tradicional foi menos foi alterado.
	Pintampil	sim	Considera o local onde o sistema político tradicional foi menos foi alterado.
	Jeta		Só considera existirem chefes de povoação
Bissorã	Bissorã	sim	Régulo mandinga, reconhecido pela população mandinga, mas também pela balanta.
	Encheia	não	Regulado fictício criado pelas autoridades coloniais. O régulo saracolé foi executado em 1963 pelo PAIGC.
	Tiligi	não	Regulado fictício criado pelas autoridades coloniais.
	Naga	não	Regulado fictício criado pelas autoridades coloniais.
	Umpaba	não	Regulado fictício criado pelas autoridades coloniais.
	Dame	não	Regulado fictício criado pelas autoridades coloniais.
	Binar	não	Regulado fictício criado pelas autoridades coloniais.
Mansoa			Todos os regulados desta circunscrição foram criados pela administração colonial.
	Mansoa	não	
	Nhacra	sim	O régulo é balanta, tal como a população.
	Jugudul	sim	O régulo é balanta, tal como a população.
	Cubonge	não	
	Sansanto	não	
	Enxalé	não	
Bafatá	Bafatá	sim	Bafatá e Cansonco são regulados criados pela administração colonial, tendo sido nomeados régulos fula junto de uma população maioritariamente mandinga. Em Bafatá um chefe religioso foi nomeado régulo pela administração colonial.
	Cansonco	sim	Régulo fula. A população fugiu para as áreas libertadas.
	Badora	sim	Régulo beafada.
	Sama Ierodim	sim	
	Gussará	sim	
	Cuor	sim	Régulo mandinga cuja autoridade se limita à população islamizada.
	Xime	sim	Régulo fula.
	Mancrosse	sim	A autoridade do régulo foi suplantada pela dos chefes religiosos.
	Mansoná	sim	
	Cossé	não	O encarregado é irmão do último régulo, sendo contestado pelo sobrinho.
	Corubal	não	Encarregado.
	Sancorlé	não	Encarregado.
	Ganado	não	Encarregado.
	Com Hara	não	Encarregado.
	Manganã	não	Encarregado.
	Joladu	não	Encarregado.
	Cabomba	não	Encarregado.
Gabu			Todos os regulados da circunscrição são de criação portuguesa.
	Gada-cutimbo	sim	
	Sama Sonaco	sim	
	Tumaná de Cima	sim	
	Tumaná de baixo	sim	

	Cancumba	sim	
	Gadamael	sim	
	Binafa	sim	Regulado tradicional, onde o régulo goza de reduzida influência.
	Pachana	sim	Regulado tradicional, onde o régulo goza de reduzida influência.
	Propana	sim	Regulado tradicional, onde o régulo goza de reduzida influência.
	Maná	sim	Regulado tradicional, onde o régulo goza de reduzida influência.
	Chanha	sim	Regulado tradicional, onde o régulo goza de reduzida influência.
	Boé	não	
	Pachisse	sim	População pajadinca muçulmana.
Fulacunda			Regulados criados pela administração colonial; a população beafada integrou esta estrutura embora haja uma fraca aceitação dos régulos fula; de uma forma geral a população fugiu ou aderiu ao PAIGC.
	Contabane	sim	Régulo fula.
	Forrea	sim	Régulo fula.
	Fulacunda	sim	Régulo beafada.
	Incassol	sim	Régulo beafada.
	Cubisseco	não	
	Gampará	não	
	Quinara	não	
Catió			Regulados criados pela administração colonial que nunca foram aceites pela população; apoio generalizado ao PAIGC.
	Catió	não	
	Tombali	não	
Bedanda	Cantanhez	não	
	Guilegue	sim	Régulo fula.
	Cabedu	sim	Régulo balanta em zona maioritariamente nalu.
Cacine	Cacine	sim	Régulo nalu.
	Gadamael	sim	Régulo beafada, população beafada e fula.
	Quitafine	não	
Bolama	Ilha de Bolama	não	Encarregado mancanha numa zona de povoamento mancanha desde o século XIX
	S. João	não	Chefes de povoação beafada; adesão generalizada ao PAIGC.
	Ilha das galinhas	não	Encarregado bijagó.
Bijagós			O autor refere a fraca influência do PAIGC no arquipélago, mas não tem informação sobre os régulos.
Conselho de Bissau			O autor refere a alteração dos regulados tradicionais, a atracção urbana que conduz numerosa população de toda a Guiné aos arredores de Bissau.
	Bandim	não	
	Prábis	não	
	Quessete	não	
	Bor	não	
	Bijemita	não	
	Safim	sim	Régulo de autoridade limitada; chefes de povoação nomeados pela administração colonial.
	Bissalanca	sim	Régulo de autoridade limitada; chefes de povoação nomeados pela administração colonial.
	Jaal	sim	Régulo de autoridade limitada; chefes de povoação nomeados pela administração colonial.

Situação dos regulados na Guiné em 1971 (segundo Manuel Braga Dias, 1974, pp. 112-202)

10

Poder Local na África Lusofona

Da Herança Centralista Colonial e Pós-Independência aos Desafios da Descentralização

Isabel Estrada Carvalhais

Resumo

Este texto assume-se como um modesto contributo à reflexão sobre a pertinência da descentralização no contexto social, político e cultural da sociedade angolana. Embora sejam já vários os trabalhos científicos que com conhecimento da realidade angolana procuram trazer luz sobre as vantagens e desvantagens da implementação do princípio da descentralização na organização político-administrativa daquela sociedade, nem por isso as questões e dúvidas aqui levantadas perdem a sua validade e actualidade. E tal só pode significar pelo menos uma de muitas outras coisas: que a descentralização, tendo chegado aos discursos políticos dos actores angolanos, debate-se ainda quanto ao que possa significar, tanto no universo da exploração teórica como, e muito mais dramaticamente, no universo da futura concretização prática. O ciclo da praxis que acompanha o princípio da descentralização está, pois, no seu início, precisamente naquele momento delicado em que o pensamento deixa já antever tanto os prós como os contras possíveis da acção. É esse, aliás, o momento angular de toda e qualquer praxis, o momento em que o princípio, a ideia, o projecto se libertam para a acção ou se atrofiam no álcool conservante das limitações que o pensamento julga antever. Tudo isto é próprio do ciclo de vida de um qualquer projecto político no sentido mais amplo e nobre do termo. E tudo isto seria, por isso, em si mesmo pouco digno de registo, não fosse o facto de o ciclo da praxis de uma ideia não poder dar-se ao luxo de dispor de um tempo próprio. De facto, aquele terá sempre de ocorrer em sintonia com as janelas abertas pelo tempo histórico. Fechada uma janela, já nada há a fazer e a História não repete oportunidades. A descentralização em Angola tem agora o seu tempo de oportunidade e é por isso que todos os contributos, uns certamente mais do que outros, são importantes na clarificação do seu possível caminho.

Introdução

Mais do que um princípio de estruturação e de organização político-administrativa, a descentralização—se tomada como filosofia transversal de orientação das relações de Poder—pode afirmar-se nas sociedades da África Lusófona, marcadas por processos de pós-conflito, como instrumento fundamental na promoção de uma relação de diálogo aberta e equilibrada entre Estado e sociedade civil, contribuindo, assim, para o êxito e fortalecimento das instituições e processos democráticos.[1]

Para quem defende a participação dos cidadãos nos processos de decisão política como imperativo vital de 'boa governança', há aí com certeza lugar para a descentralização do Poder e para o potencial humanista que este encerra.

Por potencial humanista entendemos a capacidade de tornar a Democracia efectivamente acessível aos indivíduos, em especial àqueles que tradicionalmente surgem como periféricos e marginalizados nos processos de decisão pública, e que, por consequência, apenas têm conhecido formas mitigadas de cidadania, bem como versões distorcidas e incompletas de si enquanto sujeitos de Direitos Humanos—minorias étnicas nacionais e não-nacionais, mulheres, comunidades rurais, idosos, pessoas com necessidades especiais.

Não existe, porém, uma só resposta quanto às formas pelas quais esse potencial humanista pode operar, quer nas sociedades em geral, quer nas sociedades lusófonas africanas em particular. Aliás, e a bem da verdade, nem tão pouco há consenso sobre as virtudes aqui subentendidas quanto à adopção da descentralização como princípio estruturador e organizador do Poder Político, sendo muitos os exemplos que se poderiam apontar de discussões que ao longo dos tempos se têm formado em torno da adopção deste princípio em diversas sociedades.[2]

A confrontação e discussão de trabalhos sobre as realidades observadas do Poder Local em construção na África Lusófona, bem como de reflexões críticas em torno das molduras teóricas que sustentam as opções políticas em causa, assumem-se, assim, como uma estratégia metodológica fundamental tanto na definição rigorosa dos significados múltiplos da descentralização do Poder (suas trajectórias, seus entraves históricos, suas dinâmicas e especificidades em cada país lusófono), como na construção de modelos teóricos mais consonantes com as realidades africanas e mais sensíveis às valências do Poder Local na Democracia da África Lusófona.

É, assim, neste amplo enquadramento que surge o nosso modesto contributo, em particular a reflexão sobre o significado possível da descentralização como instrumento de 'people empowerment' no contexto de fortalecimento da democracia angolana.

Ainda como nota introdutória, gostaríamos de sublinhar que embora conscientes do peso da herança colonial numa correcta avaliação das características, limites e desafios da organização administrativa dos estados africanos de língua oficial portuguesa, como Angola, pensamos ser redutora a análise que se limita a identificar o parentesco português na avaliação do centralismo administrativo angolano. Afinal, sendo verdade que o legado colonial se apresenta como uma das explicações do centralismo administrativo angolano, também não é menos verdade que a história recente do país nos tem revelado um Estado comprometido em dar continuidade a esse legado, por razões que imanam directamente do seu entendimento de gestão do Poder e da 'coisa pública' enquanto Estado independente.

Descentralização Como Devolução deMocrática de Poderes

Em primeiro lugar, convém lembrar aquilo que a descentralização não é. A descentralização não é, como sabemos, desconcentração. Desconcentrar significa criar uma teia de serviços nos quais a Administração Central delega funções e tarefas, funcionando, todavia, como meros representantes ou delegatários desse mesmo Poder Central. Trata-se, sem dúvida, de um instrumento legítimo na aproximação do Estado-Aparelho ao cidadão, concebido como meio de superar uma relação usualmente marcada pela distância e pelas deferências de uma burocracia excessiva entre governantes e governados.

Descentralizar, por sua vez, traduz a existência de um Poder local e democraticamente legitimado pelo povo, autónomo e detentor de identidade, funções, responsabilidades e objectivos próprios, o que não obsta a que seja simultaneamente um poder em perfeita articulação com o Estado central e em sintonia com as grandes metas de toda a sociedade.

A identidade e a história da descentralização podem resultar de processos hierárquicos descendentes, isto é, de decisões do Poder Central no sentido de adoptar o 'multinivelamento do poder' como estratégia de organização da relação cidadão-Estado. A montante do processo poderá estar a criação de uma estrutura de poder algo alheia às práticas correntes das populações, ou poderá simplesmente estar a institucionalização de algo já enraizado pelo costume (caso em que a procedência do processo é afinal ascendente).

Poder-se-á pensar a este propósito que o sucesso da descentralização está, logo à partida, dependente do facto de ser ou não ser fruto de um processo ascendente de vontades. No entanto, somos inclinados a acreditar que o sucesso desta dependerá menos das raízes que possa ter nas práticas organizativas das populações e muito mais da qualidade dos seus outputs na criação de bem-estar, de maior e melhor inclusão social, económica e política de grupos e indivíduos, no fortalecimento do papel destes como actores de controlo democrático da acção política, e na promoção de mecanismos de justiça célere sem comprometimento da integridade dos Direitos Humanos. Isto sim parece-nos, sujeito a crítica é certo, o que efectivamente pode garantir a adesão dos cidadãos a um processo descentralizador nas suas sociedades.

Ora, há nesta ordem de ideias uma outra ideia fundamental na nossa definição do que é e não é descentralizar. Descentralizar não é, neste contexto, a simples replicação a uma escala local das relações de poder verificadas ao nível central entre cidadão e Estado. Queremos com isto dizer que a descentralização enquanto criação de Poder Local autónomo do Poder Central na verdade não pode limitar-se à reprodução à escala comunitária da mesma relação burocratizada e distante que frequentemente ocorre ao nível nacional entre Estado e cidadão. A descentralização só se assume, pois, como estratégia válida de promoção democrática, se o Poder Local autónomo se assumir também ele como um Poder inovador na sua relação com os indivíduos e os grupos. Descentralização surge aqui como criação de espaço para um Poder cuja lógica interna se não limita a replicar a lógica do Poder Central no grosso das suas fragilidades e limitações. Trata-se portauto de um poder que se (con)funde com a ideia de sociedade civil participante.

Como ideias-chave temos, pois, que descentralizar não se confunde com o processo administrativo da desconcentração do Poder Central, nem com o criar de estruturas de Poder Local autónomo que se limitem a replicar no seu funcionamento a relação problemática cidadão-Estado que ocorre ao nível nacional, o que seria, aliás, um absurdo de contradições. Pelo contrário, descentralizar afirma-se como criação de Poder Local enquanto poder autónomo, democrática e legitimamente eleito pelo povo, sancionado e controlado pela sociedade civil local.

Obviamente que esta é uma leitura sobre descentralização passível de crítica pelo seu pendor normativista quanto ao 'dever ser' que para nós está implicado nesse processo. Na verdade, se do ponto de vista das teorias da Administração Pública não há dúvidas quanto à distinção conceptual entre desconcentração e descentralização, o mesmo não acontece em relação a saber exactamente o que é que descentralizar implica em termos de reinvenção do Poder Político Democrático. É nosso entendimento, porém, que descentralizar em democracia tem de compatibilizar-se com a ideia de criação de um Poder Local autónomo, democraticamente eleito, para o qual surgem como claras e prioritárias tanto a sua responsabilização perante as populações como a negação de qualquer tipo de subserviência ao Estado, traduzindo, assim, o seu funcionamento a capacitação efectiva da sociedade civil local em tomar decisões sobre o seu espaço social, cultural, económico e ambiental.

Na sequência do que dissemos, parece-nos ainda importante referir que Poder Local é aqui entendido como conceito que se operacionaliza por referência a uma dada lógica de relacionamento entre Poder e sociedade (lógica essa que definimos como sendo democrática, participativa, aberta, includente) e não por referência ao espaço no seguimento do que a invocação do adjectivo 'local' poderia supor. Quer isto dizer que outras manifestações de poder a nível local, como seja o Poder Tradicional, não estão nesta óptica automaticamente inscritos no conceito de Poder Local tal como aqui o interpretamos. Isto é, não obstante o Poder Tradicional ser costumeiramente um poder local, tal característica não lhe confere, por si, qualquer qualidade democrática nem democratizante. Neste sentido, as estruturas de Poder Tradicional, não raras vezes, revelam lógicas e funcionamentos internos mais próximos dos entendimentos monopolizantes dos poderes estatais centrais, do que lógicas pluralistas, deliberativas, abertas à ampla participação e sancionamento populares. Será consequentemente precipitado igualizar Poder Tradicional local a Poder Local democrático, a menos que também o primeiro tenha aderido a uma pedagogia no sentido da sua própria democratização. Caso contrário, descentralizar através da devolução directa de poder central ao Poder Tradicional local poderia significar apenas um reforço de estruturas locais também elas repetindo, na sua essência, a relação de poder altamente desfavorável ao cidadão comum no seu processo quotidiano de integração social, económica e política, (em especial se é este um cidadão inserido no contexto de minorias sociais, caso particular das mulheres, dos idosos, das crianças, dos cidadãos com necessidades especiais). Ressalve-se, porém, que, na avaliação do papel do Poder Tradicional na ordem democrática angolana, de maneira alguma poderá ou deverá este no seu todo ser tomado como sinónimo de estruturas autoritárias de poder. A postura de líderes tradicionais que se revelam mais sensíveis à linguagem democrática dos direitos cívicos e humanos, bem como o papel que tradicionalmente muitos têm tido enquanto agentes de consenso, que promovem a consulta popular como base da legitimidade da sua governação, devem ser sublinhados e devidamente reconhecidos. Mais ainda, devem ser apresentados à sociedade como exemplos construtivos na gestão de relações de poder que podem estimular a reinvenção do Poder Tradicional sem prejuízo da sua dignidade na nova História angolana.

Descentralização—a Responsabilidade do Estado na sua Viabilização

Não obstante Angola ter nascido sob o princípio da centralização do Poder, a verdade é que, num território tão vasto, de geografia humana e natural tão diversificadas, nunca como hoje o Poder Central conheceu um contacto tão extenso e estreito com o nível local, facto para o qual sem dúvida contribuíram o fim da guerra civil, a conquista da paz, e a construção gradual da ordem democrática (Tvedten 2003).

Paralelamente, também nunca como hoje se falou tanto na necessidade de concretizar o princípio plasmado no projecto constitucional de proceder a uma descentralização do Poder e à edificação de um Poder democraticamente eleito pelas comunidades locais. Veja-se o exemplo do Projecto da Comissão Constituinte (criada pela Lei 1/98 de 20 de Fevereiro), para a elaboração de uma nova Constituição, e o que aí se dispõe na sua Parte IV, Título VII, capítulos I a IV (artigos 269° a 287°).

Descentralizar entrou na agenda política de Angola. Tanto mais quanto se sabe o quão relevante é a performance dos países no tocante à sua capacidade de implementar processos bem sucedidos de devolução do poder ao Povo como parte das suas estratégias de desenvolvimento humano (com especial enfoque na protecção dos mais fracos e desfavorecidos), nas avaliações que as agências internacionais de apoio ao desenvolvimento fazem, com óbvios reflexos na subsequente canalização de ajudas financeiras, materiais, tecnológicas, entre outras, aos seus projectos de crescimento.

Descentralização é, por isso, reconhecida por qualquer actor político sensato como um importante instrumento na definição de práticas de boa governança. Mas este reconhecimento é apenas a etapa inicial de uma muito mais extensa praxis política, a qual, todavia, não se completa com meras intenções plasmadas nas cartas constitucionais e reiteradas em discursos oficiais.

De facto, há, desde logo, dois pilares fundamentais numa descentralização de sucesso, cuja edificação compete exclusivamente, sublinhamos, ao Estado. São eles:

a)   a criação de um edifício legal que viabilize o Poder Local.

b)   a capacitação do Poder Local com os recursos necessários, desde logo financeiros (quer, claro está, na forma negativa de liberdade de criação de receitas próprias—princípios de autonomia patrimonial e financeira e leis que regulamentem o seu funcionamento—quer, acima de tudo, na forma positiva de afectação de verbas do Orçamento da República para o Poder Local).

Significa isto que a descentralização, sobretudo no contexto de um Poder Central com capacidade de gerar riqueza pela exploração de importantes recursos naturais, não pode funcionar como um pretexto de desresponsabilização do Estado na geração de bem-estar da sua população ao nível local. Quer isto dizer também que o sucesso do Poder Local—a garantia de que este venha a ser um poder eficaz e credível aos olhos das populações—depende em muito do empenho do Estado central nesse mesmo êxito. O contrário significaria um Poder Local fraco, pobre e, por isso, condenado a assistir à degradação da sua legitimidade perante a sociedade civil. Ora, a menos que essa fosse uma estratégia deliberada do Poder Central para, pelo fracasso do Poder Local, justificar a re-apropriação do seu espaço, há todas as razões para que o Estado encare com entusiasmo o desafio da descentralização e saiba aproveitar os apoios materiais, humanos, de conhecimento técnico e científico que, nesse sentido, lhe podem ser disponibilizados pela comunidade internacional.

Descentralização—incertezas a propósito do Projecto Constitucional Angolano

Presentemente, não existe em Angola um Poder Local que traduza já uma verdadeira devolução de parte do poder do Estado Central à sociedade civil localmente organizada em órgãos eleitos e sancionados pelo povo. No entanto, o primeiro pilar aqui identificado como sendo da responsabilidade do Estado central, está já em marcha.

De facto, no projecto para uma nova constituição está claramente consagrado o princípio da descentralização (artigo 274º), bem como a criação de poder local autárquico (269º e 270º), a eleição democrática dos seus órgãos (276º e 277º) e a representação democrática das populações locais (272º).

Em paralelo, a Estratégia de Combate à Pobreza aprovada pelo Governo da República em Fevereiro de 2004, sublinha claramente que 'a qualidade da governação é uma das condições fundamentais para o sucesso da ECP', e que, por isso mesmo, é que esta inclui 'políticas para promover a boa governança [...] designadamente [...] (iii) a desconcentração e descentralização da administração pública a níveis próximos da população' (Ministério do Planeamento 2003:28). Nesse sentido, 'a criação das condições para a constituição de Autarquias' surge como uma das áreas de intervenção listadas como cruciais à existência de boa governança e ao sucesso da ECP nos próximos dez anos (Ministério do Planeamento 2003:30). O mesmo é dizer, ainda, cruciais na concretização de um dos objectivos máximos da ECP: a consolidação do Estado de Direito.

Mas a efectivação deste processo necessita, já o dissemos, do empenho do Estado central na busca de respostas a matérias tão sensíveis e urgentes como:

a) Definição clara do futuro da Administração Local e do Poder Local Autárquico em termos de suas competências, funções, dotações, poderes, articulação entre ambos e destes com o Poder Central.

b) Definição clara das formas de integração do Poder Tradicional nessa nova estrutura de poder e na cultura democrática de partilha do mesmo.

c) Definição de estratégias para a promoção de uma cultura de cidadania participativa que auxilie na construção de um Poder Local democrático forte.

Articulação da Administração Local e do Poder Local Autárquico

Atendendo à base legal proposta e no que concerne ao primeiro desafio, parece claro que, de modo algum, o Poder Central delegado será eliminado, sendo, todavia, reformulado no sentido de apenas contemplar os Governos Provinciais.

Já quanto aos Municípios e Comunas (a que acrescem as Povoações), e de acordo com o artigo 273° do projecto constitucional, corresponderão a divisões do Poder Local autónomo (não sendo, todavia, claro se também aí permanecerão os órgãos da Administração desconcentrada). Posto isto, qual deverá então ser a sua relação com a estrutura provincial, uma vez que, segundo redacção do artigo 280°, n°1, as autarquias locais estarão sujeitas à tutela administrativa do governo provincial? Como assegurar que não surjam disputas pelos mesmos recursos na sua distribuição por parte do Governo da República? Aliás, olhando para a história ainda em curso das Comunas e Municípios como partes do Poder Central desconcentrado, e olhando, nesse contexto, para a sua relação com o poder provincial, o que se tem observado é uma generalizada falta de meios que permitam aos primeiros melhorar o seu funcionamento e desenvolvimento.

Ao mesmo tempo, não se vislumbram quaisquer reformas de fundo no tocante à gestão do poder provincial, à transparência dos seus procedimentos e à responsabilização dos seus agentes. Ora, sendo este actualmente um dos principais receptáculos e canalizadores dos recursos do Estado para os restantes níveis territoriais, e sendo que muito provavelmente o continuará a ser, mesmo no contexto da transferência dos Municípios e das Comunas para o espaço do Poder Local autónomo (uma vez que não passará pela cabeça de ninguém exigir ou esperar que o Poder Local gere todas as receitas necessárias à sua sustentação), não deixa de ser preocupante que a reforma dos governos provinciais não seja vista como prioridade. Tanto mais quanto se sabe que, tal como se sublinha na apresentação do Projecto 'Descentralização e Poder Local', apoiado pelo Programa de Desenvolvimento das Nações Unidas, as transferências de recursos do Poder Central para o poder provincial não têm seguido critérios objectivos, como sejam a população, indicadores de desenvolvimento, performance na criação de receitas, e nem o respeito integral pela aplicação do Decreto-Lei 80/99 no tocante à fixação de objectivos de despesas (UNDP 2004).

Por outro lado, não está ainda claro qual o futuro dos órgãos de representação do Poder Central a nível local situados nos Municípios e Comunas. O mais sensato seria a sua simples eliminação, uma vez que a sua continuidade, em paralelo com os órgãos localmente eleitos, apenas agravaria o cenário de disputa pela alocação de recursos, de tensão em torno das fronteiras de poder, e, claro está, de perda de muitas energias em virtude da justaposição e multiplicação de tarefas em resposta aos mesmos problemas.

Outra preocupação ainda está em saber como pretende o Poder Central debruçar-se sobre um dos aspectos determinantes para a credibilidade e eficiência do Poder desconcentrado, e também do Poder Autárquico: a disponibilização de meios. Na aproximação que o Estado terá de fazer a esta questão, apresenta-se-nos como fundamental que este saiba aceitar e implementar a ideia de uma disponibilização de meios que seja simultaneamente a) desburocratizada quanto aos seus processos, b) fiável quanto à sua regularidade no tempo, c) objectiva quanto aos critérios da orientação das suas acções, d) rigorosa e transparente quanto à avaliação dos seus resultados e e) inovadora nas áreas de acção, isto é, que tenha em particular atenção áreas tão carenciadas como seja a da formação técnica de elevada qualidade dos recursos humanos da Administração Local (algo tão importante e ainda tão deficitário, em particular ao nível municipal e comunal).³

A montante desta preocupação está, por sua vez, uma importante questão de fundo, a qual se prende com a interpretação do que deva significar a 'autonomia financeira e patrimonial' do Poder Local no entendimento do Poder Central. Efectivamente, olhando para a redacção do artigo 275° sobre património e finanças locais, nada aí se encontra, em especial nos seus parágrafos 1 e 4, que possa, de forma objectiva, dissipar as dúvidas que legitimamente se levantam a este respeito. Não é, por isso, demais sublinhar um princípio já aqui afirmado, o de que a descentralização não poderá ser sinónimo de desresponsabilização do Estado na sua missão de gerar bem-estar e coesão social entre as populações ao nível local. Qualquer que seja, assim, a concretização que a lei venha a dar ao princípio da autonomia financeira, parece-nos que a mesma nunca poderá isentar o Estado de um compromisso com as reais capacidades de auto-financiamento das autarquias e com a grande responsabilidade que sobre si recai quer na atribuição de recursos, quer na distribuição dos mesmos segundo princípios claros de equidade, justiça e transparência. Sublinhe-se, porém, que nesta posição normativa, o que se pretende não é isentar o Poder Local das elevadas responsabilidades que lhe cabem na criação de riqueza própria, nem o de, por essa via, contrariar o princípio da sua autonomia em (des)virtude de uma subserviência a um Estado-credor. Pretende-se, tão só, sublinhar o papel que um Estado central com acesso a recursos valiosos pode e deve ter no auxílio à viabilização de um Poder Local forte que, necessariamente, tem de nascer no seio de uma ainda débil sociedade civil de forças em construção.

Não se trata apenas de defender aqui um imperativo de ordem moral, mas de chamar igualmente a atenção para o facto de este compromisso do Estado com o sucesso do Poder Local ser do interesse do próprio Estado de Direito democrático. Na verdade, dependendo da forma como o Estado se posicionar sobre esta matéria, um Poder Local gerador do bem-estar material, da coesão social, do desenvolvimento económico, da preservação da pluralidade cultural e de boas experiências democráticas, pode reforçar no cidadão a confiança no seu Estado como entidade genuinamente empenhada na sua capacitação democrática. Logo, talvez seja em última instância a própria unidade nacional que se reforça, não tendo de haver aqui qualquer contradição pelo facto de esta emanar em parte do reforço das identidades locais. Afinal, o que hoje se reconhece como características pós-modernas da identidade do indivíduo, a saber, a pluralidade de lealdades e o hibridismo identitário, são, afinal, uma constante humana que simplesmente deixa agora de ser anátema, como o era à luz do discurso da Modernidade, para passar a ser legitimamente aceite como presente na construção da identidade dos sujeitos.

Esta nossa convicção não é, claro está, o bastante para dissipar os medos que, compreensivelmente, um Estado unitário centralizado como o Angolano guarda sobre a possibilidade de assistir a uma ascensão das lealdades locais, acicatadas pela diversidade étnica e linguística existente, em detrimento do seu esforço pela preservação da imagem como estado uno. No entanto, também não parece viável que um Estado territorialmente tão vasto, de complexas e múltiplas realidades sociais e culturais, possa, por si só, assegurar a longo prazo essa mesma imagem. Por outras palavras, parece-nos difícil que um Estado de Direito, empenhado na democratização das suas relações de poder com a sociedade, possa, em simultâneo, querer assumir—sem que aí não haja tremenda contradição com a sua primeira qualidade—um compromisso com a sustentação de uma pesada, dispendiosa e autoritária máquina administrativa, única via pela qual um Estado como o angolano poderia, de algum modo, assegurar a eficiência da sua acção junto das populações em todo o seu vasto território. A aposta no Poder Local, como bem o consagra o projecto constitucional, parece-nos, assim, e acima de qualquer outra razão, um imperativo de ordem prática a bem do sucesso da própria relação que, em contexto democrático, será admissível que exista entre a sociedade civil e Estado.

Integração do Poder Tradicional na nova Estrutura de Poder e na Cultura Democrática de Partilha do Mesmo

Relativamente ao segundo desafio, e de acordo com o disposto no artigo 269º do projecto constitucional, o Poder Tradicional é visto como pertencente à dimensão local do Poder. Perante esta consagração do Poder Tradicional, o grande desafio coloca-se na busca de um compromisso que honre, em simultâneo, a dignidade histórica e a importância das funções sociais, culturais e políticas do Poder Tradicional, e o respeito pela unidade do Estado e pelo primado do Direito. Este desafio é particularmente difícil, pois tendo sido o Poder Tradicional um actor usual na prossecução de estratégias (primeiro do poder colonial, depois do poder independente), de aproximação da governação central ao Povo, nem sempre o foi na óptica da sua dignificação, sendo muitos os líderes postos ao nível de meros funcionários estatais, em contraste com o elevado simbolismo que historicamente lhes é reconhecido pelas populações.

Na construção desse difícil compromisso, é importante que se sublinhe que o Poder Tradicional não pode ser visto como concorrente do Poder Central ou do Poder Autárquico, ao nível local. Deve ser um poder complementar, de dignidade e sentido próprios na sociedade civil, mas nunca fragmentador da unidade nacional, nem dos princípios proclamados pela ordem constitucional. Como na prática isto se consegue, ou seja, como se definem as atribuições, competências, responsabilidades do Poder Tradicional e as suas relações institucionais com os restantes órgãos do Poder Central e Local (285º do projecto constitucional), é pergunta para a qual, por enquanto, ninguém parece ter resposta certa. A criação futura de uma lei que regulamente estas matérias será, sem dúvida, importante, já que conterá em si a medida exacta do papel que, na prática, se pretenderá atribuir ao Poder Tradicional enquanto actor político presente nas dinâmicas da democratização e do desenvolvimento do país.

Questão igualmente sensível é a de saber como se concilia um Poder Tradicional nem sempre democrático quer nos valores assumidos, quer no funcionamento das suas regras consuetudinárias, com a ordem do Estado democrático e de Direito. O projecto constitucional fala claramente no reconhecimento de autoridades tradicionais que 'não contrariam a Constituição e a Lei' (artigo 283º). Mas como, na prática, se procede à separação do trigo democrático do joio autoritário? Poderá a aposta na divulgação das boas práticas democráticas existentes entre vários chefes tradicionais, granjear algum sucesso junto de outros chefes e comunidades, quando se sabe de antemão que o que une cada comunidade ao respeito por determinadas práticas e valores tradicionais não tem necessariamente a ver com a sua percepção do que seja a democracia, mas da sua compreensão do que é e não é aceitável, em termos da sua existência individual e colectiva no mundo? Poderá uma estratégia de reforço do poder de decisão e do acesso a recursos estatais por parte do Poder Tradicional, mais consonante com os objectivos democráticos (e só com estes) do Estado, surtir os efeitos desejáveis no Poder Tradicional menos sensível à cooperação democrática? Poderá essa mesma estratégia realizar-se com garantias de que não será desvirtuada pela força de outros objectivos do Estado que não os do reforço da qualidade da sua Democracia e do respeito pela Lei? E podendo o Estado ter a legitimidade legal para decidir sobre a compatibilidade e a incompatibilidade de um determinado poder local tradicional com os princípios do estado democrático e de direito, poderá também ele decidir sobre a validade ética da sua decisão, ainda que contra a vontade das suas populações? Estas são algumas das questões que, num primeiro olhar, se nos afiguram não só inquietantes como de modo algum incontornáveis, estando a última questão especialmente imbricada no que será dito no próximo ponto de reflexão.

Promoção de uma Cultura de Cidadania Participativa para um Poder Local Democrático Forte

O desafio aqui identificado tem, desde logo, como palavra-chave 'educar'— educar para a cidadania participativa, para a cultura de exigência democrática. Educar para um objectivo que, como se vê, é de longo prazo e de profundas implicações estruturais. Trata-se, portanto, de um desafio que muito dificilmente atrai o tempo imediato da vida política, pautado em democracia pelo ritmo das eleições, das legislaturas, das mudanças governativas, das mudanças de orientação da base social de apoio dos governantes. E trata-se ainda de um desafio que implica um compromisso que, perante as vicissitudes das conjunturas políticas, se revele estável e contínuo entre a estrutura de poder político e a sociedade civil—em particular daqueles que nela se encontram desde já mais habilitados para fazer uso da sua cidadania, e que, por isso, têm responsabilidades acrescidas na emancipação efectiva dos menos favorecidos.

Dos vários actores sobre os quais nos poderemos debruçar, destacamos aqui as elites e o seu papel ao nível local na promoção de uma cultura de partilha e de discussão democrática do poder. Promover essa cultura significa aderir a essa cultura, isto é, a uma lógica de partilha de Conhecimento, de informação, de recursos, logo de Poder. Mas há sempre um potencial contra-democratizante no comportamento das elites que lhes advém obviamente da necessidade de garantir as condições que lhes permitem essa mesma existência enquanto elite. Partilhar o privilégio não é fácil, logo, não é espontâneo. Tem de ser estimulado, desde logo pelo Estado de Direito, fundamental enquanto agente que não só crie, mas também saiba reconhecer e incentivar os comportamentos de actores (nacionais e internacionais) que, na sociedade local, promovem a integração económica efectiva dos mais carenciados, a coesão social, o diálogo intercultural e inter-étnico, a igualdade de oportunidades, a participação democrática nas decisões colectivas. E que, em simultâneo, actue como agente exemplar do sancionamento legal e da reprovação ética dos comportamentos que visem preservar feudos de acesso restrito a recursos materiais e imateriais, como sejam o Conhecimento, a informação e o Poder.

Consideramos que à reflexão sobre o papel das elites num processo de devolução do Poder ao cidadão deve ser dada uma atenção especial. Isto porque, se é verdade que a criação de um Poder Local, cuja legitimidade de acção assenta no sufrágio e vontade populares, é crucial na devolução do Poder ao cidadão, não é menos verdade que o Poder Local só cumprirá o seu significado democratizante se o mesmo não for apropriado nem pelas elites do Poder Tradicional, nem pelas elites da estrutura de Poder do Estado (da actual e da que lhe seguirá), e nem por quaisquer outras, a fim de o recriarem como seu espaço de gestão da coisa pública. Simultaneamente, o facto de o Poder Local assentar na ideia da sua legitimação popular também não assegura, por si, o cumprimento desse significado democratizante, uma vez que só uma população alfabetizada, esclarecida, informada, logo, educada em e para a cidadania, estará em condições de ser continuamente vigilante e exigente quanto ao respeito pela ordem democrática e pelos princípios de circulação do Poder.

O sucesso do futuro Poder Local radica, pois, não em si mesmo (uma vez que este não pode ser visto como porta automática de devolução democrática efectiva e não meramente formal do Poder Político aos cidadãos) mas na educação—do Estado e da sociedade civil, para uma cultura de partilha democrática do Poder Político e de aproximação do mesmo ao cidadão.

Conclusão

Sem pretender invalidar a pertinência das questões aqui levantadas, há, no entanto, que sublinhar a ausência neste texto daquela que é uma questão crucial, a de saber como se poderá construir o modelo sobre o qual assentará a criação do Poder Local em Angola. E dizemos 'como se poderá construir' porque, em nosso entender, nada seria mais inútil a este processo de reflexão do que o argumento em favor de um ou de outro modelo já existente, quando é certo que os modelos actuais mais não são do que reflexos de determinadas caminhadas históricas em sociedades concretas.

A narrativa do poder local na Europa, por exemplo, mostra-nos que na base dos diferentes modelos existentes estão diferentes evoluções históricas dos seus Estados enquanto Estados Modernos. Nos países nórdicos, por exemplo, o Estado 'expandiu-se de forma a responder às exigências de igualdade' (John 2001:28), o que influenciou o modelo de gestão pública:

> Desde que a igualdade pudesse ser protegida por leis centrais e os sistemas financeiros dos governos locais procurassem compensar as diferentes necessidades de despesas entre os territórios, as elites nacionais pensaram como sendo apropriado que o governo local administrasse os serviços públicos. (John 2001:28).

Ou seja, o modelo nórdico, como Page e Goldsmith o designam (1987)—que se refere a todo um conjunto de realidades de organização do Poder Local e de gestão/repartição do Poder que se podem encontrar na Dinamarca, países escandinavos, Irlanda, Holanda e Reino Unido (e norte da Alemanha)—tem na sua origem uma determinada concepção do Estado e de gestão da coisa pública.

Ora, da mesma forma, o modelo do Sul, herdado por Portugal, Espanha, Grécia, Bélgica e que tem na sua origem a concepção administrativa francesa do tempo napoleónico, acaba por ser o reflexo de uma determinada caminhada histórica e de uma determinada concepção muito mais centralista do Estado e da gestão da esfera pública.

Ambos os modelos são modelos de Poder Local, sem dúvida. Mas mais importante que atender ao que cada um significa em termos de contracção ou de afirmação do Poder Local (sendo que, sem dúvida, o nórdico vai no sentido dessa afirmação, e o do Sul no sentido da sua menor relevância), importa sublinhar que, em todos estes países europeus, a adopção de um ou de outro modelo foi e é o resultado de uma complexa materialidade histórica, discutida, negociada e acrescida de nova materialidade por cada nova época que nasce no seio de cada sociedade. É o resultado de concepções de Poder e de gestão do mesmo, de organização da vida em comunidade, de relação Estado-sociedade civil, de cidadania, de democracia—concepções que circulam entre instituições, elites e populações.

A adopção de um ou outro modelo afigura-se, assim, como um resultado que está muito para além de uma simples decisão tomada num determinado momento por um ou outro actor em particular.

Isto significa pelos menos duas coisas: a) que cada Estado tem de procurar a materialidade em que se pode basear o seu Poder Local; b) que podendo o Poder Local ser defendido como princípio de devolução do Poder ao Povo e de reforço da própria democracia, de modo algum essa defesa se poderá traduzir na importação de modelos.

Outra questão fundamental que nos parece deverá também ser feita, é a de saber até que ponto se mostra relevante uma aposta no Governo Local, quando cada vez mais se fala em Governança Local. A governança, por muito infeliz que seja este termo importado das ciências económicas e empresariais, tem-se vindo a afirmar nas constelações emergentes de novos conceitos sociológicos e políticos, como sinónimo de modos informais ou não-convencionais de fazer política—modos ou formas que vêm traduzindo, aliás, a realidade que é a crescente presença do mercado e do sector privado na esfera das decisões públicas seja ela local, regional, nacional ou transnacional.

Nas palavras de Peter John, '[c]nquanto abandono de padrões relativamente restritos e formalizados de processos de decisão pública, a governança resulta das diversas relações que ocorrem entre as muitas organizações que ocupam o espaço local' (John 2001:40). A governança local parece, assim, ter como grande vantagem em relação ao conceito de Governo Local, o facto de estar intimamente ligada à ideia de uma participação mais forte e directa da sociedade civil na tomada de decisões que releva para a condução da vida pública local. Deste modo, não sendo por si mesma garantia de mais e melhor democracia, a governança local é, pelo menos, um conceito que, pela razão apontada, apresenta um potencial criativo elevado no que toca à possibilidade de invenção de formas que permitam maior aproximação do cidadão às decisões públicas locais.

Por estas razões, julgamos que também o estudo dos potenciais democratizantes deste conceito—de alguma forma subentendido, aliás, no disposto pelo artigo 286° do projecto constitucional—e das vias para sua viabilização, deverá integrar as nossas reflexões sobre a caminhada para construir o Poder Local autónomo em Angola.

Notas

1. A autora deseja agradecer a oportunidade dada pelo CODESRIA ao aceitar integrar a sua comunicação nos trabalhos finais do Colóquio. Muito mais do que o seu contributo—que em boa verdade dá apenas testemunho de um primeiro contacto com um tema que lhe é completamente novo no que se refere aos seus interesses imediatos de investigação académica—interessa à autora ouvir e aprender com 'quem sabe'. Nesse sentido, a autora gostaria que várias questões aqui abordadas pudessem

ser o mote de novas e mais aprofundadas discussões com colegas especialistas, disponibilizando desde já o seu contacto electrónico para o efeito: isabelestrada@eeg.uminho.pt.

2. Veja-se o caso de Portugal, onde nas três décadas que nos separam do 25 de Abril de 1974, se podem por diversas vezes encontrar períodos de acesa discussão quer em torno das vantagens e desvantagens (económicas, sociais, políticas) da descentralização, quer em torno da possibilidade de a fazer radicar na cultura e mentalidades das populações, por oposição a outros princípios historicamente mais arreigados de vivência do Poder Local como seja o Municipalismo. Um desses mais recentes momentos culminou em 8 de Novembro de 1998, com o Referendo sobre a Regionalização do país, o qual se saldou por uma vitória do não à proposta da regionalização. Sobre a descentralização e a regionalização em Portugal, veja-se por exemplo Pinto 1988; Pedroso de Almeida, 1991; Fernandes 1996; Barreto 1998; Silva 2000; Salgado 2000; Bravo 2000, entre outros.

3. É claro que este não é um pensamento isento de suscitar receios. Afinal, se no caso da Administração Local o investimento do Estado Central na qualidade técnica dos seus recursos humanos parece uma aposta relativamente pacífica, o mesmo não se poderá dizer de igual aposta do Estado Central no Poder Local autónomo, uma vez que, dependendo da abordagem da questão pelos dois poderes protagonistas, poderão surgir dúvidas quanto à isenção do Estado e à integridade da autonomia e independência de pensamento e de acção dos recursos humanos directamente ao serviço do Poder Local.

Referências Bibliográficas:

Almeida, J. M. Pedroso de, 1991, 'Portugal: Overcoming the Central-Local Government Dichotomy', in Joachim Jens Hesse, ed., *Local Government and Urban Affairs in International Perspective—Analyses of Twenty Western Industrial Countries*, Baden-Baden: Nomos Verlagsgesellschaft, pp.497-515.

Barreto, António (org.), 1998, *Regionalização: Sim ou Não?*, Lisboa: Dom Quixote.

Bravo, Ana Bela Santos, 2000, *Autarquias Locais: Descentralização e Melhor Gestão*, Lisboa: Verbo.

Comissão Constitucional, *Princípios Fundamentais a Ter em Conta na Elaboração da Constituição Angolana.* (http://www.comissao-constitucional.gv.ao/paginas/principios.htm), 29 Março 2005.

Comissão Constitucional, *Projecto Constitucional.* (http://www.comissao-constitucional.gv.ao/paginas/part_4_g_2.htm). 29 Março 2005.

Fernandes, M. Ramires, 1996, *A problemática da Regionalização*, Coimbra: Almedina.

John, Peter, 2001, *Local Governance in Western Europe,* London: Sage.

Ministério da Administração Territorial, 2002, *Estudo Sobre a Macro-estrutura da Administração Local* (contribuição para a desconcentração e descentralização)—documento de trabalho. Luanda: Ministério da Administração do Território.

Ministério do Planeamento, Direcção de Estudos e de Planeamento, 2003, *Estratégia de Combate à Pobreza—Reinserção social, Reabilitação e Reconstrução e Estabilização Económica*, versão sumária. (http://www.angola.org/referenc/reports/ECP.pdf).

Page, E. e Goldsmith, M, 1987, *Central and Local Government Relations*, Beverley Hills, CA: Sage.

Salgado, Carla, 2000, *Política de Desenvolvimento regional na Europa e Regionalização em Portugal*. Braga: Universidade do Minho.

Silva, Guilherme A.D. da, 2000, *Regionalização e Estrutura do Poder Local em Portugal*, Braga: EEG.

Tvedten, Inge e Aslak Orre, 2003, *Key Development Issues and Democratic Decentralisation*, R 2003:10, CMI Reports: Chr. Michelsen Institute. (http://www.cmi.no/publications/2003/rep/r2003-10.pdf).

UNDP/Governo de Angola, 2004, *Projecto Decentralization and Local Governance*. (http://mirror.undp.org/angola/LinkRtf/declogov1.doc). 11 Março, 2005.

UNDP/Governo de Angola, 1999, ANG/02/001/01/99—Institutional Reform and Administrative Modernization Programme—PRIMA II. (http://mirror.undp.org/angola/LinkRtf/prima2.doc). 11 Março 2005.

11

O Poder e a Diferenciação Social em Angola

Nelson Pestana

Resumo

A problemática do poder e da diferenciação social em Angola é analisada segundo o método etnohistórico da 'necessidade funcional' para qual o mais importante não é o grupo que detém a propriedade dos meios de produção, mas o que tem o controlo da distribuição, quer dos bens materiais, quer das oportunidades.

O autor determina o espaço social angolano e depois recorta classes-referência compostas por pessoas que ocupam posições semelhantes e que participam de um processo de distinção comum que corresponde a uma dialéctica da desigualdade entre a pobreza da maioria e a riqueza extrema de alguns, proporcionada por um quadro de dominação e de desigualdade de predação, onde a falta de transparência e o favoritismo na atribuição de recursos e de oportunidades de negócios é controlada por redes ligadas ao poder político.

A conclusão do autor vai no sentido de que este sistema inscreve-se num movimento de reprodução em concreto que é atravessado por representações simbólicas que os integrantes do grupo partilham e através das quais se reconhecem, pela interiorização da condição social, dando lugar a um processo de diferenciação social e a uma transformação dos quadros sociais e mentais de referência que se ainda não se dá a conhecer completamente, vai acentuar-se nos próxímos tempos.

Introdução

A problemática das classes sociais em Angola, no período colonial, não suscitou muito interesse, mas nada que se possa comparar com a quase inexistência de estudos sobre o assunto, no período do Estado nacional. A abordagem do poder e das suas relações em termos de classes e de luta de classes parece não interessar a ninguém, sobretudo depois da queda do muro de Berlim que trouxe o aparente afastamento das ideologias e o progressivo abandono da ideia de 'revolução'. Os autores preferem falar dos processos sociais recorrendo a outros instrumentos teóricos e teleológicos como são os processos de formação e composição das elites ou ainda da sua trajectória social e do seu capital simbólico. Mais do que estabelecer uma qualquer estratificação social, o interesse desloca-se para a composição do bloco hegemónico de poder e para as formas de dominação e manutenção do sistema de desigualdade, através de uma sociologia histórica ou crítica do poder, privilegiando, uns, as relações 'por cima', dando um largo espaço ao institucional, e outros, as relações 'por baixo', procurando, sobretudo, compreender as estratégias dos actores sociais face às estratégias do poder.

Não é minha pretensão inserir a realidade angolana em esquemas analíticos limitados à imediaticidade dos fenómenos que não especificam a natureza dos movimentos sociais actuais e acreditam que 'todo o movimento social tem sempre um carácter de classe que está inscrito em sua própria lógica' (Gohn 1985:46), em clara alusão a Marx, no Manifesto do Partido Comunista, para quem a história não é história senão como história da luta de classes. Mas, se não devemos conceber os movimentos sociais como manifestações de sua essência, se não devemos abordar a realidade de poder em Angola a partir dos conceitos de 'classe social' ou de 'etnicidade', parece-me que não podemos deixar de constatar que a economia política de poder real representa uma concreta diferenciação de recursos, de formas de apropriação e acesso a esses recursos e uma correspondente maneira de estar na vida que engendra uma progressiva estratificação da sociedade, já que esse modo de dominação está ligado a modos de acumulação, em concreto, que são permitidos por privilégios fiscais e cambiais (legais ou de facto), pelo acesso privilegiado a mercados e negócios, aos financiamentos do Estado, a empréstimos bancários, bolsas de estudo e outras alocações de riqueza.

A minha abordagem, sendo a intenção tornar esse novo quadro social angolano objecto de um esforço de compreensão, pelo menos, pelo estudo de caso dos Big Men angolanos, toma os movimentos sociais e suas manifestações como condição vivida e continuamente reelaborada (Sader 1988) e pretende evitar uma visão determinista da sociedade. Deste modo, aproprio-me da ideia sobre a 'necessidade funcional', historicamente determinada, que defende, no caso dos 'Estados Mbundu', que a chave da mudança está menos na instituição do que na inovação, pois, 'dentre a miríade de instituições transversais' destes, são 'as circunstâncias não estruturais' (Miller 1995:277) que se constituem, pelo seu alargamento, em 'Estados'. O método etnohistórico de J. Miller permite fazer a crítica a toda forma de evolucionismo e evita uma qualquer abordagem culturalista ao explicar o surgimento de novas formas de organização política, entre os Mbundu, como uma resposta à própria necessidade de estes estabelecerem relações fora do grupo de sangue. Permite também fazer a leitura das instituições não como qualquer coisa de imutável, mas como um processo constantemente em obra, sempre em movimento. A história dos Mbundu é então apresentada como 'a história de adaptações de ideias e instituições pré-existentes a novos objectivos' (Miller 1995:277). Para este autor 'a formação do Estado é conseguida mais pelo processo de adaptação e modificação' (processo histórico) e menos 'pela difusão de uma ideia' (identidade cultural).

Henrique Abranches, numa abordagem das sociedades angolanas pré-coloniais, nomeadamente, das suas formas de poder político, defende também que a análise destas sociedades não deve ser feita tomando como fulcral as relações que as pessoas estabelecem no processo de produção, procurando determinar o grupo que possui a propriedade dos meios de produção, mas pela determinação do grupo que detém o controlo da produção, isto é, o controlo da distribuição. Isto porque o que, 'tornou possível a implantação das estruturas de classe ao lado e sobre as estruturas linhageiras' nessas sociedades, 'não é [foi] a propriedade privada mas o controlo dos principais meios de produção' e, desta maneira, dos próprios homens. É isto que constitui 'o fundamento económico das classes sociais tradicionais dominantes' (Abranches 1986:148). Há, neste caso, uma sobreposição da estrutura de classe—que é, segundo este autor, 'essencialmente económica e social'—e da estrutura linhageira—que é 'essencialmente social e cultural' (Abranches 1986:138). Logo, a estrutura de classe assimila, liga e forma um todo no qual a linhagem constitui uma tradição ao serviço da classe domi-nante. Assim, o importante não é determinar a classe social ou grupo de pertença, mas, sobretudo, compreender a estrutura e o funcionamento do aparelho de controlo da produção. Este é o instrumento que permite ao Chefe e ao seu grupo impor o seu poder e fazer com que os súbditos o aceitem. De tal maneira que o aparelho político de poder é menos um reflexo do poder económico e mais um seu elemento constitutivo. Temos aqui uma espécie de abordagem contextual das classes sociais, segundo a qual, o mais importante é o processo de formação e de dissolução das estruturas e não as estruturas em si mesmo.

Mamdani afirma que o terreno de análise do seu celebrado livro 'foi menos o modo de acumulação que o modo de dominação' (Mamdani 1996:294), o que quer dizer que há uma dependência do modo de acumulação em relação ao modo de dominação ou, pelo menos, que a compreensão dos mecanismos e do funcionamento do modo de dominação podem conduzir à explicação do modo de acumulação. Sobretudo se tivermos em mente que as elites políticas africanas pós-coloniais 'utilizam, em toda lógica, o poder que tinham: o controlo político (o Estado) para vigiar o acesso aos negócios, isto é, para determinar a natureza das oportunidades'(Anyang' Nyong'o 1995:34). Por outro lado, 'a inserção dos grupos sociais subordinados no campo político se traduz, muitas vezes, também pela sua adesão ao poder' (Bayart 1992:11), ou seja, pelo 'consentimento dos dominados à sua dominação' (Godelier 1977:50). Logo, a análise não deve ser tipológica, mas topológica pois, nesta abordagem, as classes sociais mudam constantemente em função de contextos sociais e políticos diferentes; o actor individual pode pertencer simultaneamente a diferentes alianças. O grau de identificação a um grupo (explica Michel G. Schatzberg a propósito da política e das classes sociais no Zaire, dos anos 1980) depende da conjuntura geográfica, social, política e económica (Schatzberg 1980:32).

Assim, na abordagem do poder e da diferenciação social em Angola, julgo que há a evidenciar 'primeiramente a existência de um espaço social [...] na base de um princípio de diferenciação ou distribuição' que permita 'recortar classes lógicas ou teóricas compostas de conjuntos de agentes ocupando posições semelhantes' (Bourdieu 2000:94), para não se confundir a realidade material com os ideais-tipo a estabelecer como meios explicativos. A interpelação dessa realidade empírica de diferenciação, que se pronuncia cada vez mais a nossos olhos, dá-nos a conhecer, por um lado, grupos de interesse que beneficiam das oportunidades criadas pela falta de transparência e favoritismo dos sistemas de atribuição de recursos e das oportunidades de negócio que são relacionados a 'redes de famílias ligadas ao poder por meio de casamentos, relações comerciais, ligações políticas e altos cargos nas forças de segurança e na administração' (Hodge 2002:186) e, por outro lado, a existência de uma grande maioria da população cada vez mais carente de recursos. Consciente de que esta dialéctica da desigualdade, entre a pobreza da maioria e a riqueza extrema de alguns, 'resultou numa maior estratificação social' (Hodge 2002:65), mas também avisado para o facto de ser pouco produtivo de sentido a análise da economia política de poder através de uma simplificada leitura das 'classes sociais' e de suas lutas, a intenção, neste artigo, é bem modesta: não é mais do que traçar um quadro geral e dar um sentido integrador de outras análises parcelares, tomando como 'classe social' o modo que designa uma condição que é comum a um conjunto de indivíduos; condição esta que é alterada pelo modo como é vivida. O que significa que se considero a objectividade da divisão social do trabalho, não deixo de considerar também o facto de essa objectividade se inscrever num movimento de reprodução em concreto que é atravessado por representações simbólicas que os integrantes do grupo partilham e através das quais se reconhecem. Em verdade, apenas 'dois grandes tipos de definição de classe podem ser distinguidos: a classe é definida em termos do nível de rendimento e/ou de estilo de vida, ou é definida em termos do seu lugar nas relações de produção mas, quer para a teoria liberal quer para a teoria marxista, a classe é um conjunto de indivíduos' (Colas 1994:222). As classes sociais aparecem, assim, como um conjunto de indivíduos que vivem condições que os separam uns dos outros (plano objectivo) e que criam ou não uma comunidade de interesses (plano subjectivo).

Por seu lado, pese embora a opinião de alguns autores que pretendem ver a origem das 'novas classes' no longo processo de formação do espaço político angolano—como Birmingham que vai ao ponto de relacionar as 'novas classes' aos 'velhos crioulos', apesar de considerar, outras vezes, que estes são mais propensos à burocracia que ao comércio (Birmingham 2003:211)—estou em crer que o processo de diferenciação social actual que se pretende estudar, ocorre ao longo das grandes transformações da trajectória política dos primeiros trinta anos de independência angolana. Estas transformações têm sido apreendidas, em termos de sociologia política, através de dois grandes períodos: o período revolucionário (1975-1990) e o período clientelista (1990-2004). Foi este o critério escolhido por Tony Hodges que fala de um percurso que vai do 'afro-estalinismo' ao 'capitalismo selvagem'. No entanto, esta *summo divisio* não permite uma apreensão imediata das dinâmicas personalistas e patrimonialistas que conduziram a esta transformação do regime angolano, que vão caracterizar o poder político, a partir dos anos 1980, e que são mais evidentes na produção teórica de Christine Messiant, onde se indicam as formas prospectivas como essas dinâmicas permitiram a configuração de grupos e camadas sociais observáveis de forma mais clara na década subsequente. A minha opção metodológica procura evitar a ideia de uma grande ruptura entre as duas fases, abordando-as como um processo intrincado de continuidades e de rupturas, mostrando como o 'espírito do capitalismo' ganha progressivamente preponderância em relação à ordem moral da revolução (mesmo antes desta ser abandonada) e como o regime, em vez de as abandonar, junta sucessivas legitimidades, umas às outras. De tal forma que quando se dá o processo de 'democratização institucional' este 'não implica a modificação da natureza do poder e das relações entre governantes e governados'. Pelo contrário, permite, através da economia política real de poder, 'o esvaziamento dessa democratização, da sua substância política' (Messiant 1999:94), da mesma maneira que o processo de 'liberalização' económica não havia antes implicado o fim dos privilégios nomenclaturistas, nem do controlo político da economia, mas uma sua reconversão.

Penso, pois, que a compreensão destes fenómenos, sobretudo naquilo que nos interessa para o estudo das classes sociais angolanas nos anos 1990, é facilitada por uma visão da evolução do poder nas suas relações com a sociedade, nos seus modos de legitimação, por intermédio de três paradigmas explicativos que correspondem a três períodos lógicos e cronológicos do Estado nacional angolano: o Estado-força (1975-1985), o Estado patrimonialisado (1985-1990) e o Estado predador (1990-2004...).

O Estado-força pode ser caracterizado, em primeiro lugar, pela figura central do chefe carismático e pela sua permanente procura de personalização do poder, num quadro de ditadura oligárquica, pela força da doutrina como meio de legitimação do poder, pela existência de corpos de polícia ao serviço do partido-Estado (e do chefe), pela procura de uma economia colectivista através do voluntarismo e da mobilização revolucionária cuja eficácia e rentabilidade é submetida a um critério político e, finalmente, pela hierarquização da penúria, por intermédio de uma planificação e estrutura burocrática de privilégios. Já o Estado patrimonialisado é marcado pela procura de uma economia de rendimento através da mobilização da inteligentzia nacional e de capitais estrangeiros, pela 'juridização' da repressão, pela imposição de uma dita 'legalidade socialista' inacabada (no sentido de que se procura não abusar da repressão extra-judicial), pelo aproveitamento do espírito de reforma para a patrimonialização do poder pelo Príncipe, embora não tendo ainda abandonado a metáfora da revolução, mesmo se, em alguns casos, em termos de legitimação do poder, se passe da ideologia revolucionária à ideologia mobutista, se passe a recorrer ao argumento da especificidade do poder em África, se passe do paradigma ideológico de Agostinho Neto, segundo o qual 'o mais importante não é a geografia mas a ideologia', ao paradigma cultural, segundo o qual a 'autenticidade africana' determina uma forma especifica de poder assente no autoritarismo do Chefe. O Estado predador pode ser definido pela bipolarização agravada do poder, pela erosão do político, devido à ausência de projecto político real, pela criminalização dos aparelhos de Estado, pela economia de predação, acompanhada da corrupção económica e social, num quadro contraditório de declarada transição democrática e de liberalismo económico, mas em que se dá uma refeudalização da economia, quer através dos monopólios centrais, ligados a *personae potesta* do Príncipe, quer através dos monopólios locais criados pelos governadores nas províncias, onde estes abusam dos seus poderes administrativos e de Polícia, adjudicam às suas próprias empresas os contratos públicos e encerram a dos seus rivais.

Em resumo, se a instalação do Estado nomenclaturista era já previsível pelas relações instaladas no movimento de libertação nacional pois que 'a visão das relações autoridade/subordinados, [num maqui], prefigura a visão das relações efectivas, entre governantes e governados, no futuro Estado independente' (Tali 1994:470), se o poder revolucionário, ao promover o totalitarismo e o dirigismo económico, pretendeu sempre evitar—porque via nele uma ameaça ao seu poder—a emergência de um sector nacional privado autónomo, a verdade é que existiu sempre, por um lado, 'uma classe de antigos proprietários que conservaram a sua posição contra ventos e marés', e, por outro lado, 'aparecem nos negócios, na área da produção e, sobretudo, de serviços grupos de indivíduos, cada vez mais importantes, não pertencendo a burocracia estatal e fazendo prova de espírito de empreendimento que se aproveitam das indefinições e das pequenas aberturas legais' (Lopes 1992:16). Estes estavam, em certa medida, em concorrência com a elite ligada ao aparelho de Estado que mantinha uma aliança com o capitalismo internacional face ao qual foi constantemente adoptada uma política de encorajamento, na linha da NEP leninista. A partir de 1985, o sistema de redistribuição político-administrativo nomenclaturista, nomeadamente, através do controlo do monopólio do comércio externo pelo Príncipe, dá lugar progressivamente a um sistema de desigualdade político-económico, o que leva à 'vitória do lobbing dos burocratas e dos políticos ligados ao sistema de *rent-seeking*, especialmente obtido a partir da utilização das reservas cambiais e do comércio externo de importações sobre todos aqueles que desejavam ver funcionar uma estrutura industrial'(Ferreira 1999:101). Este grupo ligado à economia do 'import-export' utiliza uma boa parte dos recursos em divisas do país para financiar importações cada vez maiores de bens de consumo, o que representou 'uma subvenção implícita à actividade comercial' e, sobretudo, uma 'redistribuição arbitrária de rendimentos' nacionais, 'provocando uma grande diferença entre a rentabilidade das actividades privadas e sociais' (Ministério da Industria 1994:8). Para além de que os mercados paralelos, que também são uma reacção à hegemonia económica do Estado, possibilitaram 'o surgimento de uma 'nova elite' económica, ao lado ou em cooperação com uma 'elite burocrática' detentora do poder político no país e que já actuava em consonância com um outro grupo privilegiado, o dos 'empresários nacionais'(incluindo, oficiosamente, ministros e autoridades associadas ao capital estrangeiro e ocupados em fornecer produtos ao Governo angolano) formando uma casta de pessoas com distinção patrimonial e poder de influência local'(Menezes 2000:275).

O regime, ao inflectir o seu discurso no domínio económico, permite a prossecução das aspirações de propriedade e riqueza de uma 'nova classe', criada à sombra do dirigismo e do estatismo, mas, sobretudo, abre caminho a uma progressiva patrimonialização do poder. Esta patrimonialização do poder, precedida por um processo de personalização, é operada ainda com recurso ao discurso revolucionário como ideologia de legitimação (Pestana 2002:236-55), mas produz uma mudança na organização da economia, introduz 'o espírito do capitalismo', a ideia do individualismo e proporciona a oportunidade à nomenclatura (ou parte dela) de uma reconversão (Ferreira 1995): com o abandono do sistema centralizado de direcção da economia, a supremacia da propriedade social dá lugar à preponderância da propriedade privada e são louvadas as virtudes do mercado, embora se recuse o sistema liberal capitalista.[1] Apropriada a ideia de mercado livre, a subordinação da economia aos interesses económicos e de poder do Príncipe, conforma um sistema neomercantilista, onde a redistribuição desigual é menos político-administrativa e mais político-económica. E, como consequência do momento internacional da queda do muro de Berlim, associado à crise do Estado-polícia e do Estado-tutelar no país, emerge como legítimo (ou, pelo menos, como figura de legitimação) o Estado democrático mínimo que se demite de todas as funções económicas e, sobretudo, sociais, deixando estas totalmente entregues à esfera privada.

O período que é analisado, tendo como pano de fundo o que fica dito sobre a evolução do poder e de suas relações com os diversos actores sociais, coincide com o último paradigma e é sobre ele que me vou debruçar, ao procurar dar a conhecer a evolução do regime como sistema de predação e, depois, ao procurar caracterizar o processo de diferenciação social que resulta da sua matriz de relações.

A Década de 1990

Em Angola, os anos de 1990, coincidem com o chamado processo de transição para a democracia que também correspondeu, estando o país em guerra, a um processo de pacificação. Fala-se em 4 transições encetadas então: (1) da guerra para a paz; (2) da economia centralizada para a economia de mercado, (3) do partido único ao multipartidarismo (4) da miséria ao desenvolvimento. Estas transições, uma vez abandonada a intenção da construção da base económica, no quadro da economia dirigista, que permitiria a realização do desenvolvimento socialista, corresponderiam, ao serem cumpridas, à passagem do Estado revolucionário subdesenvolvido ao Estado industrial liberal, o que levaria ao fim do monopólio político do partido único, à transformação da oposição armada em partido político, ao surgimento de partidos políticos civis, à autonomia da sociedade civil, à consagração do princípio da separação de poderes[2], do princípio da eleição como critério de escolha dos governantes, com a consequente constituição de uma representação nacional saída do escrutínio popular, a descentralização político-administrativa e o alargamento das liberdades públicas. Os Acordos de Paz, de Bicesse potenciavam uma transição para a democracia que permitiria a passagem do país do reino do arbitrário (revolucionário) ao reino da Lei, do reino da exclusão ao reino da participação, do simples Estado administrativo ao Estado de Direito.

No entanto, a crise que se seguiu às contestadas eleições de 1992, levou não somente à retomada da guerra, mas também à retracção das liberdades e à concentração do poder, de tal maneira que o governo vai 'diluir-se e ofuscar-se no Presidente da República', ao ponto de os 'membros do Governo e o próprio colégio governamental' terem 'dificuldades de assumir uma personalidade própria, autónoma do seu líder' (Mateus 2004). Por isto, todas as análises da situação angolana, mesmo as laudatórias, são unânimes em pôr em destaque o protagonismo e a centralização progressiva do poder na pessoa do Presidente da República, ao mesmo tempo que ressaltam o crescimento exponencial da corrupção e de uma cada vez maior dependência do sistema de dominação da redistribuição clientelista, pois, diz um jornalista e deputado do partido de governo, 'o sistema montado para ganhar a guerra, nas condições objectivas de Angola, criou procedimentos, rotinas e vícios', ou seja, um sistema de predação 'estrutural e sistemática' que levou os seus agentes a pontos chaves do Estado (Melo, 2003:2) 3. Mas, apesar disto, o discurso da democracia, não somente não é abandonado como, pelo contrário, continua a servir de meio de legitimação ao poder estabelecido na sua continuidade e de meio justificativo das transformações do espaço político no sentido de conformar uma economia política de poder de restauração autocrática, estabelecendo-se uma tensão entre a ordem constitucional vigente e o poder de facto.

Os anos noventa, do século XX, representam a década do desenvolvimento e funcionamento de um sistema de predação alargado que vai para lá da simples privatização e criminalização dos aparelhos do Estado (Hibou 1996; Bayart et al. 1997) e envolve uma constelação de repertórios e aparelhos, a oposição armada e um sistema clientelar alargado que estimula e alimenta a corrupção social, formada por uma vasta malha da 'pequena corrupção ligada à sobrevivência e implícita [...] à uma situação em que o salário, para a absoluta maioria dos angolanos, deixou há muito de bastar, ou nunca bastou, ao singelo sustento dos filhos' (Carvalho 2003:200). O Estado predador apresenta-se pois como essa forma específica de governamentalidade (Foucault) que manipula vários registos e recursos (simbólicos, administrativos, naturais: diamantes e petróleo) e, para tanto, se organiza política, económica e socialmente. No plano político, confiscando o processo de transição para a democracia a favor do poder pessoal do Presidente da República, ao mesmo tempo, que se insiste, em termos de discurso, nomeadamente para o exterior, na ideia da liberalização, sobretudo, para o regime não se ver privado das vantagens simbólicas e materiais e da força de representação da democracia e da legitimidade assente nesta ideologia. No plano económico, o espírito liberal de uma passagem da economia dirigista a uma economia de mercado é subvertido a favor de uma economia neomercantilista que sobrevaloriza, ao nível do discurso, o mercado, apresentando-o como elemento estruturante do sistema sócio-económico, mas que em verdade não é mais do que um elemento complementar, pois todo o poder económico estruturante continua centralizado no Príncipe e a economia desenvolve-se em função dos seus interesses de potência, quer no interior, quer no exterior, seja por via de apropriação directa, seja por via da intervenção dos seus aliados. No domínio social, corresponde ao agravamento das condições de vida da maior parte da população, ao abandono completo do campo, deixando os camponeses em situação de mera subsistência, ao serem marginalizados pelas políticas da terra e do desenvolvimento rural, pelo agravamento acentuado da pobreza nas zonas urbanas, determinados pela política de território útil e da população fiel que impulsionaram uma considerável mutação demográfica do país.

O Estado predador representa também, para além desse modo específico de regulação social e de exploração económica, uma nova forma de inserção de Angola no sistema internacional, através da capacidade operativa das suas Forças Armadas e da força dos diamantes e, sobretudo, do petróleo que sustentam relações internacionais de 'patronage', segundo a lógica do 'favor', onde não podem ser evocadas regras que não sejam as da redistribuição clientelista, do 'compromisso' e da fidelidade corporatista de tipo mafioso. E o poder, para se reforçar, potencializando os benefícios destas novas relações, investe na ordem interna os ganhos de legitimidade obtidos na ordem externa. Mas, sendo certo de que o Estado predador não é a simples negação do Estado, mas tão somente uma espécie de governamentalidade específica que corresponde, no caso angolano, a um momento de recomposição política e social e de acumulação primitiva, ao manipular diversos dos seus instrumentos, caracteriza-se, essencialmente, pelo contornar racionalizado das normas políticas, económicas, sociais, jurídicas e outras. O que o obriga a uma negociação permanente do 'pacto social', o que não permite a introdução no sistema de elementos de previsibilidade de longa duração. Por isto, dado que o Estado predador corresponde nada mais do que a uma crise de adaptação, quer a nível político, quer a nível económico, um novo paradigma é previsível, não só porque o actual modelo de acumulação e dominação produz, face à natureza política formal do Estado angolano, uma contradição nos seus próprios termos, mas, sobretudo, porque, terminada a guerra, a sociedade civil e a economia têm reduzido tendencialmente a hegemonia do Estado predador. No entanto, apenas será possível falar de ruptura epistemológica e anunciar o advento do 'Estado industrialista', quando o poder deixar de ser um instrumento de legitimação da riqueza acumulada e, sobretudo, da reprodução da ordem de predação.

As Classes Sociais nos Anos de 1990

Esta trajectória do poder corresponde seguramente à formação de algumas classes ou proto-classes, pois a forma como a sociedade se organiza para produzir bens necessários à sua reprodução é igualmente produtora de uma concreta diferenciação social que corresponde a uma maior ou menor divisão social do trabalho. As concretas formas de distribuição desses bens produzidos são também elementos que concorrem para esse processo de diferenciação. Para além de que a transformação da estrutura de propriedade implica determinados modos de estar, certos comportamentos gregários e uma política de defesa de interesses comuns que se traduz também na defesa de determinados valores ou na simples defesa do *status quo* do poder que é o protector desses interesses e, sobretudo, das vias da sua reprodução. Este processo leva igualmente, claro está, a que as elites marginalizadas por estas formas de organizar a produção e a distribuição dos bens procurem linhas alternativas de legitimação e de ascensão. Por outro lado, é certo que a urbanização galopante, promovida pela guerra e pela pauperização extrema do campo são outros factores de remodelação da estrutura de classes. As classes vão também constituir-se em função do desenvolvimento das 'diferentes camadas da economias angolana: a dos dólares americanos baseada na produção petrolífera *offshore*, a economia doméstica rural e urbana e a economia do mercado paralelo', pois 'estas camadas criam um meio económico excepcional, imprevisto e volátil onde o acesso a uma rede própria e conhecimento é essencial para jogar em iguais condições' (Mesa 2000:13).

Assim, quando nos interrogamos sobre o papel do Estado na distribuição da renda produzida em sociedade, constata-se que a estrutura de classes está ligada ao 'empobrecimento da grande maior parte da população' e à correlata 'formação de uma elite manifestamente abastada, constituída por um pequeno número de famílias relacionadas entre si, cujo poder económico deriva, em grande medida, das ligações que têm com o poder' (Hodge 2003:51) de tal maneira que, segundo dados do INE (Instituto Nacional de Estatísticas), 'entre 1995 [o ano da consolidação 'legal' da reconversão autoritária] e 1998, os 20% mais ricos' aumentaram 'dez vezes a sua riqueza, enquanto os 20% mais pobres aumentaram trinta vezes a sua pobreza' (Pacheco 2002:56). E, ainda, segundo um inquérito sobre receitas dos agregados familiares, os agregados mais ricos gastaram, em média, na segunda metade da década, 27 vezes mais do que os agregados mais pobres, correspondendo-lhes 42% do total dispendido por todos os agregados familiares (AU 2001), contra 31,5 em 1995 (INE 1996). Deste modo, o coeficiente Gini, com base nestes dois inquéritos, 'subiu de 45, em 1995, para 51, em 2000' (Hodge 2003:65). Esta camada da elite dirigente angolana, por vezes designada 'novos-ricos', que enriqueceu fortemente, enquanto se registava um acentuado agravamento da pobreza, tem como 'principal mecanismo de afirmação[...] a utilização das suas posições chave no aparelho de Estado em benefício praticamente exclusivo dos seus interesses privados' (Nascimento 2002:14). Esta 'burguesia compradora' (Santos 2001: 101) é muito próxima do poder e acumula riqueza pela transferência dos capitais simbólicos, próprios ao exercício do poder político (na sua função de regulação das actividades económica e sociais) para a área das trocas materiais;[4] percebendo 'comissões' (Sousa 1999:78), apropriando-se directamente da riqueza nacional, do património público, de partes do mercado, de licenças de exploração em regime de monopólio e de subvenções directas de consumo ou de serviços através da posição majestática e do monopólio que lhe é proporcionado pela regulação política. Esta classe seria uma 'lumpen-burguesia', arrogante e exibicionista, que partilha a avidez da rapina e tem no centro dos seus interesses e poder um sistema clientelista alargado, cuja tendência transnacional a tem levado à internacionalização dos seus interesses e a uma procura hegemónica regional, pois, estabeleceu-se entre os seus elementos 'uma solidariedade de interesses que os une ou lhes impõe uma estratégia comum' (Balandier 1969:133).

Outra camada é a burguesia empreendedora, mais próxima da economia que do político (mas tendo quase sempre que compor com este). É constituída pelos novos proprietários do tecido industrial e comercial da era pós-colonial que produzem riqueza através da organização do trabalho e da produção de bens e serviços e da reprodução dos seus capitais, através da criação de mais-valias que beneficiam também dos baixos níveis das condições de reprodução da mão-de-obra nacional que lhes permite pagar salários muito baixos. Uns acumularam riqueza pela anterior posição na tecno-estrutura, na direcção das empresas estatais e/ou no processo de privatização, pois, segundo um estudo sobre a emergência dos empresários nacionais, sessenta e três por cento destes são antigos servidores do Estado, saídos da burocracia estatal ou das empresas públicas e 'beneficiaram, na maior parte dentre eles, de redes clientelistas ou de situações de privilégio de que gozavam em matéria de informação e de circuitos financeiros' (Calado 1997:98), nomeadamente, para financiar projectos sem pagar juros ou a custos reduzidos através de créditos ou ajudas de organizações internacionais. Enquanto outros, como os Big Men, ter-se-iam criado à sombra da guerra revolucionária, mas alargando grandemente os seus empórios com o processo de apropriação privatista do período pré e pós-eleitoral (1992). Período que proporciona também o aparecimento de outros Big Men através do processo de privatização, mas sem nenhuma ligação anterior ao mundo empresarial (Semanário Angolense 2004:54). Estes grupos são 'identificáveis por seus hábitos inteiramente distintos dos da maioria da população (frequência de hotéis de luxo, propriedade de aeronaves, imóveis, lanchas, frotas de veículos e caminhões) e por sua conexão com pessoas-chave da burocracia oficial' (Menezes 2000:276). A burguesia empreendedora partilha um projecto de sociedade que tem no centro a relação produtiva entre o capital e o trabalho e procura legitimar a sua acção através de um discurso desenvolvimentista, baseado na ideia de eficácia, de modernidade e do mérito dos seus agentes.

Entre esta burguesia e uma imensa classe popular está uma camada média constituída, por um lado, pelos quadros técnicos que vivem do seu trabalho, sendo pelo seu capital académico independentes do poder, o que lhes permite aceder à economia de consumo dolarizada, e por outro, pelos quadros políticos e administrativos que vivem de prebendas da camada dirigente, formando a sua clientela de intermediação e controle das clientelas mais baixas. Destas classes, os filhos estudam no estrangeiro (Portugal, África do Sul, Estados Unidos...) ou estudam nas melhores faculdades do país, investindo na carga simbólica da distinção que corresponde à disponibilidade material dessas classes para suportar as despesas e garantir uma reprodução de classe pelo controlo do espaço político e económico.

A imensa classe popular que representa para cima de 70% da população, heterogénea na sua composição, vai desde os funcionários públicos, passando pelos trabalhadores assalariados urbanos e rurais (incluindo os camponeses pobres), até a 'classe' da miséria humana que, à escala massiva, enxameia as principais cidades do país e que, colocada na condição de pária, depende da assistência humanitária e da caridade. Os funcionários públicos (no sentido lato do termo), que 'fingem trabalhar' porque 'o Estado finge pagar salários' que não lhes permite viver segundo os seus padrões de prestígio social e, por isso, estão normalmente associados ao mercado 'informal' de serviços, convertendo o seu *savoir faire* burocrático numa prestação de serviço informal aos utentes do serviço público que se traduz num 'subsídio' complementar ao salário (oficial)[5].

Conclusão

Esta análise, apesar do seu carácter preliminar, indicia já que há um processo de distinção de classes e que o sistema actual afastou-se do sistema de privilégio nomenclaturista do Estado revolucionário, de tal modo que há quem (como o *The New Yorker;* revista da classe média intelectual americana) considera que o regime angolano é 'uma monarquia absoluta obscurantista e medieval' (Anderson 2000:56), em que a classe de poder seria mais próxima de uma proto burguesia, mais próxima de um feudalismo coronelista do que de um capitalismo nascente.

Na verdade, todo o eventual exagero descontado, há uma transformação mais ou menos profunda dos quadros sociais e mentais de referência que, se ainda não se dá a conhecer completamente, vai acentuar-se nos próximos tempos. Este processo de distinção passa pela manutenção de um quadro de dominação e de desigualdade de predação e também por um processo de interiorização da condição de classe, isto é, pelo desenvolvimento e partilha de um sentimento de pertença. Jean Paul Sartre dizia que 'as relações recíprocas de grupos, classes e de uma maneira geral de todas as formações sociais (colectividades, comunidades) são fundamentalmente práticas, isto é, realizam-se através de acções recíprocas de entre-ajuda, de aliança, de guerra, de opressão, etc., quaisquer que seja, aliás, o tipo e o modo de realização dessas acções' (Sartre 1985: 731). Em Angola, os sinais exteriores da condição de riqueza são valorizados e cultivados como meio de distinção do grupo: os concursos de misses, as galas, os bailes de debutantes, os casamentos exóticos e toda a ostentação a estes associada, fazendo lembrar a metáfora de 'O meu Mercedes é maior que o teu', são uma evidencia disso. Mas este processo de interiorização não se projecta apenas para o futuro, vai ao ponto da própria reinvenção do passado, atitude esta que foi recentemente fixada pela ficção angolana, através do romance O Vendedor de passados (Agualusa 2004). Mas, a 'reinvenção' literária, aparece apenas como uma mera 'captação' da realidade quando a confrontamos com a estória real de um Administrador Municipal, em Luanda, que dizia, a uma delegação de moradores desalojados, no mais forte das suas convicções, que 'em todo o mundo há classes' e 'aquele terreno é para edifícios de classe alta e por isso vocês não podem voltar para lá. É assim, nem todas as classes são iguais, olha ainda as tuas mãos, não se podem comparar com as minhas'[6]. Destas palavras vindas de alguém que subiu na hierarquia do partido-Estado por via da política de 'injecção de sangue operário', só podemos presumir que ele esqueceu deliberadamente as suas origens modestas recentes. Uma década de enriquecimento apagou as suas referências. E, como ninguém pode viver sem referências, sem um passado, este 'novo-rico' tem que inventar um passado. 'Reinvenção' que fazia parte da apropriação da História nacional pelo pensamento revolucionário totalizante, que era difundida como elemento da cultura política do partido único e insinuava que o grau zero da nacionalidade era a revolução.

A tal ponto que um comissário político das Fapla[7] teve necessidade, na sua busca de coerência, de considerar que a rainha Ginga[8], sendo figura positiva da historiografia oficial, pelo seu papel de oposição ao colonialismo português, só podia ser do partido revolucionário.

Na verdade, a própria 'classe social' é uma 'reinvenção' derivada de práticas sociais, situadas no espaço e no tempo, numa trajectória e por relações a uma história ou à metáfora cultural que lhe dá sentido. Temos, pois, que conceber a classe social como um produto histórico cuja emergência remete para um conjunto de acções sociais portadoras de significado.

Notas

1. Contrariamente ao que alguns autores escreveram não houve, com a transição para a economia de mercado, transição liberal, nem económica, nem política.
2. Apenas consagrado na segunda revisão da Lei Constitucional, Lei 23/92, de 16 de Setembro.
3. Quase todos os editorialistas da imprensa angolana independente consideram que a predação e o clientelismo são elementos fundamentais no sistema de poder em Angola.
4. Como são, por exemplo, o caso do Senhor 50% ou do 'imposto' predatório que é a percentagem cobrada aos empresários pela 'mafia' da banca na execução do pagamento da dívida pública interna, nos processos de importação ou outras operações.
5. Este esquema complementar do salário da função pública está instituído de facto em muitos dos serviços do Estado.
6. Depoimento de um grupo de moradores de um bairro do peri-urbano luandense que viram as suas casas demolidas *manu militari* porque o terreno onde se encontravam foi destinado, pela administração, à construção de novos empreendimentos.
7. As FAPLA (Forças Armadas Populares de Libertação de Angola) era 'o braço armado' do MPLA que ganhou estatuto de exército nacional com a proclamação da independência. Cf. Artigo 6°. da Lei Constitucional da República Popular de Angola, Luanda, 1975.
8. Ginga (ou Nzinga) Mbandi (1581-1663), rainha do reino da Matamba (em Angola), no século XVII, que se opôs, em determinados períodos, ao colonialismo português, quebrando anteriores alianças e estabelecendo outras, nomeadamente com os holandeses.

Bibliografia

Abranches, Henrique, 1986, 'Notas Sobre a Questão Nacional em Angola', in Carlos Lopes, ed., *A Construção da Nação em África*, Bissau, INEP, pp.129-168.
Agualusa, José Eduardo, 2004, *O Vendedor de Passados*, Lisboa, Dom Quixote.

Anderson, Jon Lee, 2000, 'Letter from Angola—Oil and Blood', *The New Yorker*, 14 de Agosto, pp. 46-59.

SA, 2004, 'MPLA: o partido-Estado transformou-se num partido-empresa', Semanário Angolense, 54, 27 de Março a 3 de Abril.

Anyang' Nyong'o, Peter, 1995, 'Discours sur la démocratie en Afrique', in Chole Eshetu Chole, et Jibrin Ibrahim, eds., *Processus de démocratisation en Afrique : problèmes et perspectives*, Dakar, CODESRIA, pp. 27-40.

AU, 2001, Growth, *Poverty and Income Distribution in Angola (2000-2001) : Analyis from First 6 Months of Data from Household Budget Survey*, 2000, African Poverty Alleviation Program, American University, Washington, D.C..

Balandier, George, 1969, 'Problématiques des classes sociales en Afrique noire', *Cahiers Internationaux de Sociologie*, vol. XXXVIII, pp. 131-142.

Bayart, Jean-François et al, 1997, *La criminalisation de l'Etat en Afrique*, Bruxelles, Editions Complexe.

Bayart, Jean François et al, 1992, *La politique par le bas en Afrique noire*, Paris, Karthala.

Birmingham, David, 2003, *Portugal e África*, Lisboa, Veja.

Bourdieu, Pierre, 2000, *Propos sur le champ politique*, Lyon, Presse Universitaire de Lyon.

Calado, José Carlos, 1997, *Emergência do Empresariado em Angola: motivações e expectativas*, dissertação de Mestrado em Estudos Africanos, Lisboa, ISCTE.

Carvalho, Ruy Duarte, 2003, *Actas da Maianga ...dizer das Guerras em Angola*, Lisboa, Cotovia.

Chabal, Patrick et Daloz, Jean-Pascal, 1999, *L'Afrique est partie !—du désordre comme instrument politique*, Paris, Economica.

Colas, Dominique, 1994, *Sociologie polique*, Paris, Puf.

Ferreira, Manuel Ennes, 1995, La reconversion économique de la nomenklatura angolaise', *Politique Africaine*, 57, Mars, Paris, Karthala, pp. 11-26.

Ferreira, Manuel Ennes, 1999, *A Indústria em Tempo de Guerra: Angola, 1975-1991*, Lisboa, Instituto de Defesa Nacional.

Gohn, M. Glória, 1985, *A Força da Periferia*, São Paulo, Vozes.

Guerra, Henrique, 1985, Angola, Estrutura Económica e Classes Sociais, Luanda, União de Escritores Angolanos.

Heimer, Franz-Wilhelm,1973, 'Estrutura Social e Descolonização em Angola', Análise Social (Lisboa), 10 (4) 40, pp. 621-655.

Hibou, Béatrice, 1999, (ed.) *La privatisation des États*, Paris, Karthala / CERI.

Hodges, Tony, 2003, Angola do Afro-Estalinismo ao Capitalismo Selvagem, Lisboa, Principia.

INE, 1996, Perfil da Pobreza em Angola, Luanda, Instituto Nacional de Estatísticas.

Lopes, Filomeno Vieira, 1992, *Entrevista*, revista do Comércio Externo, Junho.

Mamdani, Mahmood, 1996, *Citizen and Subject. Contemporary Africa and Legacy of Late Colonialism*, Princeton, Princeton University Press.

Marx, Karl, 1998, *Manifesto do Partido Comunista*, São Paulo, Cortez Editora.

Mateus, Ismael, 2004, 'Falcone o indelicado', Semanário Angolense, 55, Ano I, 3/10 de Abril.

Mbembe, Achille, 2000, *De la postcolonie*, Paris, Karthala.

Medard, Jean François, 1991, 'L'Etat néo-patrimonial', in Jean-François Médard (ed.), *Etats d'Afrique noire*, Paris, Karthala, pp. 323-353.

Medard, Jean François, 1992, ' Le big man en Afrique: analyse du politicien entrepreneur', Année Sociologique, 42. (número especial sobre sociologia do desenvolvimento).

Melo, João, 2003, 'O Jogo da Verdade', entrevista a Gustavo Costa, Semanário Angolense, caderno especial.

Menezes, Solival, 2000, *Mamma Angola: Sociedade Economia de um País Nascente*, São Paulo, Editora da Universidade de São Paulo.

Mesa, Zuraida, 2000, *Políticas de Redução da Pobreza—Promovendo a Equidade e a Eficiência*, Relatório, PNUD, Luanda.

Messiant, Christine, 1999, 'A propos des 'transitions démocratiques', notes comparatives et préalables à l'analyse du cas angolais', *Africana Studia*, 2, Porto, Edição da Fundação António de Almeida, pp. 61-95.

Miller, Joseph, 1995, *O poder político e o Parentesco: os Antigos Estados Mbundu em Angola*, Luanda, Arquivo Histórico Nacional.

Ministério da Industria, 1994, Relatório.

Nascimento, Lopo do, 2002, 'O país Começa Agora?', Agora, 28 de Setembro, Luanda, pp. 14-15.

Pacheco, Fernando, 2002, ' Angola: Contexto e Desafios Para o Futuro, Fórum Nacional sobre a Participação dos Cidadãos no Processo Constitucional ', Centro Cultural Mosaiko, Luanda.

Pestana, Nelson, 2002, ' L'Etat en Angola : Pratiques et Discours ', Thèse de doctorat, Montpellier, Université de Montpellier I.

Pestana, Nelson, 2003, *As Dinâmicas da Sociedade Civil em Angola*, Lisboa, CEA-ISCTE.

Sader, Eder, 1988, *Quando Novos Personagens Entraram em Cena*, São Paulo, Paz e Terra.

Santos, Daniel dos, 2001, 'Economia, Democracia e Justiça em Angola: o efémero e o permanente', Estudos Afro-Asiáticos, Ano XXIII, 1, São Paulo, pp. 99-133.

Sartre, Jean Paul, 1985, *Critique de la raison dialéctique*, Paris, Gallimard.

Sousa, Norberto Franco de, 1999, *Angola: O Caminho Estreito da Dignidade*, Lisboa, Edição do Autor.

Tali, Jean-Michel Mabeko, 1994, ' 'Tribalisme', 'régionalisme' et lutte de libération nationale: la question 'tribale' et 'ethnico-regionale' dans la dissidence au sein du MPLA, dans l'Est angolais en 1969-1974 ', *Année africaine*, 1992-1993, Bourdeaux, CAEN, 463-479.

Parte V

12

Reflexão Crítica do Modelo de Crescimento Económico Eurocêntrico e Propostas para um Desenvolvimento Ecologicamente Sustentado

Jacinto Rodrigues

Resumo

Rompendo com o modelo civilizacional assente numa tecnosfera de energias fósseis e num metabolismo linear, próprio da máquina termodinâmica dissipadora, modelo esse que é gerador de esgotamento de bens naturais, contaminação poluitiva e de exclusão social, com esta comunicação procuramos entender o processo da humanidade numa inserção dinâmica e eco-sistémica de paradigmas. Entre o paradigma 'tradicional' e o paradigma 'moderno' procura-se explicitar um paradigma emergente possível. Este novo paradigma poderia superar os impasses do 'progresso tecno-científico' e do modelo retrógrado, estático e tradicionalista. Da crítica teórica à praxis crítica um conjunto de acções exemplares poderá florescer. São inúmeras as propostas de realização, as experiências exemplares em múltiplas tácticas que evoluem, se esgotam ou se metamorfoseiam dando lugar a um paradigma emergente cada vez mais capaz de mudanças e até rupturas de modo a que entre a dialógica e o antagonismo, o mundo da paz, a esperança e solidariedade se sobreponham à distopia de morte/ exploração e dominação.

Introdução

Esta comunicação procura entender o processo da humanidade numa inserção dinâmica e eco-sistémica de paradigmas. Entre o paradigma 'tradicional' e o paradigma 'moderno' procura-se explicitar um paradigma emergente possível. Este novo paradigma poderia superar os impasses do 'progresso tecno-científico' e do modelo retrógrado, estático e tradicionalista.

A emergência do novo paradigma, que aqui defendemos, aponta para dispositivos ecotecnológicos e eco-energéticos assim como eco-sócio-culturais.

Estes novos dispositivos são simultaneamente uma alternativa ao modelo civilizacional eurocêntrico e ao modelo fechado das sociedades tradicionais.

Rompe-se, assim, com o modelo civilizacional assente numa tecnosfera de energias fósseis e num metabolismo linear, próprio da máquina termodinâmica dissipadora, modelo esse que é gerador de esgotamento de bens naturais, contaminação poluitiva e de exclusão social. Esta alternativa, que aqui defendemos, supera também o conservadorismo retrógrado das sociedades fechadas que, vivendo em autarcia, rejeitam as interacções culturais e se opõem ao desenvolvimento e à criação.

Na nossa análise, entendemos os paradigmas como referências dinâmicas, polaridades cujas fronteiras são mutáveis e sistémicas.

A interacção de todos esses paradigmas vai criando metamorfoses que se fazem no tempo, com saltos mutáveis e/ou evoluções contínuas.

Só por razões didácticas tivemos que caracterizar essas balizas. Contudo, o que caracteriza esta tentativa de exposição é o carácter processual e a complexidade que subsiste a estas combinações sistémicas que são, na maior parte dos casos, sujeitas a turbulências imponderáveis, apenas aceitando uma racionalidade capaz de se flexibilizar diante do inesperado ou do inevitável.

Caracterização do Paradigma Dominante

A etapa actual do capitalismo tem vindo a impor adaptações ao sistema económico-social. Nos anos 70/80 novos mecanismos de regulação como o GATT, o FMI e o Banco Mundial, manifestavam já uma tendência para a reorganização geral das grandes empresas.

Esta tendência tornou-se mais marcante e visível na última década. Hoje, são já evidentes os resultados de uma sociedade informacional com sucessivas deslocações do capital financeiro, gerando uma maior internacionalização do processo produtivo.

As consequências dessa orientação do capital financeiro aparecem claramente na gestão em rede das empresas, que veio substituir a antiga gestão 'fordista'.

Actualmente, a flexibilidade e a multifuncionalidade são apanágio das novas empresas em que os accionistas anónimos emprestam ao capital financeiro uma estratégia mundialista neo-liberal que desfaz as veleidades autonómicas das burguesias dos estados-nação.

Nesta nova etapa da mundialização económico-social há também uma necessária reorganização territorial que se expressa nas propostas de metropolização urbanística e nas morfologias supra-modernistas e tecnicistas da arquitectura como símbolo de poder.

A globalização neo-liberal, ou seja, a nova etapa da mundialização capitalista dirigida pela nova coordenação internacionalista dos grandes monopólios que subalternizam a política ao interesse mercantil, pretende uma igualização massificadora de modos de vida, de 'cultura' global e outros consumismos materiais. Nas grandes superfícies comerciais e nas grandes produções mediáticas de '*entertainment*' passam modelos homogeneizadores desses modos de vida que pressupõem um pensamento único manipulador.

Contudo, à homogeneização mundialista das grandes empresas cada vez mais concentradas na mão de minorias, contrapõe-se a fragmentação do mundo cada vez mais desigual. Esse mundo desigual existe tanto no interior dos países de economia dominante como nos países de economia dominada por interesses externos.

Enquanto se concentram as riquezas em fracções cada vez mais restritas da população, aumentam os marginalizados na sociedade. E, enquanto zonas geopolíticas esbanjam e ostentam cada vez mais riqueza, aumenta o fosso da pobreza e destruição noutras áreas do globo, ainda que em cada uma dessas zonas se observem os mesmos antagonismos resultantes do conflito de interesses entre oprimido e opressor.

Os antagonismos essenciais da natureza injusta do capitalismo mantêm-se e até se agravam, muito embora os mecanismos de regulação aparentem 'resolver' os sintomas da crise larvar e estrutural da sociedade baseada na exploração e no lucro. Desloca-se a intensidade das crises, mas não se resolvem os problemas que geram as crises.

A globalização neo-liberal não corresponde, pois, a uma solução estrutural da sociedade. Apresenta-se como uma reformulação na gestão desses antagonismos estruturais. E se, em certos locais, esses sintomas de crise parecem estabilizar-se, é porque noutros domínios a brecha está a agravar-se.

Uma das rupturas, que mais se manifesta hoje, é gerada pelo antagonismo entre este modelo produtivo do capitalismo (civilização baseada na exploração de energias fósseis e numa tecno-ciência poluitiva e destruidora de bens naturais) e a biosfera cujos recursos são limitados e cuja capacidade de reciclagem não se coaduna com a velocidade e a forma destruidora desse modelo urbano-tecnológico. Isto quer dizer que a tecnosfera esbanjadora e poluitiva está a deteriorar e a destruir a biosfera.

Face a esta tecnosfera imposta pela globalização neo-liberal surgem também oposições sociais que procuram globalmente uma alternativa.

Chamaremos 'planetarização' à consciência ecológica cada vez mais alargada das populações face ao ritmo destruidor dos ecossistemas, produzido pelo modelo civilizacional actual.

Esta planetarização constitui uma força cada vez mais presente nas aspirações das populações e será um factor de mobilização crescente contra o processo da globalização neo-liberal, transportando as aspirações mais significativas de mudança civilizacional.

Interessa, porém, que a sociedade consiga gerar alternativas ecotécnicas e ecotópicas que, articuladas e inseridas nas lutas cívicas dos que são explorados e dominados, revelem a vontade de realizar novas alternativas no território, criando-se, pela positiva, projectos credíveis e que apontem para um mundo melhor.

Para isso, é preciso cada vez mais que as lutas cívicas se traduzam em dispositivos topológicos alternativos às morfologias carcerais e alienantes do território actual.

É preciso que as escolas de arquitectura e urbanismo ultrapassem o ensino de propostas de carácter formalista. São necessários projectos urbanísticos e arquitectónicos que não sejam apenas a expressão duma oratória formal ao discurso do poder.

É necessário que os técnicos e cientistas estabeleçam rupturas na tecno-ciência revelando alternativas eco-técnicas: protótipos de produção de energias alternativas, motores de energias renováveis, biotecnologias de reciclagem de lixos, etc.

É cada vez mais necessário que experiências exemplares irrompam, não como 'guetos' utópicos mas como experiências dinâmicas que ganhem, cada vez mais, largos sectores da população e exprimam experiências exemplares de um outro modelo ecológico e solidário.

As eco-polis, as eco-aldeias, as cidades educadoras, são propostas já existentes que contêm ideias, realizações e estímulos para um processo-estratégia, que dê expressão a novas aspirações e que acabe com a resignação reinante da submissão à globalização neo-liberal que anda por aí à solta.

É uma evidência constatar a evolução do capitalismo e reconhecer a especificidade desta etapa.

Porém, a questão essencial é saber se é possível mudar a natureza do sistema:

a)   Será que é possível desaparecer a exploração, dominação e as injustiças sociais que advêm desse modelo social?

b)   Encontrou este modelo um processo de superação dos seus antagonismos, inerentes ao seu processo de funcionamento?

c)   Qual é a capacidade de resposta dos grupos sociais explorados e dominados, em relação aos novos processos de economia transnacionalizada, na sua nova fase do capitalismo financeiro?

Resumindo, diremos que, no estado actual, a etapa da globalização alargou a economia de mercado para uma fase cada vez mais gravosa em relação ao equilíbrio da biosfera. O valor de uso dos produtos tornou-se presa de interesses financeiros dominantes. O oligopolismo, ou seja, o capital financeiro sobrepôs-se à lógica de investimentos produtivos. A geopolítica do capital transnacionalizado impôs modelos sociais/militares e tecnológicos mundializados.

E a generalização da tecnologia produziu um antagonismo crescente em relação à biosfera. Esse antagonismo crescente revela-se, essencialmente, pelo facto de que este modelo tecnológico funciona como uma predacção exterminadora dos bens planetários, criando simultaneamente resíduos superiores à reciclagem de que dispõe a biosfera.

Os eco-sistemas são violentados pelo alargamento duma tecnologia produtora de esgotamento energético e matérias-primas, ao mesmo tempo que gera lixos tóxicos.

A generalização desse antagonismo capitalismo versus natureza, acompanha e agrava outros antagonismos essenciais. Cresce o fosso ente os grupos cada vez mais reduzidos, detentores dos meios de dominação, produção e alienação e o resto da sociedade que, por sua vez, se decompõe em grupos sociais, uns integrados e outros excluídos.

Cresce o fosso entre regiões onde o crescimento se realizou à custa da periferia despojada dos seus próprios meios naturais de subsistência. Por outro lado, ocorrem antagonismos também entre os próprios detentores do capital porque a concentração e a concorrência inerente ao modelo acentua rivalidades em torno da conquista do poder dominante. A concentração faz-se através do aniquilamento dos mais fracos que têm de se sujeitar a essa geo-estratégia de concentração e de darwinismo social.

O modelo tecnológico, concentrado e baseado em energias fósseis, aparece com uma lógica de produtivismo quantitativo. Essa tecno-ciência mecanicista/ positivista, constitui a trama essencial da produção dominante. Com efeito, dos transportes à agro-indústria, o modelo tecno-científico hegemoniza o tipo de crescimento da economia capitalista.

O sistema de ensino do Estado, privado ou empresarial, constitui um pilar de reprodução do próprio sistema. A socialização cultural é substituída pela institucionalização escolar manipulatória. Esses referentes paradigmáticos interferiram na estrutura cognitiva, criando e reflectindo uma concepção de ciência e de cultura. 'Epistemes' são produzidas e reproduzidas nesta 'grelha de interpretação' (Wallace 1963) que interessam à manutenção social.

A organização territorial consolida a integração social de maiorias e exclusão de minorias não adaptativas. A concentração urbana caracteriza esse *habitat* alheado do eco-sistema. Mas a organização territorial desta fase de globalização tem gerado dispositivos topológicos (Foucault 1976) que constituem formas de integração e de dominação cada vez mais sofisticadas. A maquilhagem formal, a espectacularidade das edificações, escondem adestramentos comportamentais das populações e marcam com geo-estratégias complexas, a reprodução alargada da força de trabalho, o domínio manipulatório e/ou compulsivo de hábitos (B^3 de formas de vida e de consumo.

As Sociedades Tradicionais

Durante o processo da mundialização da economia capitalista, através das formas coloniais ou neo-coloniais, as sociedades tradicionais de economia de subsistência apresentaram, e apresentam ainda hoje, resistências à imposição desse modelo capitalista, social, tecnológico, territorial e educativo. Essas sociedades tradicionais não têm actividades puramente económicas. A caça e a agricultura são actividades familiares e comunitárias. Como refere Polanyi (1957), os princípios dessas sociedades vernaculares são formas de reciprocidade que estabelecem um tecido de obrigações mútuas, estreitando os laços entre os membros da comunidade (Goldsmith 1995).

A tecnologia e o *habitat* das sociedades vernaculares constituem as formas de estar duma sociedade em busca da auto-suficiência, que obedece às imposições do nicho ecológico em que a comunidade se insere. O processo colonial e neo-colonial instaurou-se pelo sistema tecnológico e pelos novos dispositivos territoriais. São estes elementos fortes que facilitam a 'pilhagem' e produzem a catástrofe das populações nativas.

O *habitat* e a tecnologia tradicionais não produziam esgotamento dos bens naturais. Os detritos eram reciclados pelo ecossistema local.

A transmissão de doenças era menos fatal nas comunidades isoladas do que em populações concentradas e em situações degradadas das aglomerações urbanas.

As relações de economia de mercado vieram acelerar a desintegração dos ecossistemas, pois o valor de uso, ao ser substituído pelo valor de troca, provocou a delapidação das florestas, aumentou a desertificação e intensificou processos de concorrência que levaram a conflitos étnicos e às guerras.

Ao estabelecermos estas constatações sobre as sociedades vernaculares não queremos, contudo, considerá-las isentas de limitações e, portanto, não é nosso ensejo apresentá-las como o paradigma alternativo ao modelo técnico-científico do capitalismo.

As ideologias colonial e neo-colonial esforçaram-se em tecer juízos de valor sobre as sociedades vernaculares, querendo demonstrar a supremacia do modelo cultural e civilizacional dos países de economia dominante. Foi o pretexto para legitimarem a colonização. Foi e é o discurso ideológico dominante neo-colonial.

Quisemos caracterizar a situação das sociedades vernaculares, mostrando como as sociedades colonizadoras contribuíram para o desequilíbrio entre o homem e a biosfera.

O que se pretende nesta comunicação é formular uma decifração ecológica dos paradigmas entre essas sociedades, que ultrapasse a mera análise 'económica'. Por isso, formular uma alternativa significa ultrapassar os quadros referenciais do paradigma científico e moderno. Significa também ultrapassar antigos paradigmas em que a sujeição da humanidade ao envolvimento ecossistémico era quase total.

Ultrapassar a atitude destruidora do modelo capitalista e ultrapassar a atitude adaptativa do modelo de sociedade tradicional é o desafio que se põe para a formulação dum paradigma futurante.

Um Paradigma Emergente

Entre destruição e sujeição existe a possibilidade de uma sociedade capaz de integrar os ecossistemas de um modo activo, de maneira a tornar mais conscientes as relações dos homens com os seres vivos e com o biótopo.

O alargamento da consciência planetária, o aparecimento de propostas ecotécnicas (energias renováveis e uma produção com resíduos recicláveis) e ainda o surgimento das novas formas de organização territorial ecologicamente sustentada, permitem apontar, como possível, esta 'utopia' social, baseada no desenvolvimento ecologicamente sustentado. Mas só uma mudança estrutural e participada pode conduzir a uma alternativa substantiva.

Com o advento da teoria ecológica, reformulam-se os quadros da ciência positivista e das ideologias sociais. Reencontramos proximidades entre a geocosmogonia mágica nativista e as revelações duma complexidade holística da teoria ecológica. Mas há diferenças qualitativas no alargamento da consciência planetária e na capacidade de controlo da humanidade para o equilíbrio ou desequilíbrio entre a organização social e a biosfera. Se, através da tecnociência, se conseguiram autênticos massacres na biosfera, criando a poluição generalizada, a devastação das florestas, a desertificação dos solos, a contaminação das águas, a partir da investigação eco-técnica é possível a produção de protótipos de energias renováveis que não esgotem os bens naturais nem poluam o planeta.

A evolução do conhecimento nas ciências do território, permite a implantação de novos habitats integrados no ecossistema. O *habitat*, território, desenvolvimento, agro-ecologia, ecotécnica, produção e reciclagem, são corolários sistémicos para um desenvolvimento ecologicamente sustentado.

É nesta configuração territorial e com estes novos dispositivos eco-tecnológicos que se podem propiciar novos comportamentos e atitudes solidárias mais consentâneas com as aspirações de justiça social. Estes lugares matriciais podem, assim, facilitar uma socialização solidária, uma eco-territorialização e uma eco-técnica imprescindíveis para a concretização desta utopia realizável.

Esta utopia não é um 'modelo'. É um processo de mudança alternativa à sociedade tradicional de subsistência e à sociedade de globalização do capitalismo neo-liberal.

No terreno prático, o que se pretende, neste artigo, é defender o eco-desenvolvimento (Sachs 1995) como alternativa para qualquer das sociedades. Trata-se duma opção tecnológica e territorial ecologicamente sustentável que possa auferir da experiência prática, teórica e científica da humanidade.

Génese e Alargamento da Consciência Ecológica e das Propostas de Ecodesenvolvimento—Impasses e Esperanças

Dos anos 60 aos anos 90 abriram-se numerosas críticas ao modelo civilizacional, pois surgiram numerosas lutas ecológicas contra as poluições globais do crescimento económico-capitalista que cada vez mais tornava esta sociedade uma 'sociedade de risco'.

1.   Os acidentes com as indústrias químicas de Seveso até Chernobyl, trouxeram com clareza o carácter predador das opções técnicas.

2.   O relatório do Clube de Roma mostrou os limites do planeta, face aos gastos exponenciais dos bens naturais por um sistema baseado nas energias fósseis e uso de materiais contaminantes.

3.   O agrónomo René Dumont revelou os efeitos destruidores da agro-indústria sobre os solos. A desertificação e o ataque contra a biodiversidade constituíram novas preocupações do movimento ecologista cada vez mais interveniente.

4.   Lewis Mumford e Jacques Elul denunciaram a ilusão sobre as técnicas neutras e apelaram para uma ecotécnica em oposição a uma tecnociência, ideologismo cientifista da insustentabilidade social, do capitalismo neo-liberal com o seu industrialismo e produtivismo predatório.

Muitos foram os ecologistas que contribuíram para a crítica da megapolis energetívora e poluidora, consolidando, assim, ao longo de vários anos, os fundamentos essenciais para uma ecosofia que revelava um pensamento novo que já nada tinha a ver com o 'cartesianismo'.

Edgar Morin em *La Méthode* apresentava, durante a década de 80/90, os prolegómenos duma nova maneira de pensar em que o analitismo, o causalismo linear e mecanicista e o universalismo hipostasiado davam lugar a uma teoria da complexidade, da sistémica e da dialógica. A partir desses enunciados era possível pensar-se no 'metabolismo circular dos ecossistemas', que tornava muito mais fecundo o estudo da natureza e da sociedade.

Nicolas Georges Roegen, René Passet e Ignaz Sachs revelavam a necessidade de pensar a economia global como ecologia. Isto é um salto epistemológico que a maior parte dos economistas ainda não conseguiu ultrapassar. A concepção corporativa e excessivamente disciplinar da economia académica, impede a compreensão holística da biosfera e dificulta o entendimento sobre a complexidade dos fenómenos sócio-ecológicos e a sistémica necessária para o tratamento interdisciplinar do conhecimento.

A biosfera deverá tornar-se, assim, o centro das preocupações sociais, transformando a concepção mecanicista do saber numa concepção ecosistémica.

Esta nova filosofia política, baseada no desenvolvimento ecologicamente sustentado, mostra a gravidade da noção de crescimento produtivista. Face ao crescimento dissipador, centrado no esgotamento das energias fósseis e na contaminação dos bens naturais e na exclusão social, surgem agora autores que, como Serge Latouche (2004), Pierre Rabhi (1997) e Pierre Jacquard, defendem o decrescimento sustentável.

Com efeito, o crescimento deu origem a excessos de destruição tão gravosos que exigem para a preservação da biosfera, acções imediatas que evitem o seu esbanjamento mortífero. Em algumas das cimeiras mundiais surgiram mudanças significativas no paradigma filosófico e técnico-científico dos últimos anos, face aos problemas suscitados pelas guerras, pela segregação social, pela pobreza agravada nas sociedades periféricas e pelo aumento das poluições globais e esgotamento dos bens do planeta.

Perante estes fenómenos foi criado, desde 1972 pela conferência das Nações Unidas, em Estocolmo, um programa para o desenvolvimento e o ambiente. O passo decisivo na estratégia desse desenvolvimento social em relação à biosfera foi a publicação do conhecido relatório de Brundtland (1987). Aí se defendem, com clareza, os princípios do 'desenvolvimento durável' ou seja 'um desenvolvimento capaz de satisfazer as necessidades presentes sem comprometer as necessidades das gerações futuras'.

Esta declaração consagrou, assim, a consciência ecológica como fundamental na nova forma essencial de pensar a economia. Com efeito, o desenvolvimento ecologicamente sustentável substituiu-se ao conceito de crescimento quantitativo, baseado numa visão causal e mecanicista de factores duma realidade fragmentária, sem levar em conta os eco-sistemas em que se inserem as sociedades.

A partir do desenvolvimento ecologicamente sustentado, ou seja da concepção de desenvolvimento durável, implícito no relatório Brundtland, o desenvolvimento implica:

a) fim do esgotamento energético e dos bens naturais essenciais, graças a uma estratégia de substituição pelas energias renováveis e materiais recicláveis;

b) fim da contaminação do planeta pela eliminação dos resíduos tóxicos e radioactivos, graças a uma mudança de produção não poluitiva e também reduzindo e reciclando os lixos biodegradáveis, factores regenerativos da vida e necessários ao próprio desenvolvimento.

Esta concepção introduziu assim uma nova maneira de pensar em que a complexidade eco-sistémica impõe uma relação circular entre sociedade e território e uma organização dum desenvolvimento integrado e auto-regenerativo, ultrapassando a rigidez mecânica duma lógica de causalismo linear.

Isto implica relações antrópicas conscientes com o meio, em que o homem e a natureza são a mesma realidade essencial. Assim, dadas as suas relações simbióticas, qualquer ecocídio é também suicídio.

Surge, portanto, uma concepção emergente onde o ecossistema aparece como matricial a qualquer abordagem. A economia e o desenvolvimento pressupõem a biosfera como processo global intrínseco a qualquer reflexão teórica. Por isso, a realidade geo-bio-social impede disciplinas fragmentárias e impõe, cada vez mais, aproximações transdisciplinares (Morin 1980, 1990).

A poluição e o esgotamento não são disfunções ou inevitabilidades. Nesta nova atitude, a economia identifica-se com ecologia, pois os objectivos da gestão nas relações humanas se identificam com os objectivos da preservação da biosfera (Passet 2000, 2001). Estes pontos de vista começaram a ser explicitados na conferência do Rio em 1992, que adoptou uma série de medidas que constituem a Agenda 21. Esse relatório levou também à criação da Comissão das Nações Unidas para o Desenvolvimento Sustentável.

Cinco anos mais tarde, na 2ª Cimeira do Rio, houve uma reavaliação que veio insistir sobre a necessidade de levar à prática as decisões anunciadas. Mau grado alguns insucessos como a não aceitação por parte dos E.U.A. do protocolo sobre as alterações climáticas em Kioto, em 1999, as ideias do ecodesenvolvimento têm vindo a encontrar cada vez mais apoios. Esta filosofia constitui o ponto de vista decisivo nas contestações dos movimentos sociais contra a globalização hegemónica, em que 'globalizar' afinal se restringe a privatizar os interesses lucrativos duma minoria financeira.

A Cimeira de Joanesburgo revelou o impasse entre os discursos e as práticas políticas. As aspirações que se foram consolidando nessas cimeiras mundiais, sobre o desenvolvimento e o ambiente, defendidas por uma cada vez maior frente de cidadãos, poderiam fazer surgir novas alternativas face ao esgotamento e à contaminação planetária. Este é o grande desafio que se coloca, em especial, em África.

A África é o continente mais vitimizado pelo tipo de crescimento que, na sua forma colonial e capitalista, levou a uma maior exploração e dominação que provocou esgotamento e contaminação. Com efeito, a escravatura e o saque a que os povos africanos foram submetidos, continuam hoje através de outras formas desumanas como as guerras, a desertificação, a destruição das bio-diversidades, a corrupção e as ditaduras militares.

Os povos do Continente Africano têm, na sua experiência de vida, a prova de que o tipo de crescimento praticado, até agora, só agravou o fosso entre os países do centro e os países periféricos:

●   a importação político-económica de modelos ocidentais ou europeus, agravou o desenvolvimento desigual;[12]

- a generalização da tecno-ciência hegemónica criou dependências e, em muitos casos, destruiu o eco-sistema agro-pecuário, desertificando e desflorestando;[13]

- miséria, exclusão e doença das populações deslocadas e depois concentradas em peri-urbanizações infra-humanas forçadas, são o retrato dramático de largas camadas sociais do Continente Africano;

- a destruição da identidade e valores culturais que causou deslocações massivas de populações e o genocídio de milhões de seres humanos.

Nestes últimos 40 anos, a África experimentou várias propostas de 'desenvolvimento', dentro dum mesmo modelo de crescimento. Exemplos:

- em 1979 a proposta estratégica de Monrovia;

- em 1980 o plano de acção de Lagos;

- em 1988 a declaração de Khartoum;

- em 1990 a Carta Africana para a participação popular africana.

Mas os resultados dessas experiências são nulos porque são variantes de um modelo esgotado. Recentemente alguns teóricos africanos (Dembélé 2001; Amin 1998, 1999, 2001) defendem a necessidade de mudar de paradigma e não prosseguir com experiências baseadas nos pressupostos anteriores, que resultam de uma ideologia em que se pretende alcançar o nível de crescimento dos países de economia dominante e usufruindo do modo de vida e tipo de consumos da civilização ocidental. Para Samir Amin e Dembélé, o essencial é romper com esses modelos de bens de consumo, com padrões sócio-culturais, com processos tecno-científicos duma tecnologia sofisticada e não apropriável, próprias ao capitalismo e ao modelo urbano-industrial ocidental.

Trata-se de romper com modelos de organização territorial que criam dispositivos estratégicos de reprodução desses modelos sociais. Nesta perspectiva, a estratégia de desenvolvimento seria a de:

- promover um esforço de formação em que o ecodesenvolvimento, em diálogo com a mundividência cultural africana, fosse uma sequência científica à cosmovisão panteísta endógena, das sociedades tradicionais, o chamado 'parentesco cósmico';

- promover um desenvolvimento de consumos que fossem resultantes dos próprios recursos africanos, ou seja, a defesa da autonomia e cooperação solidária;

- promover a generalização de tecnologias apropriáveis numa concepção eco-técnica que 'modernizasse' as tecnologias endógenas e se adoptassem as energias renováveis.

Todo o processo de ecodesenvolvimento consistiria, pois, numa reconversão através de etapas de transição de modo a que, a mais breve prazo, a estratégia do modelo imposto pela colonização e continuado pelas sucessivas etapas duma mundialização de referência ao modelo ocidental fosse substituído pela descentralização de eco-indústrias, de micro-empresas instaladas em eco-aldeias onde se promovesse uma gestão democrática assente na prioridade dos recursos naturais e locais, em busca de uma autonomia colectiva da África, assente nas suas próprias forças.

Esta perspectiva, que já teve algumas expressões em contextos políticos específicos e através de formas diversas, como, por exemplo, as tentativas de Sankara, em Burkina Fasso, as realizações de Nyerere, na Tanzânia e algumas experiências pontuais, existentes em vários países africanos, constituem ainda motivo de reflexão e balanço.

Estas experiências de desenvolvimento ecologicamente sustentado e que implicavam uma participação massiva das populações, não pode ser lida como auto-penalização face a uma pretensa e necessária industrialização. Trata-se de experiências pioneiras duma opção política alternativa ao paradigma ocidentalizado.

O desenvolvimento ecologicamente sustentado pode, agora, face ao novo contexto mundial, contribuir para um desenvolvimento social em busca de uma nova alternativa civilizacional. A África tem, nesse campo, enormes potencialidades:

- uma cultura de um pensamento filosófico, próxima de uma cosmovisão ecológica;
- uma riqueza de bens naturais e fontes de energias renováveis, capazes de auto-suficiência;
- uma menor 'poluição' material e cultural do modelo urbano-industrial nas populações.

Contudo, tem também acentuadas fragilidades:

a) Será que a geopolítica da globalização hegemónica permitirá uma opção política aos países africanos, no sentido duma mudança de paradigma?

b) Será que os dirigentes políticos africanos são capazes de abandonar os modelos interiorizados, do crescimento e dos consumos da sociedade ocidental?

c) Será que a sociedade civil africana é mobilizável para a criação de uma alternativa contra a globalização neo-liberal através do desenvolvimento ecologicamente sustentável?

É importante constatar que muitas populações, no continente africano, face ao falhanço do modelo agro-industrial e de crescimento económico neo-liberal, estão procurando a sua sobrevivência em formas de retradicionalismo ou da chamada economia informal. Estas expressões reactivas da população são manifestações do impasse gerado pelas políticas erradas de muitos governos africanos, que reproduzem modelos comprovadamente inadequados.

Seria interessante estudar até que ponto é que estas expressões reactivas, ligadas à sobrevivência das populações, poderiam transformar-se em modelos alternativos, gerando, assim, uma estratégia de desenvolvimento ecologicamente sustentado, baseado na produção local, na troca directa, nas energias renováveis e em ecotecnologias apropriáveis.

O altero mundialismo pode entender-se como uma proposta, como um movimento a várias vozes, plataforma dum processo complexo que pretenda expressar uma tendência de esperança de que um mundo melhor é possível. É uma utopia de esperança que se opõe a uma utopia de morte, expressa pelo capitalismo neo-liberal com os mecanismos predadores e simultaneamente autofágicos, pois é cada vez mais evidente que o ecocídio deste modelo hegemónico ao esgotar e contaminar a natureza é suicidário.

Esta civilização da insustentabilidade tem três pilares de base:

1. a energia do petróleo—centro da opção do modelo mecanicista ;
2. a máquina empresarial—modelo do metabolismo linear, esgotável e contaminador;
3. o militarismo resultante do desenvolvimento social.

Este tipo de civilização levou-nos à seguinte constatação descrita por Ervin Laszlo[15] :

*   o grupo social dos ricos, que são 20% da população, vive com 84% dos bens disponíveis;
*   o grupo social dos pobres, que são 80% da população, vive apenas com 16% dos bens disponíveis.

Para mostrar o fim das ilusões provenientes desta 'distopia', Laszlo diz-nos ainda: 'Se os consumos médios americanos ou até mesmo europeus fossem generalizados ao resto das populações do mundo, seriam necessários 2 planetas Terra, em 2020, para fornecer bens necessários para todo o consumo exponencial'. Em todo o caso, é cada vez mais claro que um movimento planetário é necessário. E que os pressupostos para a salvação do planeta e da humanidade são imprescindíveis em todos os lugares.

O movimento altero mundialista é um processo estratégico pilotando a experiência de práticas sociais e reflexões teóricas na acção comunicativa dos sujeitos activos que lutam contra a utopia de morte que descrevemos e das tendências letais que a caracterizam:

1. pensamento único;
2. máquina empresarial esgotante e contaminadora;
3. sociedade de consumo;

4. darwinismo social;

5. crescimento em vez de desenvolvimento.

O altero mundialismo não é uma ideologia escatológica com 'modelos feitos'. É um processo dinâmico que faz apelo à 'insurreição das consciências' para que possa surgir uma utopia de esperança baseada numa outra forma de pensar, o pensamento ecologizado ou eco-sofia, o desenvolvimento durável para que o planeta possa subsistir e permitir bens naturais capazes de satisfazer com justiça a necessidade desta e das gerações vindouras.

O altero mundialismo é um apelo e pressupõe múltiplas frentes de luta, vários modos de acção que vão do auto-desenvolvimento ao desenvolvimento social na perspectiva de ecodesenvolvimento.

A defesa do bem público passa por inúmeras experiências exemplares:

1. formas de ensino;

2. práticas escolares inovadoras nas instituições existentes ou em escolas alternativas;

3. associações urbanas ou rurais;

4. formas solidárias de bioconstrução em eco-aldeias ou eco-bairros;

5. utilização de energias renováveis com ecotecnologias apropriáveis;

6. dispositivos ecotécnicos e de reciclagem;

Não existem 'modelos' acabados, existem experiências dinâmicas que permitem demonstrar, informar e formar de modo a que na multiplicidade cultural e numa acção comunicativa, se desenvolvam processos criativos e alternativos ao paradigma dominante.

Da crítica teórica à praxis crítica um conjunto de acções exemplares poderá florescer. São inúmeras as propostas de realização, as experiências exemplares em múltiplas tácticas que evoluem, se esgotam ou se metamorfoseiam dando lugar a um paradigma emergente cada vez mais capaz de mudanças e até rupturas de modo a que entre a dialógica e o antagonismo, o mundo da paz, a esperança e solidariedade se sobreponham à distopia de morte/exploração e dominação.

Nesta marcha alargada de cidadãos não existem catecismos de verdades feitas. Porém, este movimento, que avança com as diferenças como factor de criação, deve reforçar-se com métodos pacíficos, desobediência civil e apelo à insurreição da consciência, tal como defenderam Gandhi, Martin Luther King, Lanza del Vasto e Pierre Rabhi, visando um processo implosivo, uma metamorfose anímico-espiritual para que o caminho seja a paz. Pois como diz Thiech Nath Hahn, 'Não há caminho para a Paz. A Paz é o caminho.'

Referências bibliográficas

Amin, S., 1998, *Imperialismo e Desenvolvimento Desigual,* Lisboa: Ed. Ulmeiro

Amin, S., 1999, *O Eurocentrismo-crítica de uma ideologia,* Lisboa: Dinossauro.

Amin, S., 1999, *O Eurocentrismo-crítica de uma ideologia,* Lisboa: Ed. Dinossauro

Amin, S., 2001, *Desafios da Mundialização,* Lisboa: Ed. Dinossauro.

Bourdieu & Passeron, 1964, *Les héritiers,* Paris: Minuit.

Brundtland, G.H.1987, *Our Common Future,* New York: United Nations.

Dembéle, D. M., 2001, 'Le financement du développement et ses alternatives '. In: *Et si l'Afrique refusait le marché ?,* Paris : Harmattam.

Dumont, R., 1986, *Pour l'Afrique, J'accuse,* Paris : Librairie Plon.

Foucault, M., 1976, *Surveiller et Punir,* Paris : Gallimard.

Goldsmith, E., 1995, *Desafio Ecológico,* Lisboa: Instituto Piaget.

Laszlo, E., 2004, *Tú puedes cambiar el mundo,* Barcelona: Col. Club de Budapest, Ed. Nowtilus Saber.

Latouche, S., 2004, *Survivre au développement,* Paris : Mille et Une Nuits.

Morin, E., 1980, *La méthode,* Paris : Seuil.

Morin, E., 1990, *Introduction à la pensée complexe,* Paris : ESF.

Passet, R., 2000, *L'illusion neo-liberal,* Paris: Fayard.

Passet, R., 2001, *Eloge du mondialisme par un ' anti 'présumé,* Paris : Fayard.

Polanyi, K., 1957, *The Great Transformation,* New York: Beacon Press (ed. Original 1944).

Rabhi, P. 1997, *Un Oasis en tous les lieux,* Lablachére : Terre Humanisme.

Sachs, I., 1995, 'Norte-Sul: Confronto ou Cooperação?' In: *Estado do Ambiente no Mundo,* Lisboa: Instituto Piaget.

Wallace, A.F.C., 1963, *Culture and Personality,* New York: Rondon House.

13

A Historicidade das Sociedades Rendeiras— Contributo Para a Criticada da 'Rentier Theory'

Maciel Santos

Resumo

Nos últimos 20 anos, alguns países africanos tornaram-se importantes exportadores de petróleo. Os sectores petrolífero, do gás natural e da mineração permitiram a alguns estados participar largamente no stock mundial de petro-dólares. No entanto, as populações dos países da África subsariana fazem parte, com pouquíssimas excepções, do conjunto das mais pobres do planeta e tudo indica que assim vão continuar. O caso das estados petrolíferos constitui um contraste extremo entre riqueza recebida e não redistribuída, pelo que não é estranhar que tenha sido a partir dele que, com os trabalhos de Mahdavy, Beblawi e Luciani, uma teoria rendeira (rentier theory) e o conceito de 'sociedades rendeiras' foram elaborados.

A 'teoria rendeira' associa o subdesenvolvimento de alguns países africanos e asiáticos produtores de matérias primas aos desequilíbrios provocados na sua estrutura social pela recepção de rendas externas. Esta característica ter-se-ia desenvolvido mais facilmente, no caso dos países africanos, devido à propensão que o seu passado pré-colonial, nomeadamente o tráfico de escravos, lhes teria dado para a situação de 'sociedades rendeiras'.

A teoria rendeira foi desenvolvida no quadro conceptual do marginalismo. Está, deste modo, afectada pelas premissas deste, que não incluem uma teoria objectiva do valor nem contemplam a historicidade das formações sociais.

A presente comunicação pretende fazer uma crítica do conceito de 'sociedade rendeira', tal como a 'rentier theory' a utiliza, e mostrar a ligação estrutural entre as rendas externas e a integração no mercado capitalista. É discutida a historicidade das sociedades rendeiras, bem como as suas tendências a longo prazo. A partir dos pressupostos da teoria do valor-trabalho, ela pretende contribuir para uma crítica da teoria rendeira, nomeadamente na sua aplicação à estrutura e génese das sociedades rendeiras africanas. Este último ponto parece fundamental: compreender de onde vêm as sociedades rendeiras é fundamental para antecipar a sua evolução futura, e como tal, para acelerar a sua transformação (Carneiro 2004:21).

O Conceito de renda e de 'sociedade rendeira'

No contexto da teoria do valor trabalho, a 'renda' representa um rendimento superior à taxa média de lucro devido a condições privilegiadas de produção (geralmente o contributo dum recurso natural).

No modo capitalista de produção, é na produção dos chamados bens primários que há geralmente condições para a formação de rendas. Uma vez que fracções idênticas de tempo de trabalho podem, quando aplicadas a solos agrícolas ou mineiros, obter resultados desiguais, os capitais que exploram os recursos naturais mais favorecidos obtêm excedentes de produto relativamente aos restantes. Contudo, dada a impossibilidade de a procura social dos bens primários ser satisfeita sem o concurso das condições de produção menos favorecidas, os preços reguladores em qualquer mercado são estabelecidos pelos capitais que exploram estas últimas.

Se toda a produção desse ramo se fizer exclusivamente no modo capitalista, no qual todos os preços de produção tendem a incluir o lucro médio, o nível dos preços permite então que os rendimentos dos capitais que exploram os melhores terrenos contenham super-lucros.

A renda assim definida pressupõe a taxa de lucro médio e, como tal, o modo capitalista de produção. A renda recebida como super-lucro não tem, portanto, qualquer similitude com as formas de extracção de excedente historicamente anteriores à reprodução do capital produtivo, tal como os tributos antigos ou as rendas feudais. Para além de o super-lucro do modo de produção capitalista assumir sempre a forma monetarizada—e não a de valor de uso como nas sociedades pré-capitalistas,—ele só se pode formar num mercado no qual a concorrência entre capitais tenha previamente definido uma taxa média de juro e, em consequência, uma taxa média para o lucro empresarial.

Se estas duas condições—a concorrência entre capitais e a apropriação privada de condições privilegiadas de produção—estiverem reunidas e se a escala a que os super-lucros são recebidos for a de um estado dominado por uma classe cuja principal fonte de rendimento é essa renda, pode definir-se a sociedade resultante como 'sociedade rendeira'.

Esta expressão foi criada, como se viu no quadro da teoria rendeira que, como se verá adiante, não utiliza o conceito de renda com o significado exclusivo de rendimento acima da taxa média de lucro. A razão é simples: ao assumir os fundamentos do marginalismo, a rentier theory evacuou... a própria noção de lucro.

Como se sabe, o quadro teórico marginalista não identifica o lucro com o trabalho não pago apropriado pelo capital: a renda fundiária e o juro são simplesmente remunerações de serviços, respectivamente do capital e da terra. Num mercado concorrencial, a existência de qualquer rendimento que exceda estas remunerações, isto é, desproporcionada aos serviços dos 'factores', só poderá ser temporária e é esta anormalidade que a teoria marginalista designa por 'renda'. A remuneração dos 'factores de produção' leva a que a situação 'normal' seja, portanto, a de 'não lucro' e, obviamente, a de 'não renda'. Neste quadro, a situação patológica será a das sociedades ditas rendeiras, que representam a 'geral ausência de remuneração por aplicação aos factores de produção'.

É obvio que há um ponto comum entre a teoria do valor trabalho e o marginalismo relativamente ao conceito de renda: em ambos os casos, ela representa um rendimento permanente acima da taxa esperada, seja este último visto como uma massa de mais-valia ou como uma remuneração desproporcionada aos 'serviços' dos 'factores terra e capital'. E sendo assim, pode fazer-se uma descrição empírica e fenomenal das sociedades nas quais ele se torna hegemónico, cujos critérios de inclusão são os seguintes:

a) a predominância das rendas no Produto Interno Bruto (igual ou superior a 50%) e, como tal, nas receitas do respectivo Estado;

b) a forma e a externalidade das rendas, isto é, a dependência de meios de pagamento de origem externa (royalties, bónus, rendimentos de concessões, joint-ventures, etc.);

c) a desproporção entre o peso do sector rendeiro no PIB e participação da população activa no sector rendeiro;

d) a concentração da renda no aparelho de Estado que, sem distinção clara entre o público e o privado, funciona como redistribuidor através de ramificações clientelares[1].

A característica estrutural deste tipo de sociedades é a sua extroversão. O seu rendimento principal chega-lhes do exterior e o seu montante depende exclusivamente da curva da procura mundial: é uma função das cotações da(s) mercadoria(s) rendeira(s).

Para cada uma destas mercadorias geradoras de super-lucros, a diferença entre o preço regulador, tal como é estabelecido no mercado mundial, e o preço individual de produção constitui a renda diferencial apropriada pelos capitais que as produzem. Na qualidade de titulares das condições naturais privilegiadas, os Estados rendeiros participam desses super-lucros mas não são os principais beneficiados: recebem apenas uma fracção minoritária, variável com a correlação de forças presente em cada negociação.

A parte que cabe aos Estados rendeiros é, pois, uma parte do super-lucro de que beneficiam maioritariamente os capitais concessionários (geralmente as empresas multinacionais) e, sob a forma de impostos, os Estados onde estas multinacionais estão sediadas e nas quais se realiza o consumo final da mercadoria rendeira.[3]

Mesmo com estas deduções, a fracção da renda diferencial encaixada pelos aparelhos de estado rendeiros é suficientemente grande para que nessas sociedades a reprodução social se faça de modo totalmente centrado neste rendimento esotérico.

A imagem do funil invertido foi várias vezes usada para descrever uma sociedade assim estruturada. Através da despesa pública, as rendas externas encaixadas são levadas a 'irrigar' a restante economia, formal e informal.

Atendendo à função social redistribuidora desempenhada pelo aparelho de estado rendeiro, que fundamenta nela a sua própria legitimidade política, compreende-se que a maioria destas receitas externas não se transforme em capital. Por outras palavras, a sociedade rendeira não tende a acumular a sua fracção das rendas diferenciais, mas sim a consumi-las improdutivamente. Exceptuados os investimentos realizados no sector produtivo rendeiro (empresas públicas dos sectores mineiro ou petrolífero) e que, como tal, se destinam à reprodução alargada, as rendas apropriadas destinam-se:

- à manutenção de um sector terciário hipertrofiado, que inclui os aparelhos repressivo e administrativo; de certa forma pode considerar-se que se trata aqui de um consumo reprodutivo porque é deste terciário que depende a reprodução do processo de captação do excedente;

- à implantação de projectos desenvolvimentistas com objectivos de legiti-mação social e, como tal, mais vocacionados para drenar excedente do que para o produzir.

- ao financiamento de níveis de consumo artificialmente elevados por parte da clientela política dos aparelhos de estado, o que se explica pelo grau de concentração da riqueza nacional nesta classe;

A redistribuição assim feita constitui o que a rentier theory designa por 'sector de reciclagem das rendas'. Dada a sua característica não cumulativa e dadas as limitações do tecido produtivo local, existem especificidades no 'multiplicador rendeiro'.

Tanto o equipamento do aparelho repressivo como os serviços de administração, os projectos desenvolvimentistas e, sobretudo, o consumo de luxo (que inclui uma parte dos serviços do sector terciário) dependem de um fluxo regular de importações. Os efeitos indutivos da redistribuição das rendas fazem-se, portanto, sentir no exterior, isto é, nos países do centro para os quais as rendas regressam sob a forma de depósitos bancários ou de meios de pagamento. Situação tipificada, como se sabe, pelo peso que desde a década de 1980 têm os stocks mundiais de petro-dólares no sistema financeiro internacional.

É no interior da classe rendeira que, competindo pela redistribuição, se desenrolam os principais conflitos destas sociedades—o *rent seeking.*

Fora deste sector formal da economia, as sociedades rendeiras contêm ainda a maioria da sua população. Trata-se do estrato que não participa na redistribuição directa das rendas e cuja relação com as classes dominantes (rendeiras) é designada por alguns autores como 'pacto rendeiro'. Este consiste no facto de entre estas classes excluídas da renda e a classe dominante se ter estabelecido o seguinte acordo: o estado não extrai fiscalmente excedentes significativos da população activa e, em contrapartida, esta renuncia à partilha das rendas e aos seus efeitos de consumo, excepção feita a qualquer eventual benefício em projectos desenvolvimentistas. A ausência de 'reivindicações' sociais por parte da população 'não rendeira' tem, para a rentier theory, a consequência perversa adicional de bloquear ainda mais o mercado interno, isto é, de reforçar o carácter de extroversão da sociedade rendeira.

Com base nestas características estruturais, esta teoria elaborou uma tipologia dos estados rendeiros. Ordenando-os por ordem decrescente da sua dimensão rendeira, são classificados em petro-states, mining states e commodity states (Carneiro 2004:105-6).

A 'Rentier Theory' e a génese das sociedades rendeiras Africanas

Sociedades tributárias ou rendeiras?

Na sua aplicação da teoria rendeira às sociedades africanas, E. Carneiro dedica o II capítulo à 'formação das sociedades rendeiras na África subsariana' e considera que esta se explica pela confluência de factores internos e externos.

Os factores internos seriam as predisposições que as sociedades tradicionais africanas—isto é, as pré-coloniais—já tinham desenvolvido para a captação de rendas. Dos vários traços estruturais destas formações sociais, existem pelo menos dois que são considerados comuns às futuras sociedades rendeiras: a) a não-produção interna de excedentes, utilizando para esse efeito o contexto tributário/feudal sobre populações exógenas e b) a concentração/redistribuição do tributo através de uma rede 'patrimonial-clientelista'.[2]

É a respeito do primeiro atributo que surgem as dificuldades. E. Carneiro reconhece que 'não faz sentido qualificar de rendeiras as sociedades onde se não implantaram relações de produção capitalistas', visto que nelas o excedente drenado do exterior assume apenas a forma de valores de uso (Carneiro 2004:65). No entanto, a sua conclusão (aliás na sequência de outros autores da rentier theory) é que tal diferença estrutural não impede que a lógica das sociedades tributárias africanas as torne 'naturalmente integráveis em processos rendeiros.' A confirmação viria mais tarde, durante a fase em que estas sociedades entraram em contacto com o comércio europeu, visto que teriam consolidado as suas propensões rendeiras através do tráfico de escravos. Assim, a monetarização das rendas apropriadas em função do tráfico atlântico faria com que nos séculos XVII-XVIII, as monarquias tributárias de caça-escravos já pudessem ser com propriedade designadas por rendeiras (Elsehams 1991:45).

Abstraindo agora do facto de que nem todas as sociedades tradicionais africanas serem enquadráveis no contexto do modo de produção tributário, parece haver aqui um *non sequitur* na argumentação.

Para começar, o mesmo conceito de 'renda' não pode ser simultaneamente aplicado a um tributo feudal em valores de uso e a um super-lucro capitalista. Ou o conceito ganha um conteúdo intemporal, a-histórico e nesse caso, todo o excedente pode ser designado por 'renda' (tributo, imposto, corveia, renda fundiária, juro e lucro de empresa) ou, no caso de o conceito conservar a sua definição quantitativa de lucro acima da taxa média[3], se torna forçoso reconhecer uma descontinuidade histórica a partir do momento em que se realiza monetariamente e pressupõe um mercado concorrencial de capitais.

A segunda dificuldade deriva igualmente do conceito a-histórico de renda usado pelo marginalismo e aparece quando este se desagrega em formas concretas de excedente. Trata-se agora do facto de as sociedades tradicionais africanas não poderem ser, ao mesmo tempo, tributárias e rendeiras. O tributo é uma modalidade de excedente necessariamente 'interna' ao passo que a captação de uma renda diferencial capitalista é forçosamente 'externa'. Na verdade, o tributo, como todas as formas de extracção não-económica, implica o uso da violência e, como tal, constitui uma relação social 'produzida' pela classe dirigente tributária que, para esse efeito, anexa e internaliza uma população dependente. C. Meillassoux explicou bem, através de exemplos da história da África ocidental, como a conquista de súbditos fazia secar as fontes de escravos: os primeiros eram explorados e ficavam 'dentro' das relações de domínio, os segundos eram vendidos e iam para 'fora'[4].

Em contraste com o tributo, a renda capitalista é sempre necessariamente uma relação 'externa': constitui a diferença entre o preço regulador do mercado, que se estabelece no equilíbrio entre todas as ofertas e procuras disponíveis no mercado mundial, e os preços individuais de produção. Depende, portanto, da interacção dos produtores e consumidores e, à semelhança das condições atmosféricas, torna-se uma relação social totalmente independente da vontade do rendeiro. No caso dos rendimentos derivados do tráfico de escravos recebidos pelos potentados africanos, é demonstrável que estes se formavam a partir de parte de uma fracção da renda diferencial capitalista. Os preços que os comerciantes europeus pagavam aos vendedores africanos de escravos eram uma função dos preços que os mercados americanos de escravos estavam dispostos a pagar e estes, por sua vez, eram uma função dos preços reguladores das mercadorias americanas consumidas na Europa. Eram, portanto, as rendas diferenciais americanas que se redistribuíam pelos plantadores americanos, peos comerciantes europeus e peos vendedores africanos de escravos (Santos 2004:163-81). Dificilmente se pode encontrar uma maior externalidade numa relação social de produção.

Sendo assim, é difícil aceitar que as sociedades tradicionais africanas, isto é, tributárias e captando exclusivamente um excedente 'interno' possam ser, ao mesmo tempo, sociedades rendeiras, isto é, extrovertidas.

Os estados coloniais e pós-coloniais

Apesar destas reservas sobre as predisposições 'rendeiras' das sociedades tributárias, não pode haver dúvidas de que, na fase seguinte, isto é, a dos domínios coloniais, se instalou definitivamente a extroversão nas sociedades africanas.

Com efeito, a ordem colonial consolidou uma divisão mundial do trabalho na qual as periferias coloniais se especializaram na produção de determinadas mercadorias agrícolas e mineiras para exportação. A exportação de capitais fez nascer um sector 'moderno' para produzir bens primários com destino ao consumo dos centros europeus. Visto que no sector primário o processo produtivo integra recursos naturais de produtividade desigual e visto que no quadro da produção capitalista esses recursos levam à formação de rendas, parte dos capitais coloniais tiveram acesso a super-lucros. Na terminologia marginalista, passaram a receber mais do que a justa 'remuneração dos factores de produção'.

Dado o enquadramento teórico da rentier theory no marginalismo, os seus estudos aplicados às sociedades africanas não deixam claro a que se deve essa situação de privilégio. Por exemplo, E. Carneiro atribui-a a recursos 'localmente inexplorados', e especifica que tanto podem ser materiais naturais como a 'disponibilidade ilimitada da mão-de-obra—versão unlimited labour.' Fosse como fosse, estando a mobilidade dessas vantagens naturalmente limitada—quer pela implantação topográfica dos recursos físicos privilegiados, quer pela apropriação que as potências coloniais trataram de fazer do recurso 'natural' do trabalho ilimitado, criando no espaço jurídico dos seus territórios depósitos de força de trabalho forçado—houve condições para a formação de 'remunerações' indevidas, isto é, de rendas.

A partir daqui, pode explicar-se o ciclo vicioso da extroversão. A produção de vent-for-surplus dependia exclusivamente da procura externa, mas, na medida em que se tinha constituído sob a forma de um enclave na sociedade tradicional, foi criada uma economia dual. Sem ligações inter-sectoriais locais, o enclave 'moderno' viu-se obrigado a crescer sem mercado interno: na expressão de Gunder Frank, deu-se o crescimento sem desenvolvimento, característico das periferias coloniais ou semi-coloniais.

A fase pós-colonial não inverteu a situação periférica nem alterou a situação funcional das periferias no sistema da economia-mundo capitalista. Como diz Carneiro, 'o Estado pós-colonial, ao nascer das entranhas de uma base económica e de super-estrutura rendeira e extrovertida, pouca margem de manobra teria para se inserir no desenvolvimento.'

Deste modo, as independências políticas não trouxeram solução de continuidade à 'remuneração desigual dos factores de produção', que para a rentier theory é o pecado mortal das sociedades rendeiras. Com ela continuou e em escala alargada, a extroversão da sua economia formal e o seu carácter dual: dependência das exportações (que se traduzem nos desequilíbrios estruturais da balança comercial), bloqueio do mercado interno, pacto rendeiro, pobreza crescente das classes não rendeiras. Como diz E. Carneiro, reproduz-se uma sociedade que, 'em ultima instância constitui a negação do capitalismo'. Internamente, o estado pós-colonial parece, dizem, sofrer de 'horror ao capitalismo' (Carneiro 2004:128-29).

A rentier theory desenvolveu-se na década de 1980, logo depois da publicação dos estudos de S. Amin, G. Frank , A. Emmanuel , etc, que tanto contribuíram para a elaboração de uma teoria do sistema mundial sob a hegemonia do modo de produção capitalista.

A partir destes estudos, torna-se impossível confundir sistema capitalista com modo de produção capitalista. O primeiro constitui uma rede de circulação de mercadorias e poder à escala planetária que, a partir de um centro, utiliza e hierarquiza várias formações sociais nas periferias. Só no centro o modo de produção capitalista se confunde com a formação social; nas periferias, a diversidade das sociedades locais é submetida à lógica sistémica capitalista, mas o modo capitalista de produção não é exclusivo. Mais: pode mesmo demonstrar-se a necessidade funcional que o centro tem, no que respeita à drenagem de excedentes, em manter periferias organizadas sob a forma não capitalista (Amin 1988:31-32).

Este ponto serve apenas para mostrar de onde vem uma das descobertas da rentier theory, a de que o capitalismo do centro reutiliza formações tradicionais em seu proveito e nas quais as suas leis de desenvolvimento se não aplicam. No entanto, esta teoria não pode ter como objecto esse campo do 'não-capitalismo' subordinado ao capital, salvo para efeitos descritivos, isto é, na medida em que se pretendem caracterizar fenómenos sociais das periferias. Na verdade, o campo do 'não capitalismo' não tem qualquer valor explicativo na medida em que a sua evolução é subordinada. A sociologia das formações sociais rendeiras é maioritariamente formada por sectores não capitalistas mas a totalidade dessas sociedades—e não apenas a população activa que o sector rendeiro mantém em submissão real- evolui em função das leis da acumulação do capital.

Visto que a acumulação de capital pode, em determinadas condições, produzir rendas diferenciais e sendo assumido que o objecto da rentier theory é a rotação do capital operando em condições rendeiras, então a sua análise deve necessariamente centrar-se no quadro do modo capitalista de produção. Como se viu, qualquer que seja a forma como se concebe a renda, ela pressupõe a taxa média de lucro e, portanto, a reprodução de um capital. Longe do 'horror ao capitalismo', as sociedades rendeiras definem-se em função dele e experienciam-no em todo o seu esplendor.

O ponto seguinte visa demonstrar como as tendências do modo capitalista de produção condicionam as formações sociais rendeiras.

Tendências e contra-tendências das rendas diferenciais na periferia

A determinação do capital rendeiro, e consequentemente, das tendências dominantes da acumulação, sobre as formações sociais rendeiras manifesta-se essencialmente de duas formas:

- a tendência para a transformação crescente da população em exército de reserva devido ao aumento da composição orgânica do capital;
- a transferência de sectores anteriormente rendeiros para fora do próprio modo de produção capitalista.

A composição orgânica do capital e os capitais rendeiros

A acumulação do capital está necessariamente subordinada à elevação da sua composição orgânica, isto é, à elevação do *racio* entre os meios de produção e a força de trabalho que os transforma. A acumulação acompanha a diminuição relativa do capital variável, isto, é do capital que se transforma em força de trabalho, o que equivale a dizer que com a acumulação de capital, menos trabalho directo se aplica aos meios e objectos de trabalho. Os capitais operando em situações de renda não ficam excluídos desta tendência geral. Pelo contrário: a sua condição privilegiada pressupõe que trabalhem com uma produtividade superior à média, o que os obriga a acompanhar a elevação da composição orgânica.

É então na tendência para a diminuição relativa do capital variável que se pode encontrar a chave da evolução dos capitais rendeiros, nomeadamente dos que operaram utilizando a força de trabalho africana. Neste caso, o resultado esperado deverá ser o de observar uma diminuição relativa da sua força de trabalho que, em consequência da menor procura e do facto de ao mesmo tempo (devido à maior produtividade) se dar a diminuição do tempo de trabalho necessário à obtenção dos seus bens de subsistência, tenderá para uma desvalorização crescente.

Esta tendência já operou profundas transformações, se a perspectivarmos historicamente. Considere-se a fase em que as rendas chegavam às classes rendeiras africanas sob a forma de preços de escravos muito superiores ao seu custo de reprodução. Uma vez que não existia produção capitalista instalada nos mercados africanos durante a época do tráfico atlântico, parece paradoxal que se possam considerar os rendimentos recebidos pelos vendedores de escravos em África como uma renda capitalista. Mas, como se viu, no ponto 2.1., essa renda derivava da reprodução dos capitais americanos que utilizavam a força de trabalho escrava e cujos super-lucros eram, pelas leis da concorrência, forçados a ser partilhados por comerciantes e produtores de escravos. Nas minas e plantações americanas, onde o consumo da força de trabalho produzia taxas elevadas de mais-valia, a composição orgânica do capital era baixa e induzia a uma procura igualmente elevada de trabalho vivo. A capitalização da renda manifestava-se no preço dos escravos pelo que, do ponto de vista dos vendedores africanos de escravos, a fome de gente foi levada ao extremo. Nesta situação, todo o produtor válido era uma fonte potencial de renda. Sabe-se hoje que a população escrava das Américas tinha a taxa de actividade económica mais alta de todas as que são historicamente conhecidas: quase 70%, o que significa que, para além de todos os adultos masculinos, também as mulheres, crianças e idosos contribuíam para a criação de rendas (Klein 2002:161-62).

Na fase do imperialismo, quando as plantações e minas foram abertas na África colonial, o carácter rendeiro dos capitais investidos no sector primário tornou-se directamente visível. No fundo, tratava-se do mesmo fenómeno que, com o tráfico de escravos, dois ou três séculos antes tinha adicionado rendas diferenciais à rotação dos capitais americanos; a diferença estava apenas em que, tendo a força de trabalho deixado de circular entre dois continentes, os capitais que a empregavam já não necessitavam de partilhar as suas rendas com comerciantes e com classes rendeiras externas.

Inicialmente, a composição orgânica dos capitais agrícolas e mineiros investidos nas colónias africanas não diferia muito da que tinha sido instalada nas Américas, o que significa que a procura de força de trabalho continuou alta. No entanto, à medida que tinha lugar a exportação de capitais para todas as periferias, intensificava-se a concorrência entre regiões produtoras de bens primários, o que acelerou a evolução da composição orgânica. A manutenção das rendas diferenciais obrigava cada vez mais os capitais agrícolas e mineiras a reduzirem o seu custo de produção individual, o que levou à esperada diminuição relativa do trabalho vivo. Por exemplo, para as principais empresas do cacau de S. Tomé e Príncipe, que no princípio do século XX tinham gerado a famosa questão do 'cacau escravo' devido às semelhanças que a sua fome por trabalhadores africanos tinha com as suas congéneres americanas do tempo do tráfico legal, a redução anual de efectivos ao longo do ciclo do cacau esteve entre 0,6 e 2%. A mesma ordem de grandeza pode ser encontrada na redução de efectivos da CADA, a principal firma angolana produtora de café. Deve notar-se que tanto o cacau de S. Tomé como o café de Angola, à semelhança de muitos outros produtos de exportação africanos, beneficiaram de dois grandes períodos de alta das rendas durante o século XX, o que naturalmente favoreceu a produção extensiva (isto é, o emprego do unlimited labour da teoria rendeira). E no entanto, a lei da elevação da composição orgânica do capital não deixou de actuar, como se vê.

No caso dos capitais mineiros, esta tendência acentuou-se ainda mais visto que a tecnologia mineira exigira à partida uma composição técnica superior à dos ramos agrícolas.

Com a redução relativa do trabalho vivo necessário à reprodução dos capitais coloniais, isto é, com a desvalorização da população trabalhadora africana, deram-se importantes transformações sociais. Os conflitos que até ao final da década de 1950 se faziam sentir entre administrações coloniais pela disputa de trabalhadores, as pressões que as grandes firmas faziam sobre essas administrações coloniais para 'facilitar' o recrutamento e, evidentemente, os investimentos que realizavam em infra-estruturas sociais para assegurar a reprodução da força de trabalho assalariada foram diminuindo. A tendência baixista das matérias primas durante a década de 1960, isto é, a queda dos preços reguladores e das rendas precipitou o ritmo da queda da sua população assalariada.

Não deixa de ser curioso verificar que a pirâmide rendeira escalonada pela rentier theory—commodity, mining e petro-states—reproduza por ordem crescente e, ao mesmo tempo, cronológica, a composição orgânica dos capitais rendeiros africanos.

O pico da pirâmide está agora ocupado pelos capitais rendeiros de composição orgânica mais alta, os do sector petrolífero, que foram os últimos a instalar-se. Com eles, a dispensa da força de trabalho para a captação de rendas atingiu o seu ponto actual mais elevado. Como é sabido, a apropriação das rendas por parte da classe dirigente dos petro-states não necessita absolutamente para nada da esmagadora maioria da sua população activa. Apenas uma quantidade mínima de operários e de quadros locais são necessários para reproduzir os capitais rendeiros e, deste modo, o facto de a maioria das explorações petrolíferas se encontrar *off shore* torna-se verdadeiramente simbólica deste tipo de 'independências'. A própria noção de 'exército de reserva do capital', que Marx utilizava para se referir aos efeitos da tendência para a diminuição do capital variável, parece aqui pouco aplicável, na medida em que a população activa pouco flutua em função dos ciclos de acumulação e não tem assim qualquer utilidade funcional.

Deste modo, o itinerário que, partindo do tráfico atlântico de escravos, no qual toda a população era geradora de rendas, chega actualmente aos petro-states, nos quais as rendas praticamente surgem por geração expontânea do exterior, a partir de pequenas plataformas no oceano, dificilmente podia tornar mais visível a determinação das rendas diferenciais pelas leis da acumulação.

A diminuição das áreas rendeiras

A produtividade acrescida dos capitais não se limita a desvalorizar a força de trabalho, tanto no centro como nas formações rendeiras. Tem também como efeito a desvalorização do capital produtivo, permitindo, assim, massificar os custos de instrumentos e objectos de trabalho. Nos sectores capitalistas do centro, esta segunda tendência contraria os efeitos da primeira (trata-se de um factor que desacelera a elevação da composição orgânica), mas no caso das sociedades rendeiras, acelera a evacuação dos sectores rendeiros.

Porquê? Porque no caso das sociedades rendeiras, a conjugação destas duas tendências—por um lado, uma população em aumento e sem rendimentos assegurados tanto pelo novo como pelos antigos modos de produção, estando estes em fase mais ou menos avançada de dissolução, e, por outro lado, a facilidade crescente em dispor de meios de produção que anteriormente tinham um custo mais elevado—tornaram possível estender de modo avassalador a concorrência aos capitais investidos no sector primário, especialmente aos agrícolas.

Esta situação é particularmente visível nas regiões periféricas onde permanecem por apropriar vastas extensões de solo agrícola ou recursos minerais (as frentes de cacau na África ocidental, os filões de ouro de garimpo na Amazónia, etc.) visto que aí a barreira da propriedade fundiária deixa igualmente de poder exigir preços suficientemente altos para a obtenção de rendas absolutas.

O crescimento de uma oferta desta natureza tem como principal efeito baixar os preços reguladores nos respectivos ramos, e consequentemente, as rendas diferenciais. Em consequência de estar agora estabelecido um preço regulador inferior, algumas explorações anteriormente a funcionar em condições marginais (o que no modo de produção capitalista significa uma renda mínima acima da taxa de juro) são obrigadas a sair de actividade. A partir de um determinado nível da oferta, mantendo-se inalterável a procura, o preço regulador pode mesmo baixar de tal modo que se torna impossível a qualquer capital reproduzir-se com sobre-valor (isto é, torna-se incapaz de render juros). Quando, de modo continuado, a queda das cotações permite apenas as explorações que funcionam recebendo um retorno não acrescido de sobre-valor, a produção capitalista é obviamente evacuada do ramo.

As explorações camponesas ou mineiras que permanecem no sector e se multiplicam então na periferia funcionam fora da lógica capitalista. No interior desta lógica, o salário constitui um avanço de capital que só se repetirá se entretanto produzir um lucro; para o camponês ou o mineiro por conta própria, o rendimento equivalente ao salário constitui valor suficiente para retomar o ciclo, independentemente de o seu produto lhe proporcionar um lucro. Como diz Marx, é 'óbvio que procurará vendê-lo o mais caro possível, mas mesmo vendê-lo abaixo do valor e do preço capitalista de produção lhe parece ainda lucro, tanto quanto esse lucro não estiver antecipadamente absorvido por dívidas, hipotecas, etc.' (Marx 1977:III, 631).

E como a queda das cotações leva à intensificação da produção, que por sua vez leva a cotações ainda mais baixas, as periferias reúnem as condições necessárias para que o retorno das explorações camponesas se faça em níveis progressivamente inferiores ao valor do salário.

Antes de este processo acontecer aos campesinatos das periferias, já tinha tido lugar nas agriculturas dos países do centro, cujos capitais agrícolas e mineiros foram no último século deslocalizados ou simplesmente substituídos pela pequena exploração familiar (Kautsky 1988:I, 106). Acontece que nas periferias actuais este mecanismo, que leva importantes ramos da produção agrícola e mineira a realizar o seu produto abaixo do seu valor, é grandemente responsável pela transferência de sobre-valor para as periferias. Radica aqui o essencial do fenómeno descrito por troca desigual (Amin 1988:75) e a explicação para o desaparecimento de tantas plantações e minas, em suma para o desaparecimento da paisagem colonial por excelência. Simbolicamente, pode mesmo estabelecer-se um paralelo entre, por um lado, a substituição dos capitais rendeiros pelas explorações camponesas que vendem abaixo do valor e, por outro lado, a transferência de poder das autoridades coloniais para os novos estados. Os processos não foram automáticos nem concomitantes, mas é inegável que a nova ordem pós-colonial é indissociável desta nova forma de drenagem de valor.

Isto não significa obviamente que todos os sectores rendeiros estejam em vias de extinção. O estabelecimento de rendas resulta, como se sabe, do equilíbrio do mercado e da existência de recursos monopolizáveis e, consequentemente, só poderá desaparecer definitivamente com uma nova ordem global não-capitalista. É mesmo de esperar, que relativamente a certas matérias primas como os combustíveis, se verifiquem picos nos próximos tempos na extracção de rendas. Contudo, aqui trata-se de muito para poucos: não pode haver dúvidas de que a tendência para a desvalorização do capital tem vindo a diminuir o número de happy few na 'pirâmide rendeira'.

Notas

1. Para alguns autores, a ramificação dos canais de distribuição das rendas e os conflitos para a sua apropriação pode, em certos casos, originar a variedade 'Estado-rizoma'. Carneiro, 2004: 43.
2. '(..) jamais foi a própria linhagem/etnia a sede de geração/extracção de excedente económico, a partir do qual se desenvolvesse o processo de diferenciação/desigualdade política e social'[...] j) a legitimidade do poder político assenta, nesse contexto, na possibilidade e na capacidade do chefe—e dos chefes, aos diversos níveis da hierarquia

político social—para redistribuir pelo conjunto de referência, os bens que garantam a reprodução da comunidade '. Carneiro 2004: 64.

3. Note-se que para o conceito de renda estar associado ao lucro 'anormal' não é necessário descrevê-lo no âmbito da teoria do valor-trabalho. A teoria marginalista também o define como 'rendimento em excesso', neste caso opondo-o ao preço natural dos 'factores de produção'. Nesta acepção, o conceito é igualmente a-histórico, mas apenas na medida que se supõe intemporal o modo de produção capitalista.

4. Meillassoux (1995: 41). Dito de outro modo, trata-se da oposição entre os conceitos de conquista e de 'razzia'.

Referências Bibliograficas

Amin, S., 1988, *L'Acumulation à l'echelle mondiale*. Paris.

Carneiro, E. M., 2004, *Especialização Rendeira e Extroversão na África Subsariana*. Caracterização e consequências. Lisboa, Principia.

Elsehans, H. 1991, *Development and Underdevelopment*, Sage Publications.

Kautsky, K., 1988, *The Agrarian Question*. Winchester, Massachussets, Zwan Publications.

Klein, H. S., 2002, *O Comércio Atlântico de Escravos—quatro Séculos de Comércio Esclavagista*, Lisboa, Editora Replicação.

Marx, K., 1977, *Le Capital*, Paris, Ed. Sociales , Livre III.

Massarat, M., 1979, *Crisis de la Energia o Crisis del Capitalismo*. Barcelona, Editorial Fontamara.

Meillassoux, C., 1995, *Antropologia da Escravidão. O Ventre de Ferro e Dinheiro*. Rio de Janeiro, Ed. Zahar.

Santos, M., 2004, 'O Preço dos Escravos no Mercado Atlântico—Hipóteses de Explicação' *Africana Studia*, Porto, n° 7, pp. 163-181.

14

Integração Regional em África:
Que Papel para a CPLP

Fernando Jorge Cardoso

Resumo

A integração regional em África tem sido um dos objectivos mais apregoados desde as independências. A débil industrialização e a ausência de bens transaccionáveis entre os países africanos tem, porém, impedido o seu sucesso. As agendas internas e internacionais têm-se mantido sempre mais curiais para os regimes africanos, o que tem secundarizado a integração económica regional, apesar do número de cimeiras, reuniões, recomendações e documentos produzidos sobre o assunto. Nos últimos anos tem-se vindo a verificar, no entanto, um aumento da importância do regionalismo em África, provocado por razões políticas e de segurança e não por razões de índole económica. A Comunidade de Países de Língua Portuguesa, CPLP, que agrupa os países africanos lusófonos, Portugal, Brasil e Timor é de formação recente e não tem vocação para jogar um papel significativo no processo de integração económica regional. Os fluxos económicos entre os países africanos lusófonos são praticamente inexistentes e os fluxos de comércio e investimento existentes nos países da Comunidade são bilaterais, entre Portugal e cada um dos países africanos e, em menor escala, entre cada um destes e o Brasil. Nestas circunstâncias, não há que alimentar expectativas sobre o papel da CPLP como catalizador de cooperação ou integração económica no continente.

Integração Regional e Conflitos em África

Nos últimos anos, o número e a visibilidade mediática dos conflitos em África diminuiu, por comparação com a segunda metade da década passada. Neste momento o Sudão, a Costa do Marfim, o Congo, o Burundi, para citar alguns casos, vivem com situações humanitárias complexas ou/e com conflitos abertos. Se fizéssemos uma lista idêntica no final da década passada ela englobaria um número sensivelmente mais vasto de casos.

Porque diminuíram os conflitos armados e a sua visibilidade? Parte da explicação reside nas respostas crescentemente afirmativas e interventivas que actualmente têm vindo a ser protagonizadas por africanos, desde líderes políticos e espirituais a organizações da sociedade civil. De certa maneira, esta dinâmica acabou por influenciar a natureza da recém-criada União Africana e da Nova Iniciativa para África, a NEPAD. Na verdade, a União Africana—contrariamente à sua predecessora, a OUA—prevê, em determinadas circunstâncias, a possibilidade de intervenção armada em estados membros. A própria NEPAD, mais que uma lista de acções e projectos, que também é, recoloca em cima da mesa o sentido do longo prazo, do que é estrutural e não imediato, ao fim de mais de vinte anos de domínio das questões do curto prazo, provocadas pelas lógicas da dívida externa e pelos esquemas do respectivo pagamento e reescalonamento. Este retorno às perspectivas do longo prazo é fundamental, não só do ponto de vista institucional, mas também do ponto de vista dos estilos da gestão e direcção política.

Em paralelo, verificamos também o relançamento das grandes ideias da integração continental que moldaram ciclicamente o discurso político das elites africanas e dos principais doadores, com especial ênfase à União Europeia. Na verdade, após o insucesso dos projectos gizados nas cimeiras da OUA de Lagos em 1980 e de Abuja em 1991, agora, sob direcção da 'Comissão Konaré', é proposto um percurso gradual e por regiões, com vista a iniciar a etapa de integração continental a partir de 2015. Possivelmente e uma vez mais as lideranças africanas colocam a fasquia de expectativas mais alta do que a das possibilidades, se tomarmos em conta que, na sua generalidade, os países africanos se situam abaixo dos dois dígitos percentuais no que respeita aos fluxos comerciais e de investimentos recíprocos, para além da continuada desintegração interna de muitas das economias, da fraqueza das instituições estatais e das debilidades do tecido social.

De qualquer modo, é de realçar o decréscimo da conflitualidade armada em África, que tem também a ver com o aumento da experiência e da capacidade de mediação e com a melhoria da coordenação entre actores externos—Nações Unidas, União Europeia, países doadores—e actores internos—quer do próprio país, quer de países africanos, incluindo organizações da sociedade civil e individualidades africanas influentes. Há, por isso, melhores condições para acções concertadas entre actores locais, institucionais ou não, e actores internacionais.

Nesta dinâmica, intervêm contudo e negativamente, as derivas nacionalistas e africanistas de um certo pensamento isolacionista sobre a gestão e resolução dos conflitos e crises. Na realidade, se a violência se concentra num país ou numa região africana, não têm que ser só nacionais ou africanos a intervir. Numa grande parte dos casos, os conflitos armados exigem acções combinadas e parcerias entre actores locais, nacionais, regionais e internacionais. Em algumas circunstâncias, os vizinhos mais próximos acabam por ser mais parte dos problemas que das soluções—o que não significa, como é óbvio, que possam ou devam ser afastados dos processos negociais.

A aparente diminuição da violência armada dá-se num pano de fundo em que muitos dos aspectos que caracterizavam a segunda metade dos anos noventa continuam presentes. As dinâmicas positivas dos últimos anos não fazem desaparecer os contextos e as razões que levaram aos conflitos armados da década passada, o que exige uma mais completa compreensão dos factores e dos problemas que permanecem para além do fim deste ou daquele conflito violento.

Na contabilidade dos factores internos, destacam-se os seguintes domínios:

O domínio político: em África prevalecem estados fracos, difusos e desagregados. Estados que experimentam crises de soberania, com a perda do controlo sobre partes do território e da população; que são ineficazes do ponto de vista da governação, não excluindo mesmo aqueles que são considerados 'bons alunos' pelos doadores; estados que experimentam ainda crises de legitimidade do poder, não obstante os avanços permitidos com a abertura política a partidos da oposição, à imprensa privada e à acção de organizações não-governamentais.

O domínio económico: as melhorias são pouco evidentes no domínio económico. Estamos perante economias fragmentadas e pouco competitivas. Nos países em que a agricultura é ou era essencial à vida social e económica, a produção agrícola e as redes comerciais estão inoperacionais ou muito pouco operacionais. São crescentes os casos de urbanização não sustentável, geradas muito antes da década de noventa, e que acarretam um crescimento desmesurado do sector informal, que acaba por ser mais a expressão de problemas nas zonas rurais do que a melhoria de condições nos centros urbanos. A dívida externa e as dependências que ela cria são profundamente responsáveis pela etapa presente de crises das economias africanas: sem poupanças internas não há desenvolvimento; com os níveis de dívida externa não é possível sustentar o surgimento de poupanças internas.

O domínio social: permanecem as crises e tragédias humanitárias. Crises de refugiados e deslocados que, em muitos casos, se mantêm à custa da ajuda internacional humanitária que, quando se esgota, origina situações complicadas que se constituem em novos focos de violência. Crises originadas pelas guerras e pelo seu rol de vítimas e sofrimentos. Nas situações pós-conflito, tais como as de Angola ou do Ruanda, as vítimas directas da guerra, particularmente as crianças e mulheres, estão longe de se poderem considerar enquadradas, não obstante os programas e acções nesse sentido. Ressurgem e recrudescem também uma série de doenças e epidemias, nomeadamente a malária, a tuberculose, as diarreias e a subnutrição crónica. O agravamento das condições sanitárias e de saneamento tem provocado a morte a milhares, senão milhões, de pessoas, não necessariamente em virtude dos conflitos armados, mas pelas suas consequências, agravadas pelo aumento da pobreza e da distribuição dos recursos.

A epidemia de HIV/SIDA, pela sua importância e consequências a longo prazo, é, de per si, um factor a destacar. O HIV/SIDA tem vindo a crescer assustadoramente nos últimos anos, acompanhando a perda de capacidades institucionais, os conflitos e as crises humanitárias. As suas implicações estruturais e a forma de propagação têm consequências demográficas que afectam já vastas zonas do Continente e que transformaram esta doença no mais formidável desafio e fardo para as gerações futuras.

Prevalecem igualmente uma série de factores externos, já presentes nos anos noventa, dos quais se destacam dois:

- *a desestrategização de África,* que se fez sentir até recentemente e que teve a sua origem no fim da guerra-fria, na passagem dos anos oitenta aos noventa, com uma deslocalização dos centros de atenção das grandes potências, particularmente dos EUA, para outras zonas do globo, essencialmente para a Ásia central e para o Médio Oriente. O certo é que, com o fim do mundo bipolar, parte dos países africanos perderam importância nas agendas políticas das principais potências e tornaram-se de certa maneira 'órfãos da Guerra Fria'. Vários dirigentes e, nalguns casos, elites e grupos sociais de apoio, perderam o poder enquanto que, interessantemente, noutros casos, líderes de regimes autoritários efectuaram facilmente a reconversão do discurso político e institucional aos novos ambientes internacionais. Este factor está, porém, em retrocesso, parcialmente devido ao perigo do terrorismo internacional e aos problemas do abastecimento petrolífero, como veremos mais adiante;

- a generalização do modelo neo-liberal, que tem sido acentuado a partir de finais dos anos setenta. A assinatura da primeira Convenção de Lomé em 1975, altura em que a União Europeia e a maioria dos países da África, Caraíbas e Pacífico, os ACP, protagonizaram um acordo com propostas reformistas no capítulo da cooperação internacional, foi incapaz de travar esta dinâmica. Na verdade, o início da crise da dívida externa em África e as consequentes experiências neo-liberais dos anos oitenta condicionaram decisivamente os acontecimentos e forçaram a um aumento das dependências que já preexistiam. Com o advento dos programas de curto prazo e dos ajustamentos estruturais desapareceram das agendas de governação as preocupações de longo prazo. É a partir dos finais dos anos setenta, em sintonia com as crises petrolíferas de então, que os aparelhos industriais e tecnológicos na maioria dos países africanos se tornam cada vez mais desadequados e obsoletos, incluindo nas esferas da exportação, principalmente da exportação de matérias-primas agrícolas. Daqui decorre uma evidente crise nos modelos de cooperação internacional que só nos últimos meses começam a dar sinais de adaptação aos novos desafios do desenvolvimento e da actual etapa de globalização internacional.

Como pano de fundo dos cenários descritos, mesmo quando os conflitos armados reflectem uma reacção espontânea de marginalizados ou excluídos, acaba sempre por estar presente uma luta pelo controlo do poder central do Estado, pelo controlo e pelo acesso a recursos, e, em particular, em países e zonas onde a soberania não é exercida, a guerra ganha, ela própria, foros de auto-sustentabilidade, alimentando-se a si própria—este facto é verificável ao longo da história humana, não sendo assim uma especificidade africana.

A caracterização sumária aqui feita e a permanência de crises e conflitos armados não negam a existência de melhorias na governação e nas condições de vida em alguns países, nos últimos anos. No entanto, as causas das crises e dos problemas permanecem e são preocupantes. Enquanto que na passagem do século XIX para o século XX, aquando da formação dos estados coloniais, verificámos uma aliança pelo poder entre actores internos e actores externos, conduzida por estes últimos, já na passagem do século XX para o século XXI este tipo de aliança tem vindo a ser crescentemente conduzida pelos actores internos. Deste ponto de vista, existem mudanças significativas na África dos nossos dias. Diferentemente de um recorrente discurso terceiro-mundista, já não são só as multinacionais e os países estrangeiros que chegam a África e põem e dispõem das riquezas dos países. Hoje, os actores africanos, chefes de estado, senhores da guerra, diplomatas e plutocratas conduzem alianças com actores externos, num processo sempre presente de luta pelo acesso e controlo dos recursos, incluindo a luta pelo poder e pelas benesses dos orçamentos, sejam estes os do Estado, os da cooperação ou os provenientes de bónus de empresas predadoras de recursos. Por meios violentos ou por meios pacíficos, o poder é, afinal, o centro da política e dos políticos.

Nestas circunstâncias, as capacidades africanas de intervenção, mediação e resolução de conflitos ou os esforços e iniciativas de integração, passam obrigatoriamente pelas capacidades africanas de consolidação das soberanias, pela legitimidade e transparência dos regimes de governação e também pela concertação eficaz entre países e destes com organizações regionais, interna e externamente a África.

É a crise dos estados e dos regimes de governação que constitui o substrato e a resposta ao relançamento e ao renascimento africano. Se esse relançamento pode ser generalizável ou se passará pela 'descolagem' de alguns países e regiões é um debate em aberto. Afinal, África, tal como os outros continentes e regiões, é composta de várias Áfricas, por vezes no interior dos próprios países. Estas suposições não colocam, nem pretendem colocar em causa as virtualidades das organizações regionais; pelo contrário, pretendem sim equacionar as também recorrentes pulsões nacionalistas e isolacionistas, que a história nos ensina conduzirem, via de regra, à afirmação de novos populismos e autoritarismos.

É neste contexto geral que melhor se poderá analisar o caso da lusofonia e, mais concretamente, da iniciativa de criação da Comunidade dos Países de Língua Portuguesa, a CPLP.

A CPLP como Factor de Integração Regional?

A Comunidade dos Países de Língua Portuguesa, CPLP, tem constituído, a partir da sua formação em 1996, um dos quadros institucionais em que os respectivos membros se inserem na esfera internacional. A partilha de um mesmo idioma e a existência de afinidades históricas significativas são, para além de relações económicas bilaterais, com algum significado entre Portugal e alguns dos parceiros, os pontos fortes definidores da Comunidade. Estes pontos fortes coexistem, contudo, com realidades e contextos bastante diversos.

Essa diversidade só parcialmente é percebida pelos interlocutores, verificando-se um grande hiato no conhecimento recíproco e nas percepções da vida política, económica, cultural e social dos países constitutivos da Comunidade. Na verdade, a língua comum, elemento central de coesão e identidade da CPLP, não basta, por si só, para afirmar uma nova entidade internacional com objectivos políticos e de cooperação.

A criação da CPLP é efectivada após um hiato de dois séculos da emancipação do Brasil, e de duas dezenas de anos das independências dos países africanos. Timor-Leste acabou por ser um elemento de reforço da Comunidade, pelas circunstâncias em que se processou a respectiva independência e pelo forte apoio dos parceiros. O hiato entre independências e formação da CPLP permitiu um importante distanciamento entre o antigo colonizador, Portugal e os restantes países. Por sua vez, a natureza da economia portuguesa, essencialmente integrada na União Europeia e pouco vocacionada para relacionamentos de cariz neo-colonial, e o importante papel desempenhado pelo Brasil—corporizado em figuras públicas que desempenharam um papel de charneira, como o Embaixador José Aparecido de Oliveira—foram outros factores de conta que marcaram a organização desde o seu início.

Assim, a CPLP não constitui um émulo da Commonwealth ou da Francofonia. Ela também não é e nem pode aspirar a ser um organismo de integração regional, mesmo na sua forma mais simples de zona de livre comércio, não só pela dispersão geográfica mas também pela falta de relações comerciais e financeiras entre as respectivas economias. Na verdade, a multiplicidade de discursos e afirmações de desencanto sobre o papel e a importância da CPLP, salientando o seu lugar secundário na agenda de cada um dos países membros ou na cena internacional, ou focando a fraqueza de comércio e investimento recíprocos acabam por expressar posições críticas relativas a expectativas e não posições críticas relativas a realidades ou capacidades.

A diversidade de situações que distingue cada um dos países membros, tanto no que respeita às questões internas como às regionais, ajuda a melhor enquadrar as diferentes prioridades da agenda política dos diversos parceiros.

No caso de Portugal, a CPLP aparece comummente referenciada nos discursos políticos como a segunda ou terceira prioridade, a seguir ao processo de integração europeia e, conforme as opiniões, ou antes ou logo após o reforço das relações transatlânticas. Porém, a prioridade institucional CPLP acaba por ser submergida quer pelos subconjuntos em que a Europa ou o eixo transatlântico se dividem, sejam eles relativos à integração e cooperação ou aos parceiros, com destaque à Espanha, à Alemanha, por um lado e aos EUA, por outro, quer pelos dossiers das relações bilaterais com o Brasil e Angola.

No Brasil, o lugar da CPLP nas prioridades políticas é difuso. Embora tenha, aparentemente, ficado reforçado na agenda externa do actual governo, na verdade as prioridades brasileiras referem-se ao reforço das suas relações com a América do Sul, os EUA, a União Europeia como bloco e a actual tentativa de relançamento de iniciativas de aumento da cooperação política e bilateral com os grandes países do 'Sul'. Para o Brasil, a CPLP é mais um somatório de países—Portugal, Angola e, mais recentemente, Moçambique—do que o conjunto dos seus membros.

Em Angola é dificilmente perceptível a prioridade da CPLP. As considerações políticas são de natureza fortemente bilateral, com os EUA e a África do Sul a ocuparem lugar de destaque. O recente fim da guerra, o contexto regional envolvente e as prioridades de reconstrução e desenvolvimento acabam por colocar em plano secundário o reforço da CPLP, não obstante o grau elevado de importância dada ao relacionamento bilateral com Portugal e o Brasil.

Cabo Verde deverá ser, porventura, o país onde a prioridade à CPLP se encontra mais acentuada. A natureza da sociedade caboverdeana e da sua diáspora explicam parcialmente o discurso político favorável e permanente sobre a Comunidade. A decisão de estabelecer neste país o (sempre adiado) Instituto de Língua Portuguesa, contribuiu também para esta percepção.

Moçambique tem sido consistentemente o país no qual se verifica um maior cepticismo e desinteresse político pela Comunidade que, de certa forma, acompanha um relacionamento com Portugal que, do ponto de vista político é bem mais distanciado do que a importância dos fluxos comerciais e de investimento portugueses deixariam adivinhar. Em qualquer caso, mantém-se bem forte em Moçambique a prioridade dada à língua portuguesa não só como língua oficial, mas também como elemento estratégico de identidade regional.

Na Guiné-Bissau, o continuado processo de desagregação das instituições do estado dificulta a percepção de prioridades e de agendas políticas. Porém, a identidade regional do país e, de certa forma, a sua sobrevivência, acabam por manter prioritário o reforço das relações com a CPLP e, designadamente, com Portugal, Brasil, Angola e, se bem que de forma mais delicada por motivos históricos, com Cabo Verde.

Em S. Tomé e Príncipe, a prioridade à CPLP é pacífica do ponto de vista diplomático. Do ponto de vista económico e da cooperação, se bem que a próxima exploração de petróleo deva modificar substancialmente os dados, as relações com Portugal mantêm-se essenciais.

Timor-Leste tem prosseguido uma política de reintrodução do ensino da língua portuguesa, considerada um dos elementos de identidade nacional e de afirmação regional. É neste contexto que deve ser entendido o reforço das relações com os países da CPLP, designadamente Portugal, Brasil e, por razões relacionadas com o percurso político de parte dos actuais governantes, Moçambique.

Esta breve resenha de situações e prioridades é seguramente insuficiente e sem dúvida polémica. Na verdade, convém sempre ter presente que, no caso africano, a afirmação da língua portuguesa tem uma importante dimensão política, uma vez que a língua se coloca não só como veículo de expressão nacional, mas também como instrumento de afirmação de identidades nacionais em contextos regionais caracterizados por contiguidades linguísticas. Ou seja, a prioridade dada à consolidação da língua portuguesa é uma variável independente da acção portuguesa ou da CPLP.

De qualquer modo, a CPLP tem sido, desde a sua criação, uma instituição centrada na esfera da língua portuguesa, na concertação de acções internacionais e na promoção de alguns projectos e parcerias comuns. A sua débil expressão institucional acaba por reflectir, na prática, esta realidade.

A actuação concertada nos domínios políticos e diplomáticos tem permitido avanços na concertação de posições, fruto em grande medida da actividade dos Conselhos de Ministros da Comunidade e do respectivo Secretariado Executivo. A intervenção em situações de crise tem revelado experiências positivas, embora se devam analisar com alguma precaução os casos de cooperação existentes. Na verdade, a acção da CPLP em 1998 para o fim do conflito armado na Guiné-Bissau, com particular realce ao papel de Portugal e de Cabo Verde, foi positiva, embora não possa ser considerada paradigmática. O mesmo se poderá dizer, fora do contexto africano, da actuação concertada aquando da realização do referendo em Timor-Leste. Numa perspectiva de colaboração para a capacitação de especialistas, há igualmente a destacar a formação de diplomatas no Brasil e os exercícios conjuntos envolvendo membros de unidades de elite das forças armadas de vários dos países membros, que vai já no seu quinto ano de concretização. Em termos concretos, este tipo de acções, mesmo que modestas e pontuais, contribuem para o reforço da cooperação nos domínios da segurança e da diplomacia.

A recente criação de um Conselho Empresarial da CPLP é um elemento potencialmente favorável para uma maior abertura e relacionamento, desde que não se peça que o Conselho se transmude em peça central ou chave nas relações entre os países membros, o que faria disparar expectativas e consequentes frustrações.

Na verdade, a CPLP não possui características económicas marcantes. Não é só a criação de um agrupamento comercial regional que está fora de hipótese; as parcerias entre empresas portuguesas e brasileiras para actuação conjunta em África são claramente excepções à regra. Na verdade, nem em Portugal nem no Brasil existe uma cultura de cooperação entre empresas para a realização de investimentos ou mesmo de negócios em associação—isto é igualmente verdade em casos de parcerias intentadas entre empresas dos próprios países. Quando muito, tais parcerias poderão ser realidade em situações em que se concedam benefícios fiscais ou financiamentos suficientemente atractivos para que grupos de empresas portuguesas e brasileiras se envolvam em 'joint ventures'—o que significa, na prática, o envolvimento de fundos públicos de cada um dos Estados.

O enquadramento dos oito países em organizações regionais dispersas não se traduz unicamente em prioridades distintas. Ele constitui também uma oportunidade para o reforço do relacionamento recíproco, desde que tal seja entendido como objectivo desejável—e esta dimensão aparece com alguma relevância nos discursos de analistas e responsáveis políticos e diplomáticos. É nesta perspectiva, que se enquadra, aliás, a pertença de Moçambique à Commonwealth ou da Guiné-Bissau à Francofonia.

Porém, mesmo no domínio da afirmação e consolidação recíproca de processos de integração regional em que os vários países se encontram, é necessário relativizar as expectativas. Se é verdade que, para Portugal e para o Brasil, um envolvido na União Europeia, outro no Mercosul, se torna importante, como activos políticos, o reforço da dimensão CPLP, já no caso africano as questões são menos líquidas e generalizáveis.

De facto, para dar alguns exemplos, Cabo Verde não é um entusiasta da integração regional, não obstante a sua pertença à Comunidade Económica de Estados da África Ocidental, vulgo CEDEAO,—aliás, o discurso maioritário em Cabo Verde aponta para ligações mais fortes à Macaronésia e à própria União Europeia; a pertença de S. Tomé e Príncipe à Comunidade Económica e Monetária da África Central, a CEMAC, é virtual—na África Central, a vertente de regionalização é praticamente inexistente; Angola, membro em simultâneo da Comunidade para o Desenvolvimento da África Austral, SADC, e da CEMAC, tem a sua economia desintegrada destas regiões; a Guiné-Bissau, integrada na zona franco e na União Económica e Monetária da África Ocidental, a UEMOA, necessita claramente mais do reforço das suas frágeis instituições democráticas nacionais que da sua integração regional; Moçambique, em contraponto com os casos anteriores está na realidade integrado na região da África austral, através dos laços económicos, sociais e infraestruturais que ligam a região sul à África do Sul e a zona centro ao problemático Zimbabwe.

Por outras palavras, o reforço da inserção regional dos países africanos tem que ser visto em função das respectivas prioridades e agendas nacionais. Convém, além do mais, relembrar que a integração económica regional em África, com a excepção do complexo de países ligados à economia sul-africana é marginal—os fluxos económicos são no sentido Norte-Sul e assim permanecerão até que se relancem os respectivos processos de industrialização e modernização.

E quanto mais a acção concertada for globalizante, isto é, ultrapassar as fronteiras da CPLP, tanto mais o prestígio e capacidade de intervenção da Comunidade nos diversos cenários internacionais sairão reforçados. Para dar um exemplo, as atitudes paroquialistas e passadistas que viram na adesão de Moçambique à 'Commonwealth' uma ameaça à presença portuguesa naquele país e que agora se repetem a propósito de uma potencial atitude similar da parte de Timor-Leste mantêm-se presentes em personalidades e círculos políticos e empresariais portugueses, incapazes de distinguir entre ameaças e oportunidades. Citando o Embaixador português Calvet de Magalhães, a história de Portugal é uma sucessão de cedências de soberanias que se transmudaram em importantes activos expressos na expansão da língua e presença portuguesa em várias latitudes e que contribuíram para o enriquecimento da identidade portuguesa, transformando-a, na prática, de singular em plural.

Nos domínios do intercâmbio e do apoio a instituições da sociedade civil existem várias acções que, embora desenquadradas da CPLP, lhe conferem mais substrato. Na verdade, a realização das expectativas, quaisquer que elas sejam, só terá a ganhar com um maior envolvimento das pessoas e da sociedade civil em iniciativas de promoção das respectivas culturas e realidades. A expansão da língua portuguesa será porventura tanto mais real quanto mais actividades descentralizadas se realizarem e quanto mais formação de formadores se fizer, quaisquer que sejam as áreas e actividades de que estejamos a falar. Por outras palavras, quanto mais a comunidade de países se transformar em comunidade de povos e em descentralização de iniciativas, mais relevante será a CPLP.

Referências Bibliográficas

Bach, Daniel, 2005, 'Regional Economic Integration in Africa : Current Trends and Prospects', in *A África e a Europa: Resolução de Conflitos,* Governação e Integração Regional, Lisboa, Conferência Internacional, Instituto de Estudos Estratégicos e Internacionais, IEEI

Bach, Daniel, 2004, 'The Dilemmas of Regionalization' in Adekeye Adebajo & Ismail Rashid (eds), *West Africa's Security Challenges,* Boulder, CO: Lynne Rienner

Cardoso, Fernando Jorge, 2003, 'A África da CPLP' in *CPLP: Oportunidades e Perspectivas*, FUNAG, Brasília, Fundag, IPRI

Cardoso, Fernando Jorge, 2001, 'Les intégrations désintégrées de l'Afrique' in *L'Afrique politique*, Bordeaux, Karthala, CEAN

ECA, 2004, *Assessing Regional Integration in Africa*, ECA Policy Research Report, Economic Commission for Africa, www.uneca.org /aria, acessado em 2005.

www.ingramcontent.com/pod-product-compliance
Lightning Source LLC
Chambersburg PA
CBHW021857020426
42334CB00013B/373